20世纪中国科学口述史
The Oral History of Science in 20th Century China Series

沈志云

我的高铁情缘
——沈志云口述自传

My Predestined Love with High Speed Rail:
the Oral Autobiography of Shen Zhiyun

湖南教育出版社

沈志云院士近影

主编的话

以挖掘和抢救史料为急务

自文艺复兴以来，西方经过宗教改革、世界地理大发现、科学革命和产业革命，建立了资本主义主导的全球市场和近代文明。在此过程中，科学技术为社会发展提供了最强大的动力，其影响至20世纪最为显著。

在从传统社会向近代社会的转型中，国人知识结构的质变，第一代科学家群体的登台，与世界接轨的科学体制的建立，现代科学技术学科体系的形成与发展，乃至以“两弹一星”为标志的一系列重大科技成就的取得，都发生在20世纪。自1895年严复喊出“西学格致救亡”，至1995年中共中央、国务院确定“科教兴国”的国策，百年中国，这“科学”是与“国运”紧密关联着的。百年中国的科学，也就有太多太多的行进轨迹需要梳理，有太多太多的经验教训需要总结。

关于20世纪中国历史的研究，可能是格于专业背景方面的条件，治通史的学者较少关注科学事业的发展，专习20世纪科学史者起步较晚，尚未形成气候。无论精治通史的大家学者，或是研习专史的散兵游勇，都共同面临着一个难题——史料的缺乏。

史料，是治史的基础。根据20世纪中国科学史研究的特点，搜求新史料的工作主要涉及文字记载、亲历记忆、图像资料和实物遗存这四个方面。

20世纪对于我们，望其首已遥不可及，抚其尾则相去未远。亲身经历过这个世纪科学事业发展且做出过重要贡献的科学家和领导干部，大都已是高龄。以80岁左右的老人为例，他们在少年时代亲历抗日战争，大学毕业于共和国诞生之初，而国家科学事业发展的黄金十年时期（1956—1966）则正是他们施展才华、奉献青春、燃烧激情的岁月。这些留存在记忆中的历史，对报刊、档案等文字记载类史料而言，不仅可以大大填补其缺失，增加其佐证，纠正其讹误，而且还可以展示为当年文字所不能记述或难以记述的时代忌讳、人际关系和个人的心路历程。科学研究过程中的失败挫折和灵感顿悟，学术交流中的辩争和启迪，社会环境中非科学因素的激励和干扰等等，许多为论文报告所难以言道者，当事人的记忆却有助于我们还原历史的全景。

湖南教育出版社欲以承担挖掘和抢救亲历记忆类史料为己任，于2006年启动了《20世纪中国科学口述史》丛书的工作计划，在学界前辈和同道的支持下，成立了丛书编委会，于科学史界和科学记者群中招兵买马，认真探索采访整理工作规范和成书体例。通过多方精诚合作，在近两年中已出版图书20种，得到了学术界和读者的认可。

近年兴起的口述史（Oral History）热潮，强调采访者的责任，强调采访者与受访者之间的互动，强调留下“有声音的历史”。不过，口述史内容的“核心”是“被提取和保存的记忆”（唐纳德·里奇《大家来做口述历史》）。把记忆于头脑中的信息提取出来，方法上有口述与笔述之差别，但就获取的内容而言，并无实质性的差别。因此，本丛书当前在积极组织从事口述史采访队伍的同时，也积极动员资深科学家撰写回忆文本，作为“笔述系列”纳入到本丛书中来。

科学，作为一种社会事业，除科学研究之外，还包括科学教育、科学组织、科学管理、科学出版、科学普及等各个领域，与此相关的人物和专题皆可列入选题。

本丛书根据迄今践行的实际情况，在大致统一编辑规范的基础上，将书稿划分为5种体例：

1. 口述自传——以第一人称主述，由访问者协助整理。

2. 人物访谈录——以问答对话方式成文。

3. 自述——由亲历者笔述成文。

4. 专题访谈录——以重大事件、成果、学科、机构等为主题，做群体访谈。

5. 旧籍整理——选择符合本丛书宗旨的国内外已有文本重新编译出版。

形式服务于内容，还可视实际需要而增加其他体例。

受访者与访问整理者，同为口述史成品的作者。忆述内容应以亲历者的科学生涯和有关活动为主线展开，强调以人带史，以事系史，忆述那些自己亲历亲闻的重要人物、机构和事件，努力挖掘科学事业发展历程中的鲜活细节。

书中开辟“背景资料”栏，列入相关文献，尤其注重未经披露的史料，同时还要求受访者提供有历史价值的图片。这些既是为了有助于读者能更好地理解忆述正文的内容，也是为了使全书尽可能地发挥“富集”史料的作用。

有必要指出，每个人都会受到学识、修养、经验、环境的局限，尤其是人生老来在记忆力方面的变化，这些会影响到对史实忆述的客观性，但不能因此而否定口述史的重要价值。书籍、报刊、档案、日记、信函、照片，任何一类史料都有它们各自的局限性。参与口述史工作的受访者和访问者，即便是能百分之百做到“实事求是”，也不能保证因此而成就一部完整的信史。按名家唐德刚先生在《文学与口述历史》一文中的说法，口述史“并不是一个人讲一个人记的历史，而是口述史料”。史学研究自有其学术规范，不仅要用各种史料相互参证，而且面对每种史料都要经历一个“去粗取精，去伪存真”的过程。本丛书捧给大家看的，都是可供研究 20 世纪中国科学史的史料，囿限于斯，珍贵亦于斯。

受访者口述中出现的历史争议，如果不能在访谈过程中得以澄清或解决，可由访问者视需要而酌情加以必要的注释和说明。若对某些重要史实有不同的说法，则尽可能存异，不强求统一，并可酌情做必要的说明或考证。因此，读者不必视为定论，可以质疑、辨伪和提出新的史料证据。

本丛书将认真遵循求真原则和史学规范，以挖掘和抢救史料为急务，搜求各种亲历回忆类史料，推动 20 世纪中国科学史的研究！

欢迎各界朋友供稿或提供组稿线索，诚望识者的批评指教。谨以此序告白于 20 世纪中国科学史的研究者和爱好者。

樊洪业

2011 年元月于中关村

我的高铁情缘

——沈志云口述自传

My Predestined Love with High Speed Rail: the Oral Autobiography of Shen Zhiyun

CONTENTS 目录

沈志云序

我今年84岁。回顾我的一生，或许可以用这样两句话概括：逆境顺境交织，毕竟顺境为主；挑战机遇并存，总是机遇较多。一生不曾懈怠，却贡献不大，成就不多。唯感欣慰的是，成长了一个牵引动力国家级科研团队，后继有人。平生无大志，自有后来人，余愿足矣。

在日寇入侵湖南的20世纪40年代初，长沙第三次大会战，激烈的枪炮声不时传来。出生长沙东乡的我，正值高小快毕业，将要升入初中的阶段。家父家兄均为小学教员，家里生活困难，居然能举家迁入湘西避难，还能使我继续读完小学，考入水平很高的国师附中，一读就是6年。这完全是长兄牺牲自己念大学的机会，一心保我在战火纷飞的年代得此机遇，实在不容易。1949年8月初，长沙刚解放，我正好高中毕业。长沙没有大学考点，所有应届毕业生大多参军参干，投笔从戎。又是我长兄，变卖自己的结婚戒指，让我坐船去武昌考大学，有此应届升学机遇者，全班唯我一人。报考的三所大学，唐山工学院、清华大学、武汉大学全部录取。还是长兄力主我进唐山，从此一辈子与铁路结缘，获得大量参与铁路科教工作的机会，确定我一辈子的人生轨迹。

进大学后，1950 年代获得留学苏联的机会，取得副博士学位。1980 年代获得去美国麻省理工进修的机会，发表后来被人们称为“沈氏理论”的论文。在地处偏僻的峨眉山教书，居然差不多每年都有机会出国讲学和参加国际学术会议。尤为神奇的是，在申报国家重点实验室时，我属基础课部，却由副校长曹建猷院士力排申报单位机械工程、电气工程两系的异议，派我去北京答辩。从此牵引动力国家重点实验室就成了我后半生的家，这之后的一切活动都与它相关。1990 年代以后的机遇就更多了，当选两院院士，获得教学、科研两个国家一等奖，有两篇指导的博士论文获得全国最佳，实验室连获两个A……好事成双，皆因赶上好机遇。很多资质比我高、比我更勤奋的人，却成果不觉彰显，或许只有一个解释：他们没有赶上我这么多机遇。

不顺心的事情自然也不少。首先当然是十年“文化大革命”，从第一天开始我就被揪了出来，先是“牛鬼蛇神”，“反动学术权威”，后来又成了“走资派”。还有“反三红”、“变色龙”、“反军小丑”、“反动流派”、“思想叛国”、“清理阶级队伍的对象”等等，一共 18 顶帽子。最后“解放”时只保留一顶：“苏修副博士”，问我服气不。我说服，因为副博士是我的学位，苏联变苏修不是我的错。“文革”后我回基础课部当常务副主任。当时留下许多工农兵毕业生辅助教学。有些不好好工作，学生有意见，我批评了他们。这一下又捅了马蜂窝，他们开大会批判我，说我否定工农兵，是翻“文革”的案。我没有反驳，只采取消极态度，在几个副主任分工中，我只负责实验室建设，再也不管教学了。

还有就是孙翔校长的事。他原是机车车辆研究所副所长，我是所长。后来他被提拔当了校长，很想彻底改变一下作风，真把学术放在行政之先。结果处处碰壁，苦恼得很。一次他和我同在上海开会，我们交谈到深夜，我建议坚持改革。但是，万万没有想到，第二天回到成都，当晚他就自杀身亡了。我十分悲痛，也很内疚，觉得不该向他提那么多建议，增加了他的压力。他去世后，有些教授联名建议我出来当校长，我当然坚决不干。我生性耿直，脾气又大，人缘不好，不是当官的料。然而所谓塞翁失马，没有行政事务的干扰，使我能集中精力搞科研，反是我之所愿。顺与不顺，其实是辩证的。

最使我感到安慰的是牵引动力国家重点实验室。大家团结一致，为国家铁路建设做了不少事情，今后发展前途也很好。实验室在国家高铁实现重大突破中发挥了不可替代的作用，在我个人生活中也发挥了不可替代的作用。透过这个实验室，可以看到我国铁路高速技术的发展过程，也可找到我一生留下的一些痕迹。我大多数业务活动都与实验室有关，而小小的实验室又紧连着大铁路。我讲发生在实验室的故事，或者可以找到我国铁路，尤其是高速铁路发展的一些线索。

受《20世纪中国科学口述史》丛书编委会委托，张天明想让我讲述自己的亲身经历，反映我国铁路事业发展的一段历史。应他之请，我从实道来，虽然可能挂一漏万，但尚可窥一角。于是就有了这本书，一册实话实说的记事本。就说这些，算是自序吧。

沈志云

2013年4月于峨眉

引　言

沈志云，著名机车车辆动力学专家，中国科学院院士、中国工程院院士。本书是沈院士对自己一生生活和科学历程的口述自传。

在这本口述自传中，沈院士对自己的生平、学术生涯和科学成就做了认真而清晰的回顾。为帮助读者有一个较为清楚的认识和把握，我试着对这一丰富多样、精彩迭出的人生历程做一个不见得恰当的时段划分。这些时段从工作上虽然不免套叠相连，但高速轮轨的创新研究是一条贯穿始终的主线。我把这个历程划分为六个阶段。

第一阶段，少儿时期。1929 年 5 月，沈院士生于长沙县的一个清贫家庭。父亲是一个善于学习、敦厚善良但内向木讷的私塾先生，全家靠父亲和哥哥的微薄收入生活。清贫守正、勤奋自强的家风，使沈院士从小养成了清正、求实、发奋和凡事不服输的品格特质。这种特质贯穿于他的一生，鲜明地镌刻在他的学习、科研和生活中。

第二阶段，中学时期。1938 年 10 月 27 日，国民政府教育部在湖南蓝田镇设立“国立师范学院”，一时群英荟萃，汇集了众多知名学者 。国师附中自然也成为当时省内最好和最难考的中学。沈院士在国师附中度过整个6年中学时期，无论在扎实的知识积累还是严谨的学风养成上，都受到严格的训练。同时受到时代风气的熏染，积极追求新生活。这一段，为沈院士一生治学打下重要基础。尤其是，他在溆浦，第一次见到了未完成的湘黔铁路路基，与铁路发生了第一次的关联。

第三阶段，留苏时期。在苏联留学期间，他的博士生导师要求他做论文的方法是：从生产实际中提出问题，提高到科学高度加以解决，又回到生产当中去。他的副博士论文《客车一次落车基本条件的研究》，就是在广泛深入苏联各车辆工厂了解生产实际、发现问题的基础上研究完成的。这种将生产实践与理论研究相结合的治学方法，成为沈院士一生科学研究一以贯之的、同时是卓有成效的方法。

第四阶段，创建“沈－赫－叶氏理论”（略称“沈氏理论”）时期。从“文化大革命”后的1978年至1988年，是沈院士学术生涯中非常活跃、非常重要的10年。这一段，他从国际学术大背景着眼，从中国铁路实际着手，一方面迅速完成知识更新，一方面坚持将机车车辆实际与理论研究相结合，同时面向世界，积极参与国际学术交流，将国际科研前沿学术问题确定为自己研究的方向和标准，然后再将科研成果用以指导铁路科研。这样做的成果，一是“沈氏理论”的创建，二是成功研制无轮缘磨损的货车径向转向架，三是确定以高速列车技术为稳定的研究方向。其中在麻省理工做访问学者时期“沈氏理论”的创建，是这个10年的华彩乐段。国际轮轨蠕滑理论权威卡尔克教授，对该理论给予极高评价：“是铁道车辆动力学中能够采用的最好的非线性蠕滑力模型，是铁道车辆系统动态仿真最适用的方法，是1983年世界蠕滑理论新发展的标志”，并将其归纳为三维弹性体滚动接触力学的四大理论之一。

“沈氏理论”发表之后，学术影响深远，至今一直被广泛引用。沈院士在这期间5天5夜不离开实验室、靠面包香肠充饥的画面，总是久久盘桓在我的脑海。

第五阶段，建立和主持牵引动力国家重点实验室。从1988年开始，沈院士倾力领导建成牵引动力国家重点实验室。主持研制成功的世界第二台机车车辆滚动振动试验台，是亚太地区最大、最复杂的机车车辆整车滚动振动试验台，时速最高可达450公里，成为我国自主开发高速、重载用新型机车车辆所不可缺少的设备。按照铁道部验收组的评价是“实验室在国家发展高速列车技术中，发挥了不可替代的作用”。可以说，沈院士领导的牵引动力国家重点实验室，是中国高铁发展道路上一块极有分量的、坚实的科学基石。今天，从高速铁路大系统动力学新学科的形成，到时速600公里试验台、500公里线路试验车、400公里新型高速转向架，充分表明牵引动力实验室已经成长为引领世界高速列车技术发展的先进科研团队。当沈院士谈到那年大年三十，试验台终于出现“蛇形”，实验室全体人员高声欢呼时，我不禁为之动容。

第六阶段，担任高铁专家组组长。作为科学院和工程院的双料院士，沈院士从1998年起，长期以专家咨询组，专家组副组长、组长等身份，积极参与我国高铁发展事业，对于推动我国高铁快速发展，发挥了重大的、不可替代的作用。特别是从2006年2月开始，以74岁高龄担任铁道部“引进消化吸收再创新”专家组组长之后，他的全部精力和热情都投入到中国高速铁路的发展之中。高铁，主导着沈院士后半辈子的学术生涯。这个时期沈院士的科研学术活动，主要有三个方面。一是为我国尽快发展高速铁路大声疾呼，全力推动；二是以副组长、组长身份，主持一系列高速铁路的重要项目包括京沪、武广高铁的评审、验收工作，全程参与和推动近10年来我国高铁的快速发展；三是总结我国高铁发展的成就和经验，以世界的视野和高度，以国际高速铁路发展大趋势为背景，阐释了中国高铁在理论上、技术上、管理上的重大突破，满怀喜悦歌颂中国人的高铁梦。当他以孩童般的热情畅谈真空管道畅想曲时，那对我国高铁的责任感和激情溢于言表，使人怦然心动。

作为科学家，沈院士先后获得铁道部科技进步一等奖、铁道部科技进步三等奖、国家科技进步一等奖，还有铁道部劳动模范、詹天佑铁道科学技术奖成就奖、詹天佑铁道科学技术奖大奖、四川省科学技术贡献奖、何梁何利科学与技术进步奖等。

沈院士还是著名的铁路高等教育家。从1952年投入高等教育起，他半个多世纪耕耘讲台，教书育人，特别善于通过科研活动培养人才。他创建、主持的牵引动力国家实验室，是他从事科研和培养人才的最佳平台。他先后培养出来的30多名硕士生、博士生、博士后人员，已经成为科技新秀，不少已成为国内外机车车辆动力学界的顶梁柱。所指导的博士论文有两篇获评全国百篇最佳论文。作为优秀的铁路高等教育家，沈院士还先后获得教育部优秀博士生指导教师水晶奖杯、国家级教学成果一等奖等奖项。这些奖项就是对他教育成果的高度肯定。

如果还要进一步概括沈院士的一生科学学术生涯，我想这样三句话是合适的：

一辈子追求科学真知，坚持实践、理论、实践的科研道路，获得科学前沿成果；

一辈子情系高速轮轨，助推引进、消化、创新的高铁战略，做出重要社会贡献；

一辈子认真教书育人，秉持传道、授业、解惑的崇高师德，培育大批高端人才。

把这本书献给读者，读者当从中清晰地看到以当代中国历史进程画卷为背景的沈志云院士执著坚毅、追求科学、坚持真理的高大身影。

在走入新世纪的征程中，这位耄耋老人依然在把他的高铁梦汇入到实现民族伟大复兴的中国梦之中。

在帮助沈院士整理成书的过程中，我满怀着敬意，满脑子都是飞速驶过的高速列车的呼啸声。

限于专业知识和时间，在整理过程中存在诸多问题，敬请沈院士和读者谅解。

张天明

2013年11月于长沙

我的父亲身上有较浓的书生气。他家境清贫，人很聪明，却不谙世事，也与人无争，一心沉浸在知识的世界里。

家里全由娘操持。我娘虽然是小脚女人，手脚又不方便，但烹茶煮饭，洗衣浆裳，纳鞋绣花，纺纱绩麻，锄园作菜，扒柴提水，什么事情都会干。

这时全国抗日气氛很浓，这个偏僻的地方也不例外。记得我还参加过学生演出，表演《大刀向鬼子们的头上砍去》和《枪口对外》，真是满怀激情。那时情景，至今记忆犹新。

第1章

山村伢子

我的父母

我出生于1929年5月28日，农历四月二十日，己巳年己巳月癸酉日，属蛇，曾用名沈志芸，后改名为沈志云。

我的父亲沈觐生，字璜，1885年出生于浙江钱塘，1970年殁于长沙，享年85岁。我的祖父沈继恩，清朝举人，在湖北做过小官。我父亲12岁丧父，18岁丧母，孤身一人来到长沙，靠我祖父的干俸（抚恤金）维持生活。他19岁从长沙简易师范讲习科毕业后就出来谋生，曾经在陶澍[1]后人的家里当过家庭教师，在孤儿院教过孤儿，后来下乡从事小学教育40

① 陶澍（1779—1839），字子霖，一字子云，号云汀、髯樵，湖南安化县小淹镇人，清代经世派主要代表人物。嘉庆七年（1802）进士，任翰林院编修后升御史，曾先后调任山西、四川、福建、安徽等省布政使和巡抚，后官至两江总督加太子少保。任内督办海运，剔除盐政积弊，兴修水利，设义仓以救荒年。病逝于两江督署，赠太子太保衔，谥文毅。著有《印心石屋诗钞》、《蜀辅日记》、《靖节先生集》、《陶文毅公全集》等。

多年。他把家安在长沙东乡杨家山我外祖父家里，自己常年出外教书，一般寒暑假才回家。我的父亲身上有较浓的书生气。他家境清贫，人很聪明，却不谙世事，也与人无争，一心沉浸在知识的世界里。暑假回家，炎天暑月，蚊叮虫咬，他躲在床上帐子里，点盏小煤油灯，看书写字，煤油灯常常把蚊帐熏得墨黑。寒冬腊月，他也不烤火，坐在床上被子里，床上放个小凳子，在上面画画写写。他天文地理知识丰富，团仓估囤，测量珠算，更是样样精通。他还和我哥哥一起合编过一本《算术指南》，出版后印刷过两次，当时很受好评。他用一个竹筒，里面画上刻度，上面钻个孔、安根线就成了日晷。他用两块小长木板，贴上白纸，画上密密麻麻的刻度，就是计算尺。两块木板一移动，加、减、乘、除、乘方结果就算出来了。他用一根小竹竿（或者一根筷子）和一个小秤砣，就可以做成一杆非常准确的小秤，精确到可以用来鉴定写好的信是否超重。

父亲沈觐生

母亲陈顺勤

他在小学校教书时，几个人吃饭总要他管伙食，因为只有他管，大家才放心。我父亲按“饭圈子”计算一个月的伙食费。“饭圈子”就是一个人吃一餐饭就画一个圈，一种民间的记账方式。由他来给每个人画圈。一个学期下来，老师们交的伙食费总是与实际开支相差甚远，他就自己掏腰包补贴，不再向老师们增加收费。每每一个学期下来，一个月的工资就贴

进去了。

我娘陈顺勤，湖南长沙人，1890 年出生，1970 年去世。虽然外祖父在清朝中过举人，在外做小官，家里还是很清贫，基本上相当于一个大佃户，在我出生前外祖父就因久病不愈而自杀身亡了。按说我娘小时候应该是有条件可以读点书的，但因为外祖父重男轻女，认为女孩子不能上学，并且还规定晚上只允许吃一碗饭。娘在半岁时患肺炎，高烧不退，因医治不及时，导致右手右脚残废，成了残疾人。在她 24 岁上，由她姐夫介绍与我父亲结婚。她姐夫是我父亲所在学校的校长。我父亲对娘特别好，两人互敬互爱，白头偕老，是我们后代的楷模。

住在杨家山时，我们一家挤在外祖父住过的几间房里，要向四叔外公家交房租和水、菜费。1937 年我 8 岁那年，我们一家搬到了 20 公里以外打卦岭（现长沙县黄兴镇打卦岭村）一个名为枞树山的屋场安家。搬到打卦岭，是由于哥哥师范毕业出来教书后，赚钱买了几间茅草屋，还有几亩田和一个小树林。几亩田用来出租，每年可得 8 担谷。我娘带着我姐姐和我在家种菜、砍柴。就这样，我们才有了真正属于自己的家。

1965 年父亲与母亲摄于唐山

家里全由娘操持。我娘虽然是小脚女人，手脚又不方便，但烹茶煮饭，洗衣浆裳，纳鞋绣花，纺纱绩麻，锄园作菜，扒柴提水，什么事情都会干。周围邻居都能吃到她

种的菜，都说只有沈大娭毑[①]的菜种得好。她会做鞋子，还会做绣花鞋，自己画花样，自己绣花，做出来的鞋子又好看又好穿。

我娘心地善良，乐于助人，住在乡下的20多年间，我父亲在外教书，儿女在外读书，她一个人在家主持家务，井井有条。她与周围群众关系非常好，附近几个农民，有作田的，有盖屋的，有做零工的，冬天晚上常来我家烤火，夏天晚上来我家乘凉，天南地北，谈笑风生，我娘总是热情招待茶烟，从不懈怠，从不厌烦。

战争烽火中的小学

在家中我最小，排行第四，上面有两个哥哥和一个姐姐。大哥沈立云（曾用名沈立芸），长我15岁，我懂事的时候，他已经师范肄业，在长沙城里教小学了。二哥比大哥小3岁，长到几岁，就得伤寒病去世了。姐姐沈健纯，长我3岁。

在我满6岁时，1935年9月，家里送我到杨家山对面的柳家公屋去上小学。这个小学全校才50多人，只有一间教室，几个年级都在一起，一个年级坐一行，由一个老师上课。这种安排后来叫作复式班，常常是因教师和学生都不足而开设。这个小学的老师叫作柳仲元，很有学问，也很能干，对每个年级都照顾安排得很好，能让每个年级同时都有事情做而不致出现混乱。比如，一年级的读课文，二年级的就在做作业。我在第一行，我姐坐第三行。每天清早，我娘就轻声唤我："四伢子！四伢子！"姐姐一

① 娭毑：湖南方言，祖母；也是对老年妇女的尊称。

听，总是先起床，而我要叫好多声才起得来。起来后，两人一起到后山去拾蘑菇和摘栀子花。栀子花用开水烫后晒干，可当菜吃。冬天，早上起来还可读一会儿书，再吃早饭，然后一起上学。

在打卦岭我家小树林外面有一个很幽静的大庙，叫作清凉寺，里面办了一所初小。搬家后我和姐姐就转学到这里继续读书。一年后，我初小毕业，升到 3 华里（1 华里 =0.5 千米）以外的新冲子完全小学读高小。

我读小学阶段时印象最深的是长沙文夕大火和长沙会战。1938 年 10 月，日寇占领武汉、广州，11 月攻占岳阳，长沙危在旦夕。国民党搞什么焦土政策，下令放火烧长沙。我们住在长沙东乡，距长沙城只有 40 华里，晚上看到长沙城半边天都红了，一连烧了 3 天 3 夜。语文老师在课堂上讲起来激动得都流着眼泪。幸好有个薛岳，带领 40 万大军，誓死要保卫长沙。这才有 1939 到 1942 年的三次长沙会战，长沙始终未失守。一直到 1944 年 6 月长衡会战后长沙才沦陷。薛岳的部队伤亡惨重，再也无法参加战斗了。我亲身经历的最恐怖的一幕是第二次长沙会战时，日军从我家对面大路上经过，绕道城南，进入长沙。我们躲在屋后的水沟里，远望扬长而过的日本兵，每人都非常害怕。我哥哥于是决定举家搬去湘西逃难，那是 1941 年我刚刚在念小学五年级的时候。

1941 年 10 月，我们搭乘一只木船，从长沙沿湘江到湘潭，由涟水逆流而上，到湘中小镇杨家滩落脚。200 多华里水路，航行 3 天。一次停靠岸边过夜时，还遭遇了土匪。这帮劫匪只要细软，不伤性命，对 20 多名乘客一一搜身。好在我哥哥提前去杨家滩安排，细软之类由他携带，我们身上什么也没有，未受什么损失。

我们住在杨家滩完全小学附近，我插班小学六年级。这时全国抗日气氛很浓，这个偏僻的地方也不例外。记得我还参加过学生演出，表演《大刀向鬼子们的头上砍去》和《枪口对外》，真是满怀激情。那时情景，至今记忆犹新。

深山里的趣事

战事依然吃紧。1941 年底，第三次长沙会战爆发，形势紧张，哥哥又把我们搬到距离杨家滩 25 华里的大山深处一处叫“洞上”的农家院子安家，并安排我父亲在附近的梁家祠堂小学教书，他自己则到刚成立的国立师范学院读书，以便能当上中学教员。1942 年夏，我虽没有正式念完高小，哥哥还是要我参加国师附中的入学考试。报考的人很多，我没有考上。哥哥说，国师附中不但水平最高，而且不收学费。你要读书，只能进这所学校，叫我在家准备，明年再考。他自己为维持家用，大学只念一年，就辍学求职，在娄底的春元中学当上了数学教员。

洞上的确称得上大山深处，它距两个县城——杨家滩和蓝田（现均为湖南涟源辖区）各 25 华里，都要爬过很高的山才能到达。我们的住地是一小片梯田，藏在崇山峻岭之中。我在备考的一年当中，经历了许多一辈子也不能忘怀的事情，现在想起来也觉得很有趣。这里选几件说说。

照明竹片。把竹子劈成细片，沉入池塘水中，浸泡一个月以上，捞出晒干，就可当照明灯用。两米长一根，可燃点 20 分钟。点一根这样的竹片，我看书，我娘纺纱，我姐绩麻都够用了。

纱换棉花。每周我去一次蓝田镇，用娘纺成的纱同商贩换相同重量的棉花，可按纱的质量，得到一点工钱。我娘手艺高，纺出的纱又细又匀，常可拿到最高工钱。用这些钱买些油、盐等必需品，常可剩下一点。我经常是清早去，走 25 华里下山路，办完事往家走，翻过 25 华里上山路，要到下午 4 点多钟才到家。这时已经饿极了，进门就吃饭，不要菜，一大碗饭就吃完了。娘看了很心痛，总是说："又不是没有剩钱，哪怕买个烧饼吃了也要好点噻!"

点豆种菜。房东拿出一块菜地和几条田埂给我们种菜和在田埂上点黄豆。种菜我娘最里手，她种的菜总是长得很好，常常吃不完，还可以送给邻居吃。每年收的黄豆，过年时用来打豆腐，就可以过个好年。

捞虾扎泥鳅。距家不远处有个山口，上面是一个水塘，水塘出口下是一泻千尺的瀑布。我们用竹编的渔具到水塘去捞虾米，常常可以捞到不少。这里山势陡峭，树木参天，非常好玩。晚上，我们用采来的松枝，放在铁丝编的小筐里，小筐挂在竹竿上，点燃松枝，拿到田埂上去照。泥鳅见光后就不动了，用许多铁丝磨尖制成的长柄针梳，就可把泥鳅扎住，常常一晚能扎一两斤。

捡油茶籽。大山里不是遍山遍野的楠竹，就是油茶林。油茶籽秋天收下来可以送到榨油坊去榨茶油，茶油是最好的食用油。深秋，等山民们采完油茶籽后，我就和邻居的小孩一起上山去捡剩下的茶籽。地面草丛里和树上都有零星的茶籽好捡。那年我捡了 100 多斤，到油坊换回来 29 斤茶油。过年时用茶油炸一大盘豆腐，十分美味。

挖冬笋。遍山遍野的楠竹林长得很好，因为护林的规矩很严，竹子不能随便砍伐，春笋也不能采摘。但是冬笋允许挖掉，因为冬笋不能长成竹子。我们冬天上山，在地面仔细寻找，发现有裂纹时挖下去，或许就能挖到一支冬笋，再顺马鞭（粗大竹根）挖，也许能挖到第二支。不过往往没有什么收获，挖到一支就高兴得很。一次我沿马鞭盘出 4 支冬笋来，高兴了好几天。

烧炭末。冬天快来时，我会到高山上去烧炭末。带上一把砍刀，一把锄头，还要挑一担水，进到大山深处，找一块开阔地，挖一个浅坑，把周围的灌木和树林里长的野刺等弄来，堆在坑里点火烧。烧成红灰时，用水扑灭，就成炭末。炭末还用水桶挑回。冬天把炭末放在火篮（烘篮）里就可暖手热脚。一次我手拿砍刀钻深山时，一脚踩在捉野猪的坑盖上，掉入洞底，刀就砍在膝盖上，嗓子喊哑了都没人来救。最后还是下套的那位巡

1946 年举家搬回长沙后与父(左 4)、母(左 2)、兄(左 3)、姐(左 1)合影

山老人听见了，才把我拉上来。养了一个多月才好，至今膝盖上还有那个伤疤。

我们家在大深山里住了四年半，抗战胜利了，才搬回长沙。这次搬家，是我一生中很感到自豪的事情。那是 1946 年 8 月底，国立师范和附中已经搬到南岳，我已经到南岳报到了。哥哥来信说他学校工作太忙，而姐姐当时正在省立第一师范读书，都不能去湘西搬家，这事就交给我办。我当时 17 岁。我整整走了两天，一路打尖住店，硬是翻过南岳后山，抄近路步行到了洞上。到家后，办理退租，打点行装，雇了 12 个挑夫和两套滑竿，把父母亲及全部家具行李接运下山，到蓝田租条小船，顺涟水而下，到湘潭，改乘小船，沿湘江回到长沙，走了近三天。哥哥姐姐到大西门码头来接，我则乘火车赶回南岳上课。这一周虽然辛苦，但心里很高兴，正式办大事了，感到自己成人了，而成年人的感觉真好。

一天，我们特地游过河去，到对岸看到又平又直的路基，在上面走了好久，心中充满一种特别的感觉，有点恋恋不舍。这就是我有生以来第一次接触"铁路"了。

家庭背景使我感到上学不容易，一定要尽力学好，这也影响我性格的形成。

第2章 在国师附中

国立师范学院附属中学①

国师附中，全称国立师范学院附属中学。正式成立于1940年4月。学院聘朱有瓛为附中主任；暂借国师第一院第二舍的李园为校舍。后在安化县蓝田（今涟源）的六亩塘建永久校舍。1944年，日寇侵湘，学校迁至溆浦，借赵家村的赵氏祠堂和民房做临时校舍。1946年8月奉命搬迁至衡山县南岳大庙东廊（由湖南省立第十二中学让予），历时3年半。

朱有瓛校长（1942年6月任校长）对师资的选择，均要求“学验俱佳”，事业心和责任心强。对于学生，重质不重量。招生考试严格，择优录取，班不超过50人，组不超过30人。国师附中创办之初就采用导师制。平时注重学生的爱国主义教育，注重学生之艰苦创业的精神，强调劳动实践。于体育则注重普及而反对选手式的锦标主义。

① 摘自李春辉、刘水清主编：《七秩风华——衡东一中校庆资料汇编》（内部资料，2010年10月）。

受国师学生之影响，附中学生亦思想活跃，曾建有“思潮”、“大众”、“浪潭”、“格致”等社团，所办刊物成为学生发表意见的园地。

1950 年 2 月，国师附中与湖南省立第十二中学合并为省立衡山中学，并搬迁至衡山县城西街两路口原省立十二中校址所在地。

初中工读生活

我读的中学叫国立师范附属中学。1938 年长沙形势吃紧以后，由江浙、武汉等地逃来的难民继续向西迁移，不能到云贵川等大后方的，都暂时汇集湘西。长沙的重点中学，如长郡、明宪、妙高峰、国立八中、清华中学等都迁到安化蓝田。国民政府教育部决定在蓝田光明山创办国立师范学院，以吸纳安排内迁的教育家和许多知名人士。同时在光明山李园成立附属中学，作为教学实习基地。教师大部分都是国师教授兼任，因此教学水平很高，而且有政府资助，不收学费，困难学生还可申请“垫食”，所以，学校一开始声望就很高，成为当时最难考的中学。1942 年，在郊区六亩塘新建的附属中学校舍落成，成为蓝田办学条件最好的中学。学校每年初、高中各招一班，每班 50 人，全校共有学生 400 人左右。当年我准备不足，没有考取，第二年才被录取，成为初中第四届学生。

初中时期的沈志云

经过一年多“深山修道”的磨炼，我已经懂得学习机会来之不易，勤奋刻苦的自觉性空前高涨，各

门课，包括体育、童子军等，都想争第一。游泳就是在这里学会的。英语教员是储安平教授的夫人端木露茜，她对学生要求很严，尤其对发音十分注意，我学得也很有兴趣，放假回洞上的山路上，还放开嗓门高声念单词。

1948 年与高中同学摄于南岳衡山（前排左 1 沈志云）

可是，日本人步步紧逼，执意要拿下长沙、衡阳，打通粤汉铁路线。1944 年 6 月，第四次长沙会战失败，长沙终于失守，蓝田十分危险。学校决定继续西迁。我回洞上辞别双亲，随学校搬到溆浦赵家村继续学习。在这里一直待到 1946 年初中毕业。

上初中的时候，学校为家乡沦陷、经济来源断绝的学生设立了工读生，取消 3 名学校工人，将他们的工作分别由 9 名学生来完成，每个学生拿三分之一个工人的工资。工读生除符合经济条件要求外，还必须学习成绩突出。我家洞上属安化沦陷区，我的考试成绩全初中排第一，所以入选工读生，负责我班宿舍环境和教室的卫生，还要照拂两位老师，即早、中、晚给老师送热水和开水，打扫房间。我分工照拂和我们住在一起的化学老师曾近义[①]和物理老师曾廷瑛。他们两位对我非常热情，逢年过节还送我一些纸笔等文具。在溆浦的两年，虽然完全离开了家里，还能正常读书，全靠这种资助。曾近义老师解放后当了广东省政协副主席，他到四川考察时，还专门来看我，说起这段经历，都感到很有意思。

在这期间，我和同班刘汉藩、谭哲华、刘荫桐三人结交甚密，常在一起切磋琢磨，互相鼓励，相互帮助。夏天几乎天天到 3 华里外的溆水河里游泳，风雨无阻。途中经过大片橘林，我们合伙买了一棵橘子树，来回都可上到树上吃橘子。常有国民党士兵在河里用手榴弹炸鱼，他们只能把漂在水面上的鱼捞走，我们等他们走后，潜到水底，常可捡到大鱼。我们四人一同升入高中时，还将这种交往扩大为几十人的一个团体，取名格致

---

① 曾近义（1920—2011），广东揭西人。1944 年毕业于湖南国立师范学院理化系。曾任国立师范学院附中教务主任、代校长。中华人民共和国成立后，历任广东法商学院讲师、副教授，华南师范学院化学系主任、副院长，华南师范大学副校长。1958 年加入九三学社，后任广东省主委。1989 年任政协广东省第六、七届委员会副主席。著有《自然辩证法讲义》（1978）、《自然辩证法总论》（1991）等。

1944 年四兄弟合影于溆浦(左起：刘汉藩、刘荫桐、谭哲华、沈志云)

60 年后四兄弟再聚桂林(左 1 沈志云、左 3 谭哲华、左 4 刘荫桐、左 6 刘汉藩)

社，这是以后的事。初中毕业后，我们结伴轮流到四人家中拜访。四人的家都在新化和安化的大山里，常常要走上百里的山路。夜间四人结伴穿山而行，很刺激，那情景终生难忘。我同三个好友顺利进入高中学习，一直到1949年高中毕业。毕业后他们分别进入北京大学、东北地质学院等大学，我们仍旧经常聚会，至今联系不断。终生之交，十分可贵。

第一次接触铁路

可以这样说，在溆浦的读书生活影响到了我终身的职业和学术的选择。学校虽然是逃难到溆浦，但教学还是很认真的。地理教师是师范学院的厉鼎勋教授，他后来当上了附中的校长。他当时教学要求很严，要求学生对每省的地图都要背。我那时对铁路很感兴趣，因为厉老师经常带着感情讲我国铁路史，讲1876年的淞沪铁路和1881年的唐山—胥各庄铁路，讲列强如何瓜分我国铁路修建权，讲国民政府抗战期间还注重修建铁路。厉老师特别提到，湘黔铁路1937年就开始修，1938年已经由株洲铺轨到蓝田，路基已经修到了溆浦。那时我还从未见过铁路，后悔在蓝田没有去看看铁路遗址。后来有人告诉我们，在我们游泳的溆水对岸就是修好的路基。一天，我们特地游过河去，到对岸看到又平又直的路基，在上面走了好久，心中充满一种特别的感觉，有点恋恋不舍。这就是我有生以来第一次接触“铁路”了。

没过多久，我就常常与火车打交道了。1946年，国立师范学院搬到南岳，附中安排在南岳大庙里上课。长沙和南岳相距150公里，从长沙去南岳，先要坐火车到衡山，再坐汽车15公里才到南岳。我家住长沙，寒暑假回家，都离不开铁路了。

发起组织“格致社”

高中三年比初中更正规，要求也更严格。校长张文昌，留学美国 8 年，是国立师范学院教育系系主任。附属中学是教育系的一部分，校长由系主任兼任，教员也是师范学院派的，他自己还兼过我们班的英语教师。他上课也特别注重口语，常举行英语讲演比赛，我总能拿到名次。他还组织用英语演出话剧《家》，我也演了一个角色。在他的教育下，我们英语进步很快，高二时就用英文写日记，连写恋爱信也用上了英文。1953 年后我转学俄文，1981 年开始出国又要用英语，我也能应对自如，这与高中打下的基础分不开。

李世晋老师教我们班的几何，这是我最喜欢的课。他经常搞小考、中考，我在所有考试中每次都拿 100 分。代数是易懂联先生教的，他要求计算要精确到小数点后 2 位，我常出错，很少能拿 100 分，但也在 90 分以上。语文老师谢叔颐，讲课很认真，但我作文不太行，只能达到中上水平。当时每门课学习我都很用功，历史硬是背年代，地理背地图，这些知识到以后都用上了。我对分数看得较重，学得比较死板，家庭背景使我感到上学不容易，一定要尽力学好，这也影响我性格的形成。

在高中阶段，使我得到很大锻炼的一件事，是我们的“结社”活动，是“格致社”。

1947 年初夏，我们在溆浦时很要好的四个人发起，组织全班同学，自带脸盆，把南岳庙东侧小溪中军队修的一个被沙石淤塞了的游泳池修复

1948 年南岳游泳（右 1 沈志云）

了。全校同学都去游泳，影响很大。我们也深感团结起来好处多，于是发起组织学生团体，由刘汉藩当社长，开始叫“励志社”，后来我们请来做导师的数学教师易懽联先生提出，外面已经有励志社，还专门出了杂志，建议改名“格致社”，取“格物致知”之义。

解放后我们才知道，励志社① 是国民党的组织。1953 年学校选拔留苏学生时，我就因这个问题没选上而换了别人。学校组织部门找到在湖南大学教数学的易懽联教授，他写了详细材料，才澄清了这一问题。所以，1956 年的留苏政审我就顺利通过了。

格致社后来发展到 20 多人，主要活动是常在一起交流讨论做学问和做人的道理。我们还经常请老师来指导，除上述的易懽联外，经常来指导的还有曾近义、李世晋、曾廷瑛、谢叔颐等。他们对我们都非常热情，多方鼓励，常以自己的经历和经验指导我们，我都感到受益匪浅。1948 年夏，班上从长沙来了许多进步同学，如刘正（解放后当过湖南省委副书

① 励志社的前身是创立于 1929 年 1 月 1 日的黄埔同学会励志社，是蒋介石模仿日本军队中的“偕行社”亲手创办的。最初该社是以黄埔军人为对象，以振奋“革命精神”，培养“笃信三民主义最忠实之党员，勇敢之信徒”、“模范军人”为目的的军事组织，此后又发展为具有联勤与军官俱乐部性质的组织。社长为蒋介石（兼任），实际负责人为总干事黄仁霖。

记、省长和省政协主席)，清华中学的何文仁等，格致社的同学都转向他们，积极参加进步活动。记得 1949 年初我参加他们组织的上街游行，第一次喊出“打倒蒋介石”的口号时，心情无比激动。要不是哥哥托李纯樵拉我回家，我会和其他成员一道参加更多进步活动的。我走后，谭哲华等被国民党抓起来，到临解放才放出来。

1948 年格致社师生摄于南岳(第 3 排右 2 沈志云)

与姜兵结缘

这段时间里还有一件事，是终身大事，就是我与姜兵结缘。姜兵，那时叫姜鳌荣，长沙明宪女中学生，我姐生病休学后，降一级，与她同班。抗战时期明宪女中也搬到蓝田。1943 年 10 月她陪我姐到六亩塘来看我时，见过我一面。她对国师附中十分崇拜，1946 年寒假专门从长沙到南岳，投考我们班的插班生，结果一个题目也做不出来，她越发觉得国师附中了不起。她又从我姐处知道我学习好，总拿全初中或全高中第一名，于是在 1947 年春给我写了一封信，第一句用“春风又绿江南岸”开头，说了寒假转学的失败和对国师附中的敬仰，我回了一封鼓励的信，从此我们书信

1948 年沈志云(右 1)与姜兵(左 2)及友人合影于长沙

不断。暑假我回家时去明宪看她，两人很谈得来。1948 年我们就一起看电影和逛公园了，她们学校附近的天心阁是我们常去的地方。她们班同学看我家穷，劝她不要同我好，说："到他家要喂猪种菜的，你干得来吗?"我哥哥嫂嫂说她是地主家小姐，也不大同意。但我妈妈很喜欢她，她到长沙东乡我们家时，没有叫她干活，还热情招待她。解放后，她在家乡教了一年小学，1950 年考入湖北医学院，到 1956 年才毕业，毕业后我们结婚，一直到现在。10 年恋爱，55 年婚姻，可以说是一辈子都在一起，是一辈子的幸福。13 岁相识，17 岁相逢，85 岁相守，是一辈子的缘分。国师附中的历史一共才 10 年，但我就读了 6 年，不仅为终身成长打下基础，而且邂逅姜兵，成就了人生难得的一辈子美满姻缘。

哥哥帮我定志愿

前面说过，从南岳的国师附中到长沙，必须到衡山坐火车。那时列车速度很低，135 公里要四五小时才能到达，有时晚点，要费六七小时。车次少，人很多，常要爬到车顶上去坐。当时有军训。一次，军训教官带我们全班行军长沙，步行到衡山，全班不买票，都爬在客车顶上坐，到长沙后，排着队，喊着口令，顺铁路走到平交道口出站，没有人敢管。这样来来去去，不知坐了多少趟火车。1949 年 4 月，长沙即将解放，我家邻居李纯樵在国立师范学院念书，受我哥哥的委托拉我回家，我们就是爬最后一趟货物列车回长沙的。

1948 年下半年，武汉、岳阳、常德等地均已解放，程潜入主湖南，但白崇禧的桂系仍控制衡阳桂林一带。我们在南岳学校进步气氛日浓，格致社的同学纷纷参加进步同学所组织的活动，革命热情一天比一天高涨。正在这时接到哥哥来信，叫我回家准备考大学，他说："全国肯定要解放，解放后需要大量建设人才，你应当看得远一点，走上学深造的路。"这些话现在看来，当然是对的，但当时年轻的我正是热血沸腾之际，哪里听得进去，而且认为是落后言论，一概不管。到1949年4月25日，前面说过，哥哥托李纯樵到学校拉我回家。长兄如父，我的一切都是哥哥安排的，他的话我不能不听，于是咬牙离开了火热的学运环境，赶上最后一班货车回到长沙，住在乡下，一心准备高考。

这里要说说我的哥哥沈立云。我这一生对哥哥有着对父亲般的感情。哥哥长我15岁，我开始记事时，他已师范肄业，在省城长沙教书，只有寒暑假才回家看看。父亲也在外教书，家里只有母亲带着我和姐姐两个。父亲在乡下教小学，从不过问家里的事。家里真正当家的人是哥哥，所以，从小哥哥在我们眼里，就是全家的最高权威，是我们的主心骨。哥哥在我们幼小心灵中的形象高大无比，是我们绝对崇拜的偶像，常在同龄玩伴间引为自豪而傲视同伴。

稍微长大一点后，我们逐渐看到了哥哥的难处。我们家虽然出身书香门第，但父亲12岁亡父，18岁丧母，毫无遗产，只身一人投入社会，靠在乡下教小学维持家用，工作极不稳定，只能在外祖父家寄居。

哥哥沈立云1942年(左图)和1995年(右图)留影

哥哥从小在这种环境中长大，深知家境清贫，只有奋发图强，埋头苦干才能立足于社会。他聪颖绝顶，记忆力超强，投考省立一中、雅礼等著名中学，都得第一名，但因缺钱，只能上师范，迫于经济压力，只念了一年就辍学了。师范肄业后，他到省城教小学，工薪超过父亲乡下工资的一倍多。经过几年苦心经营，家里居然可以买房置地了，尽管只是几间茅草房和不多的几亩地，但毕竟可以独立成家了。不知从何时起，哥哥已呈一家之长的架势，是商量家事的主角，对我来说，则是良师益友的成分日益加多，我的许多影响一生的决定，也都是他拍板的。

记得最清楚的事是他从城里带回来的土豆和西红柿种子。这两样东西我们都是第一次见到。哥哥对我们说，这是洋芋头（土豆），是国外最主要的菜品，西红柿吃惯了才觉得好吃。他同我们一起栽种，长熟了他回来时同我们一起吃，我们从这里开始才喜欢上这两种蔬菜。

春节快到了，我们全家都准备迎接哥哥回家。我们到红薯地里去刨剩在泥土中的红薯根，加上地里摘的黄豆，用砂罐煨在炉火边，这就是年三十晚上最好的美味。为了准备和哥哥共享的盛会，我们夏天就到对面山里挖几个大树根，到春节就晒干了，可以架在火炉中央烧，哥哥和我们围炉而坐，客人来来往往，母亲忙进忙出，我们一直玩到深夜。我总是寸步不离哥哥，大家有说有笑，与此同时还有许多严肃问题常在这种场合下讨论。哥哥的高大形象添加着一缕缕的脉脉亲情，发生着本质的变化，但我对他仍然是崇拜，不过是亲切的崇拜了。

我们崇拜哥哥为家庭牺牲自己利益的精神。他自己感受过家庭经济困难不能升学的痛苦，决心力保弟妹两人上学读书。哥哥的安排是，让姐姐健纯继承我家传统，读师范当教师，让我深造。有一次他回打卦岭，家里米缸空了，要到十几里外父亲教书的地方挑谷回来碾米。哥哥和我一同去挑，空箩筐由我挑着走，装满100多斤谷子后，出学校和进家门由我挑，中途没有熟人看见，都是他挑。去的路上他对我讲了许多我一辈子都不能忘怀的话。他说，他撑起这个家就已经耗尽他全部精力了，家里出人才的事，全在你身上。他说："你不仅要上大学，还要去留洋，才有竞争力。要留洋，必须学业出众，什么都考第一。"我对他绝对崇拜，言听计从，这"什么都考第一"的话，时刻压在我心中。我没有他聪明，要和他一样什么都考第一，的确给了我巨大的压力。其实这并不是最好的学习方法，但我对此坚信不疑，因为这是哥哥说的。

为了维持家用，力保我和姐姐能够继续上学，不致中断，他毅然决定从国师辍学，放弃自己完成大学学业的机会，投考邮务员。后来邮务工作地点离家太远，他又辞职到春元中学教书。后在大麓中学工作时，为了增加收入，他同时兼三所学校的数学课，一周36小时讲课，效果还很好，这是很少人能够做到的，他成为当时长沙有名的中学数学教师。我在溆浦念书时，家处沦陷区，哥哥仍千方百计托人带一身学生服给我。我去武汉考大学的钱，是他变卖自己珍贵的结婚戒指才凑齐的。姐姐在第一师范读书时，他经常给她零用钱。后来姐姐要进行教学实习，地点有广州和南岳两地，由学生根据经济情况选择。哥哥虽然手头很紧，仍选择广州，拿出5块银元给姐姐当作补助。类似事情还有很多，说也说不完，现都如在我眼前。

在我复习功课准备考大学期间，1949年7月初，解放军兵分三路向长沙进军，发动湘赣战役。四野十二兵团已经进到浏阳河西侧，距我家只有40多华里，在家里已经听得到隆隆的炮声。我不禁高声欢呼："打解放炮了!"8月2日，程潜将守卫长沙的陈明仁第一兵团撤出长沙，派人到解放军驻地言和，8月5日，解放军进入长沙，长沙宣告和平解放。我在乡

1961 年与父母、兄嫂、姐姐姐夫及下一代全家福合影(后排左 2 沈志云)

下，第二天哥哥回来告诉我盛况，欢呼雀跃之情也传到了家里。

哥哥当时在大麓中学教书，信息灵通，他告诉我，8 月 10 日唐山工学院在武汉招生，我必须明日，即 7 日启程去武汉报考。他告诉我唐山以铁路为特色，中国铁路运营里程已超过 2 万公里。在当时的中国，铁路是除了纺织以外唯一能够称得上工业的行业，纺织是轻工业，不如铁路技术全面，学机械最有前途，进铁路学机械就是他替我安排的道路。我自己也对进铁路十分向往，看到机车飞速运行，感到十分有学问。以前坐火车来往于衡阳、长沙之间时，每当经过株洲，看到机车厂一步步建起来，厂房盖了一大片，心里早就十分憧憬。他这么一说，我当然同意他的安排。第二天就要赴考，我的全部注意力马上由长沙解放集中到升大学上面来。第二天同哥哥进城，铁路不通，当晚到大西门码头上了一艘轮船，带着哥哥变卖结婚戒指后的十几枚银元，朝武汉驶去。我们班能应届升大学的只有我一人，这全是哥哥一手安排的。

1996 年赴湖南邵阳看望哥哥(右)

唐山工学院招生处设在武昌实验中学，外地考生可以住宿，我刚好赶上报名，考题不是很难，如英语，就出一个题目，写篇作文，记得是“My Summer”。这个夏天过得太丰富了，我足足写了三大页。考试以后，转到武汉大学去住。那里还有两所大学招生，即清华和武大。武大学生宿舍，依山而建，很漂亮，食堂在山顶上，很方便。我在那里住了快一个月，依次考完这两所学校后，9 月初才回到长沙乡下等消息。经过长沙时，街上满是轰轰烈烈的参军参干高潮，见到同学都只谈如何参加革命。我感觉自己好像当了逃兵，灰溜溜地回到乡下，虽然考试没有出什么问题，但总也高兴不起来，越想越觉得自己太自私了，大大落在了时代的后面。最后终于待不下去了，决心放弃升学的打算，进城去参军参干。走的那天，告别母亲时，真有“男儿一去不复还”的味道。

但是，一到哥哥那里，一切马上都变了。哥哥告诉我三所学校都有消息，我都被录取了。以武大排名最前，机械系第一名，清华、唐山工学院录取的都是机械系。清华机械系是老系，实力最强，唐山机械系刚开始办，是解放后重办的第一班。如何决策，成了我们讨论的焦点。

在选择专业的问题上，哥哥的态度很明确：进铁路学机械，这在报考大学的时候就已经确定无疑了。现在三所大学机械系都录取了，上哪里？就进铁路而言，当然是唐山工学院。哥哥说，从有铁路开始就有唐工，铁路上的工程师绝大部分都是唐山工学院毕业的，在铁路上唐山是名望最高的大学。就学校地位而言，唐山不在清华之下。先有唐山，后有清华。唐山的老师都是外籍老师或留学国外的知名学者，由美国康奈尔来的最多，教学都是采用他们的教材和方法。唐山工学院毕业的学生留学，可以不需考试直升康奈尔大学，故有“东方康奈尔”之称。

至于机械系，唐山工学院是初办，哥哥认为，这不是主要因素，学校基础课是好的，力学是最强的。专业方面，有铁路机车车辆这个明确的对象，有很多知名工厂的支持，只要有好的老师，就会办得很好。国师附中也是初办，而且是在逃难的困难条件下，不是办得很好吗。经过这一番分析讨论，我们的意见很快统一了：决心去唐山。从此，我正式与铁路结

1996 年与兄(中)姐(左)合影

缘，我一生所有的学习、工作和成就都与铁路分不开了，我对此引以为豪。

近几十年来，清华青云直上，如日中天，相形之下，我校落后几十名。有人问我，当年放弃清华，君无悔乎？我说，前几年清华成立高速铁路技术研究中心时，请我当学术委员会委员，几次开会我因为太忙而没有去参加。铁路方面的国家级研究机构我校有三个，这是清华无法相比的，要么不搞铁路，搞铁路，进唐山一定比进清华强，现在仍然是这样。上大学只是人生事业的起点，择校定终身的说法是没有根据的。

唐山工学院的老传统很多，“严谨治学，严格要求”是最突出的一点。

严谨治学首先就要从助教这个环节开始，我从这三年的助教实践中有了最深刻的体会。

第3章

初到唐山

1949 年 10 月初，唐山工学院要开学，我必须赶去报到。长沙没有新生迎接站，只能一个人去。当时我右手中指长疖子，肿成了“泥鳅肚”。从长沙东乡到唐山，路途遥远，又要带行李，但时间不等人，我下决心出发。出这样的远门，只能坐火车。解放前铁路总里程虽然达到 25 523 公里，但刚解放时通车里程只有 21 898 公里，连京广这样的干线也没有打通，要在郑州转车到徐州，在那里再转车到天津，从天津到唐山，还要换车一次。我一个人克服许多困难，足足花了 4 天时间才到学校。一到学校就感到迎新活动的热情，很多人帮我办手续，送我到西楼宿舍 208 房间住下，我的注册学号是 D－232 号，从此我成为一个唐山人，直到终身。

唐山交通大学（唐山工学院）①

唐山交通大学，又名唐山工学院（Tangshan Engineering College）。

① 根据唐山交通大学校史等资料摘要编写。

其前身是创建于1896年的山海关北洋铁路官学堂，后迁唐山，更名为唐山路矿学堂，该校校名几经更易，先后定名为唐山工业专门学校、交通大学唐山学校、交通部唐山大学、唐山交通大学、交通部第二交通大学、交通大学唐山土木工程学院、交通大学唐山工程学院、交通大学贵州分校、国立唐山工学院、唐山铁道学院等，但一般习惯上称之为“唐山交通大学”。1971年迁往峨眉山，1972年更名为西南交通大学。

唐山交通大学（今西南交通大学）是中国近代土木工程、矿冶工程教育的发祥地，为中国的近现代化建设培养了大批的人才。民国著名学者、政治家、教育家吴稚晖先生曾经评论过：中国“真正能注重科学工程的学校，寥寥可数”，而其中就有北洋（今天津大学），南洋（今西安交通大学、上海交通大学）和唐山，尤其是后者，“才可算得纯粹的一个科化的工校”，较前两者“尤专精”。清华大学校史也载“清华工学院初创时，国内已有南洋、唐山及北洋诸校，工科教育已十分成功”。唐山交大是民国时期的著名大学，在世界上也享有盛誉。在早期，校长多为具有世界视野的官员担任，如清外交大臣周寿臣、民国参议院首任院长赵仕北、外交总长章宗元、外交次长刘式训等都曾先后出任唐山交大校长。此后，教育家罗忠忱、李书田、孙鸿哲、顾宜孙、胡博渊、唐振绪等都曾执掌唐山交大，著名桥梁专家茅以升（唐山交大 1916 届）曾四次出任交大校长。在这些校长的治理下，唐山交大有着先进的管理，是中国最早采用四年本科制的大学之一，最早设置毕业设计环节的大学之一。同时逐步形成了以罗忠忱、顾宜孙、伍镜湖、黄寿恒、李斐英为核心的教授团队（被称之为“五老”），他们都在唐山交大教学四五十年以上以至终身，真正为学校奉献了一生。以“五老”为核心，辅之以林炳贤、范治纶、王钧豪、何杰、罗河、李汶、许元启、朱泰信等教授，形成了长期稳定的教授团队。

名师荟萃的机械系

关于唐山工学院的教学和学术特色问题，前面我已经谈到过，这里再补充一些。

1948 年 11 月，唐振绪①主持唐山工学院院务工作，后任院长，为把唐院办成既是教育中心又是科研中心的现代化理工大学，决心增设机械、

---

① 唐振绪（1911—2003），出生于南京。1935 年毕业于唐山交通大学土木工程系。1940 年获美国康奈尔大学研究院水利学及运输工程博士学位。1948 年担任国立唐山工学院教授兼院长。1949 年被铁道部任命为新唐院院务委员会主任委员。1950 年 3 月兼任新成立的铁道部铁道技术研究所所长。1956 年 1 月至 1983 年 9 月任铁道部铁道科学研究院副院长。在此期间，唐振绪参与制定了我国第一个国家十二年（1956—1967）科学技术发展远景规划，并起草了“关于国家总体运输纲要的布置、建设次序及各种运输的综合利用”的中心问题说明书，还参与了铁道部十二年科技发展规划组的领导和纲要起草工作。1958 年，他三上青藏高原，实地开展调查研究，提出了“关于开展高原铁路科学研究的八点建议”。1984 年，被国务院任命为铁道部科学研究院名誉院长。

电机、化工三个专业。解放后这个思路得到茅以升①和铁道部的支持。学校首先要做的是建设高素质的教师队伍。他聘到史家宜教授担任系主任。史家宜教授为庚款留学生，留英十年学习机车制造，是英国皇家学会会员，回国后到1936年陈孝刚先生创办的株洲机车厂当厂长。唐院长以他为中心，网罗了一批高水平人才，其中孙竹生教授曾经留美五年，到过美国、加拿大三个著名机车公司各实习一年以上，在普渡大学获得硕士学位，回国后筹办过沈阳机车车辆制造公司，创办了上海冷铸车轮厂。孙教授1952年后任系主任。还有留学美国，回国后任南京汽车修理厂厂长的刘钟华教授。刘教授来后很快就把金工实习工厂建立起来，我们都赶上了学开车床。还有陈应星、陈忠淦、蒋汉文、沈嘉猷、戴振声等，都是留过学，回国又从事教育、科技或创办实业的实力派人物。还有一位教学经验丰富、德高望重的黄秉淦教授，他教机构学，讲课铿锵有力。陈忠淦原来是北平南口机车车辆机械厂厂长，这是一个历史悠久的老厂，是詹天佑修京张铁路时建立的。陈教授讲车辆强度课，当过校工会主席，是我校民盟负责人，可惜后来被打为右派。后来从铁道部车辆局调来一位有名的工程师毛家训，他理论水平很高，主持车辆教研室，教授车辆动力学，后来对我影响很大。从哈尔滨铁道学院调过来的裴毓达、张殿执、姚书田、刘之彬教授，也都是厂长级人物，他们承担了许多专业课的教学。裴教授俄语很好，能同苏联专家畅谈业务。年轻教师里机械系有著名的三大助教（后

① 茅以升（1896—1989），江苏镇江人。早年留学美国，获工学博士学位。1920年回国后，曾任河海工科大学、天津北洋大学校长。1933年至1937年，他主持设计建造我国第一座铁路大桥——钱塘江大桥。抗日战争和解放战争时期，他历任唐山工学院院长、中国桥梁公司总经理、中央研究院院士、中国工程师学会会长。中华人民共和国建立后，历任中国交通大学校长、铁道部铁道科学研究院院长等。1982年被美国国家科学院授予外籍院士称号。1978年，主持修撰了《中国古桥技术史》。

很快升讲师）：章宏甲、王穆之、沈庭寿，辅导学生、下厂实习、筹建实验室等他们都是主力。他们后来都成了有名的教授，发挥着教学科研的骨干作用。

一个刚开办的机械系，由于唐振绪和史家宜的巨大凝聚力，一下子就汇聚了如此多的高水平人才，实属罕见。人才是办学的根本，机械系从第一班开始就名声在外，与这个高质量的教师队伍密不可分。

英语教学老传统

唐山工学院的老传统很多，“严谨治学，严格要求”是最突出的一点。还有“精勤求学，敦笃励志；果断力行，忠恕任事”，这是老交通大学的校训；“灌输文化尚交通，相期同造最高峰”，这是老交大校歌里的歌词，我在《定居峨眉山》的诗中就用了这个“最高峰”。

入学时学校给我印象最深的特点却是英语教学。据说在 1896 年学校刚创办时就规定除“国文”外，一律用英语教学，采用英语教材，聘用外籍教师。在当时国内还没有现代化大学的条件下，这是不得已的，现在看却大有利于学校国际化。后来，外籍教师不聘了，但用英语教学却成为传统保留了下来。到 1949 年刚解放时，这个传统还有明显痕迹。光开敏教授授课的大学物理，教材用的是英文物理课本：Sears and Zemansky's *University Physics*，讲课全是英语，不过板书还是写中文，便于我们做笔记。杨荣宝教授的微积分，讲中文，但板书全是英文，便于我们读原文教材。很奇怪，这么重视英语，却没有英语课。唯一的英语教授贝馥如，大家亲切地叫她 Miss Bei，只负责英语方面的解惑答疑，再有就是高考把关。一篇英文文章，经过她一看，就能判断出你的英语水平。我没有在英语方面感到什么困难，这时领悟到国师附中重视英语教学的作用。我以后改学俄文，30 年后，到 1981 年出国时，临时捡起英语来，还能应付，与交大当年这个传统不无关系。

积极入党

我从小在农村长大，家境不是很好，全靠父兄教中小学维持。父亲不管我们的事，我的一切全听哥哥安排。哥哥把我看成我家的希望，一定要把我培养成出人头地的人。哥哥信奉“吃得苦中苦，方为人上人”，他也带头吃苦，努力持家，保我成长，为家争光。解放大潮使我有些觉悟，但仍跳不出家庭这个小圈子。到唐山后，第一学期我的情绪仍很沉闷，只担心评不上助学金，学习以外的事，很少关心。给我影响比较大的是李泳同志讲的政治课，他讲新民主主义发展史，从人是猴子变的讲起，使我第一次系统接触到马列主义新思想，初步摆正了自己在社会中的地位。“小资产阶级意识太重”，是我的要害，这与我自由职业的家庭出身有关。

当时，我们学校的学生可免票坐火车回家，我寒假回家了。当时哥哥嫂嫂及全家还住在长沙东乡，他们时时争吵不休，都是为如何摆脱当时家里的困境而争执。我听了第一次感到格格不入，觉得家里的气氛与轰轰烈烈的革命热潮太不相称了，决心从思想上摆脱个人小家庭观念的包袱，马上离家回校。

姜兵当时在宁乡家里教小学，留了半边猪肉在等我，我也认为是小资产阶级恋爱观作祟，毅然决定不去。记得是快过年了，我向妈妈哭着告别后就出门进城，赶火车回唐山。大年三十到达汉口，住在大智门车站对面的旅馆，第二天大年初一，清早上车，整个车厢里就我一个人，经过下面的车站后才陆续有人上来。一路上我想了许多，感情很复杂，是伤感，也是愉快；是烦恼，也是欣喜；是紧张，也是轻松。这是我学习期间唯一一次回家，此后在 1952 年大学毕业前，再也没有回过家。

这次回校后，我像变了一个人，积极进取，开朗活跃，很快就加入新民主主义青年团，成为团支部的骨干，在班上担任课代表、学习委员，后来还当过班长和校学生会的学习部长。1952 年毕业后我留校任理论力学教研室助教兼秘书，属共同课部。1954 年 12 月由李泳同志介绍，我光荣入党，当时的党支部书记是政治教研室主任文乃山同志，他对我在政治上的帮助很大。

实习生活

这么多年过去了，我就简要地说说大学生活中印象比较深的一些事情吧。铁路是大动脉，机车车辆就是动脉中运行的血液，一般说，当时平均 10 公里铁路就有一台机车，1 公里铁路有 1 辆客车、10 辆货车。这么多机车车辆靠几十个铁路工厂进行制造、改造和大修。我大学一年级就到沈阳皇姑屯机车车辆工厂实习，由沈庭寿助教带领，在铸造车间向老师傅学翻砂。一个半月完全同工人师傅生活在一起，一起上下班，一起劳动。我的师傅还热情讲解生产过程，所铸零件的名称、作用，带我去看这些零件用在哪里，使我在业务上和思想上都收获很大。

1950 年冬天我留校，到唐山钢厂去打工，参加车间天车检修，劳动不到一个月，还得了点工钱。那年暑假去佳木斯机车厂实习，在机车车间劳动。工厂距城里有10公里左右，沿途很荒凉，师傅们告诉我们，别一个人进城，路上有狼。周末我们总是十几个人结伴而行，到一所朝鲜中学学跳朝鲜舞，有位女老师热情地教我们跳舞，一曲《汉江水》，现在还记得。

印象最深的是哈尔滨的严寒。我们是1月份去哈尔滨车辆厂实习的，坐火车在晚上1点多钟到达。一下车寒气迎面扑来，连呼吸都困难了，一问是零下28摄氏度，我从来没有经历过如此寒冷。幸好室内温暖如春，到哈尔滨铁路局食堂用餐时，食堂在地下室，觉得到了夏天一样。这一冷一热的温差，一辈子都记得。

1963年与父母、妻子、女儿摄于唐山

当然，去得最多的还是唐山机车车辆厂，就在学校的对面，过铁路就到。我们班分两组：机车车辆和机械制造，我选了机车车辆。史家宜主任请唐山厂魏厂长来教修理课，没有教材，但魏厂长讲得很实在，我们拼命记，写满了一大本。唐山厂还有一位很著名的老设计师唐工程师，设计很有经验，什么车型的结构他都很熟，随手就能够画出来。我们当年有“经验设计课”，沈嘉

献教授指导，还请唐工到学校给我们做过报告。

我们还到过四方机车厂、大连机车厂、武昌保温车工厂、浦镇车辆厂等。我深刻认识到机车车辆是一个值得我奉献终身的事业，机车车辆工厂是我这个有志铁路机械者的最佳去处。所以，1952 年 7 月，我们提前一年毕业时，我填报的三个工作志愿，都是去机车车辆工厂。

理论力学助教

可惜，事与愿违，组织上让我留校工作，并且分配到理论力学教研室从事基础课教学。当时我认为这是对我献身铁路机车车辆事业的最大打击。但是，服从国家需要是第一原则啊，我只好放下心爱的专业去搞基础课教学了。好在任何事情只要认真去做，都能从中感受到工作的愉悦并做出成绩的。当助教，是我在唐山交大教学和学术研究生涯的正式起步阶段，对我一辈子都有非常重要的帮助。下面就说说我的助教生活。

理论力学是唐山交大的王牌课。唐院罗忠忱老教授开“应用力学”40 多年，教学要求十分严格，学生考试很难及格，是老唐院的王牌课，在全国都很有名气。1952 年以后，学习苏联，应用力学改为理论力学，在基础课部之下建立理论力学教研室，由罗老弟子卢孝棣教授任主任，教研室有黄安基、金传炳、徐昭鑫、徐鹤林等有名教授，我和另一位姓陈的老师任助教，一时兵强马壮。教研室在学习苏联基础上，决心继承和创新唐山交大的王牌，全室目标明确，斗志昂扬，在全校教学改革中走在前面。我在这种环境下，老老实实当了三年助教，虽无权讲课，但在一系列严格的教学环节中提高了理论力学方面的素养，对我一辈子的研究都有帮助。

当时唐院的助教除随堂听讲以外，还有一系列教学工作要做：

1. 上习题课。每周每班安排一讲习题课。助教拿出一到两道典型题目来进行分析、解答，然后学生自己做习题，助教个别辅导。

2. 口试。考试除笔试外，还有口试。老师做许多口试题签，学生抽取一题，由老师提问，学生来答。老师常即席出些思考题，以考查学生的概念，如蛇出洞，猴子爬树①等。每个学生要考半小时左右，教授考不过来，助教就要承担一部分学生的口试。

3. 试讲。助教定期在教研室试讲，由教授点评。第一年是习题课的试讲，第二、第三年才试讲课文。第三年的试讲通过后，从第四年起，助教才能正式承担讲课任务。我在理论力学当了三年助教，还没有取得讲课的资格。第三学年我到北京潭柘寺当卢孝棣教授的助教，他有事下山时才让我代讲了几讲课。

4. 准备模型教具。理论力学概念抽象，不容易明确地建立起来，需要专门做些教具来帮助理解。助教要根据讲课教师的想法，设计和制作一些教具，这对于学生理解一些抽象概念常能起到很好的作用。另外，出外选购模型，建立模型室，也是助教应做的事。

5. 进修。为提高师资水平，理论力学教研室主任卢孝棣教授请来黄寿恒老教授为进修的教研室老师举行讲座，这是学校采取的诸多进修措施之一。当时教研室全体教师都去听了，包括黄安基、卢孝棣等老先生。可惜黄老先生的福建口音我实在听不懂，只好下来多看书。

---

① 这是理论力学口试时可能出的概念题。理论力学一般只做独立刚体的力学分析，分析对象的质量和中心都是固定的。但蛇爬出洞和猴子爬上树的运动就不同了，蛇在洞内部分在向外爬时质量是在变化着的，树和正在爬树的猴子作为一个物体考虑时，重心是在变化着的。这种情况下如何分析运动和受力的关系，就要做不同的考虑。这在课堂上没有讲过，口试时叫学生分析，可以看出学生力学概念是否清晰，独立分析能力是否具备。

当时学校对青年教师进修十分注意，派到清华、哈尔滨工业大学去进修的不少。留苏也是一项主要措施，1953 年我也被选上留苏了，因为中学参加社团问题未查清而没有通过政治审查，临时改派我同班毕业留校的张质文老师去了。我是在 1954 年入党时调查清楚以后，在 1956 年才被批准的。

虽然毕业留校三年还没有得到讲课的资格，但我觉得这三年助教经历收获特别大。反复听各位教授的课，深入领会每位教授讲课的特点，吸收他们丰富的经验，能为独立讲课做好充分的准备。1978 年我重回理论力学教研室时，我还是先听了一遍徐昭鑫教授的大班讲课，自己才开大班的。

对我更有长远意义的是提高了力学的理论修养。理论力学的基本概念要彻底搞清楚是不容易的。我在科研实践中从没有出过力学概念性的错误，与这三年打下的基础分不开。当时学生用的是比较浅的伏龙可夫的教材，我们助教看的是米歇尔斯基的理科教材，并用以同伏龙可夫的教材做对比。每堂课虽然只留几道习题给学生做，我们却要把一本习题集上的相关题目都做完，并要做几种解法的对比分析。口试环节更是对力学基本概念的锻炼和考验。严谨治学首先就要从助教这个环节开始，我从这三年的助教实践中有了最深刻的体会。

突击俄文

1952 年 9 月留校后就赶上了全面学习苏联的浪潮，全体教师都参加俄文突击班，要求用两周时间学习俄文，达到能够翻译俄文教材的水平。理

1956 年在上海王开照相馆拍的结婚合影(左图)和姜兵婚纱照(右图)

论力学采用统编教材，专业课的教材都得自己翻译，统一出版，供全国采用。电机系杜庆萱教授负责翻译电力机车部分，机械部分找我翻译，我乐于接受，完成了转向架部分的翻译。这本教材 1955 年正式出版，杜教授分给我 300 元稿费。这是一个很可观的数目。我当时的工资是每月 54.5 元，每月寄给父母亲 15 元做生活费，寄 15 元给姜兵上湖北医学院用，自己每月伙食费只要 8 ~ 10 元就够了。拿到这笔钱真是感觉发财了。当时正赶上姜兵毕业和我们结婚，于是拿这笔钱用来旅行结婚，路线是从唐山到上海，到杭州，然后回到开封姜兵工作的地方。在上海时，我们到王开照相馆去照结婚照。为了省钱，除照了一张合照外，只姜兵一人租了礼服，照了一张单人像。回到学校，因为结婚花了 250 元钱，被认为是铺张浪费，我在党支部生活会上还做了检讨。

毛主席讲话，家乡口音很重，很多人不能全听懂，我不但百分之百能听懂，还感到很亲切，不时翻译给旁边的同学听。

这一系列的下工厂使我收获不小。收获并不只在选题，下工厂使我了解了大量生产实际情况，很好地弥补了我在国内刚由理论力学转来专业教研室、下工厂太少的缺陷。而从事工程科学的研究，脱离生产实际是最要不得的。

第4章 留苏岁月

1956：学俄语，结婚

1955 年下半年，正当我助教三年期满，要进入独立讲课的讲师阶段时，机械系聘请两位苏联专家来讲学，先是教车辆线业务的马斯柯连柯教授，后是教车辆修理的康·依·尼可拉耶夫教授，都是来自列宁格勒铁道学院。机械系人员不够，要调我回机械系。我多年来一直梦想回机械系搞机车车辆本行，这对我比当讲课教师的吸引力还大，于是非常高兴地接受了。我回到车辆教研室，当教车辆修理课的裴毓达教授的助教，同时兼任专家工作室的秘书。当时有几位苏联专家在校讲学和带研究生，车辆修理的专家还未来，我除兼专家工作室的行政工作外，主要听裴教授的课和带学生到工厂实习。

1956 年初，我正在沈阳的工厂带领学生实习，突然接到学校电话，叫我立刻到天津参加留苏体检，并通知准备留苏考试。7 月底，到北京西单石驸马大街18号参加高教部组织的全国留苏统考，考了两天，题目并不难，很轻松地就应付了，没有留下什么印象。录取通知是开学后接到的，要求先到北京第二外国语学院留苏预备部学习俄语。后来才听说，专业审查是找当时著名专家评审的。我的留学专业早就确定为车辆修理，交给钱伟长教授评审时，他实在不同意，又不忍反对，于是批了："以后不要再派这样的专业出国留学。"

这次考试期间我印象最深也是我最用心的，还是我同姜兵结婚。姜兵1956年从湖北医学院毕业，分配在河南省卫生厅省人民医院。我要她报到后就来北京结婚。她买的火车票是7月31日上午到北京车站，而我31日上午还要考最后一门，只好找在北京大学读物理系的国师附中好友刘汉藩到前门北京火车站去接，接后在前门大街大北照相馆门前等我。我匆匆忙忙交卷后，坐10路公共汽车赶到前门，一起到北京铁道学院借老同事谭淑明的房子住。他们一家到外地度假，叫我们向邻居取钥匙入室。本想一同到展览馆后面的莫斯科餐厅吃西餐，以此代替结婚仪式。当我们冒雨赶到莫斯科餐厅时，餐厅却不开门，只好在第二天，即8月1日到西单曲园酒家补了这一重大仪式，到场的还是只有刘汉藩一人，然而却使这一天成了我们的结婚纪念日。几十年来，每到8月1日，我们都幸福地回忆起这一天的经过。每次到北京，只要可能我们都会去前门看看北京老火车站。这里后来成了铁路博物馆，但前门外的大北照相馆很多年后还依然如故，成为我们怀旧的地方。

1957年赴苏前留影

1956年这一届派去苏联学习的有一万多人，全都集中在鲍家街第二外语学院留苏预备部学习俄语一年。我们铁路上去的编在55班，班长是我校土木系

的梁家瑞同志。学习很紧张，除政治课之外，全是俄语学习，班主任是杨谦益老师，他很负责任，对我们要求也很严。这次学习很有成效，特别是口语能力提高很快，为留苏做了很好的准备。

1957 年初全国搞大鸣大放，留苏预备部也不例外，对教学及管理方面提了不少意见，还贴了大字报。后来反右，大家都很紧张，怕受处分，或取消留苏资格。幸好上面传来消息：留苏预备部不搞反右，大家躲过了一劫，现在想来都有点后怕。

回唐山拜见尼可拉耶夫

我留苏的学校是列宁格勒铁道学院，这是一所历史悠久的以铁路为特色的大学，办学史已有 150 年，比莫斯科铁道学院的历史还早。铁道部的留学生都是去这两所大学，而且是专业对口派出的。我调回车辆教研室是任车辆修理课的助教，因此被派往列宁格勒铁道学院车辆教研室。正导师是该室唯一的教授依・依・契尔诺可夫博士（И. И. Челноков，1909—1978）[①]，他教车辆动力学，只有他才有资格带研究生。这次他带两名中国研究生，一名是我们车辆教研室车辆动力学严隽耄助教，由他自己带。另一名是我，由他当正导师，另由车辆修理副教授康・依・尼可拉耶夫副

① 依・依・契尔诺可夫，1937 年进入列宁格勒铁道学院读研究生，1940 年答辩通过技术科学副博士论文，任副教授，建立并担任车辆及车辆业务教研室主任，筹建车辆动力学及强度实验室，研制1∶5 车辆滚动试验台。1955 年获得技术科学博士学位，1959 年升任教授，成为苏联铁道科学院院士。1960 年代，到中国及保加利亚讲学。培养包括中国等国外研究生多人。在高速列车技术及客货车结构方面做出许多重要贡献，著有车辆动力学及有关方面的教科书多部。

依·依·契尔诺可夫(左图)和康·依·尼可拉耶夫(右图)

1957年列宁格勒铁道学院机械系车辆教研室全体合影(前排左4正导师契尔诺可夫，左5副导师尼可拉耶夫，左6马斯柯连柯副教授；后排左3沈志云，左5同窗艾斯特林克，左8严隽耄)

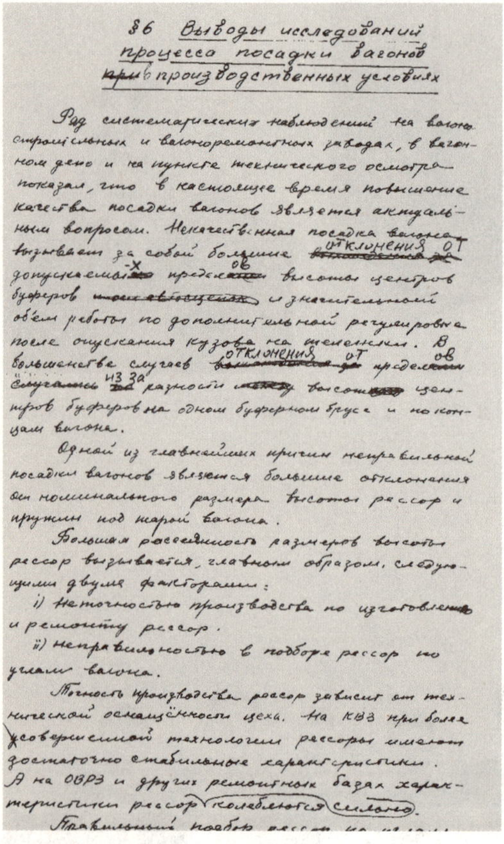

§6 Выводы исследований процесса посадки вагонов в производственных условиях

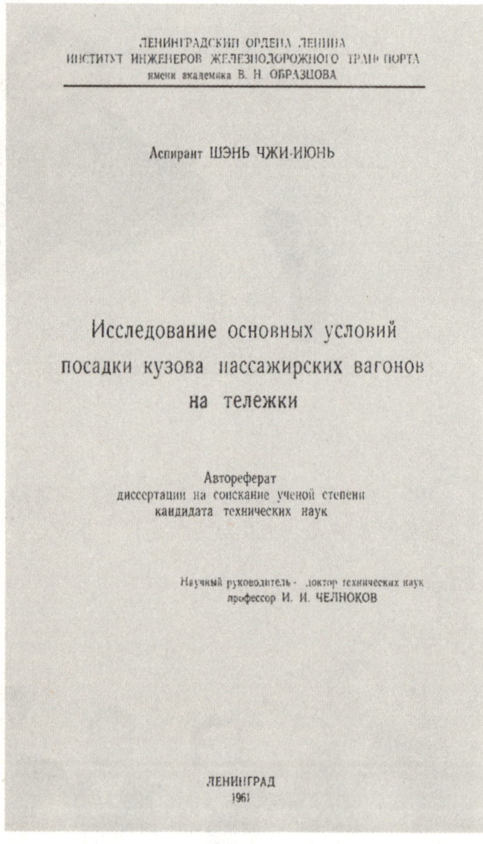

ЛЕНИНГРАДСКИЙ ОРДЕНА ЛЕНИНА
ИНСТИТУТ ИНЖЕНЕРОВ ЖЕЛЕЗНОДОРОЖНОГО ТРАНСПОРТА
имени академика В. Н. ОБРАЗЦОВА

Аспирант ШЭНЬ ЧЖИ-ИЮНЬ

Исследование основных условий посадки кузова пассажирских вагонов на тележки

Автореферат
диссертации на соискание ученой степени
кандидата технических наук

Научный руководитель - доктор технических наук
профессор И. И. ЧЕЛНОКОВ

ЛЕНИНГРАД
1961

左图为留苏学位论文手稿中的一页，铅笔处为导师亲自修改字迹；右图为留苏学位论文铅印摘要封面

博士（К. И. Николаев，1902—1997）① 担任副导师，具体指导我学习和写论文。1957 年上半年他被聘来唐山我校机械系讲授车辆修理课程。我

① 康·依·尼可拉耶夫，列宁格勒交通学院毕业，在铁路机车车辆工厂工作多年。1934 年进入列宁格勒铁道学院科学研究所任工程师，1938 年获得技术科学副博士学位，受聘为副教授，在机械系任教。成立车辆及车辆业务教研室时，出任副主任，从事车辆工艺方面的教学工作。1957 年曾到我国唐山铁道学院讲授车辆修理。著有车辆修理及修理工厂组织等方面的著作多部。

1996 年沈志云(右 3)重返母校列宁格勒铁道学院(现已改称圣彼得堡国立交通大学)，与 94 岁高龄的导师尼可拉耶夫(中)合影

曾特地从北京回唐山拜见这位我后来留苏时的导师。裴毓达教授俄语口语很好，当时我请他带我去见的尼可拉耶夫教授。

尼可拉耶夫教授谈了一个问题，问我是否真想学车辆修理。他说，1953 年，铁道部派了一位工程师到他们教研室，跟他学车辆修理。结果这人一到就变卦了，嫌车辆修理没有学问，找正导师要求改为学车辆空调。他对此很有意见，怕我要改专业。裴教授用流利的俄语向他说："沈同志是共产党员，他不会改变专业的。"我连忙点头说"达，达，达"(是，是，是)，但还是表达了对车辆修理能否写出学位论文的担心。他介绍了他自己的经历：大学毕业后，在修理工厂工作了 20 多年，担任过几个工厂的总工程师和厂长，对于修理工艺及其在车辆运用中的作用很有研究，返回高等学校当研究生时，写出了评价很高的论文，调回学校当教师时，在车辆修理教学上下了很多功夫。他答应我去列宁格勒后，会给我一张论文选题用的题目清单。后来我拿到的是包括 200 多个参考题的建议。他介绍我到许多工厂实习，都亲笔写了给这些工厂厂长的私人介绍信。他还亲自替我逐字逐句修改学位论文。我从他身上学到许多做人做学问的道理，和他建立了深厚的师生情谊。1996 年我重回学校时，留苏时的老人只剩下他了。那年他已经 94 岁，还专门到学校来看我，并叫他的儿子陪我们游圣彼得堡。当时我们师生相见，分外亲切，在以前上课的教室里，我们共同回忆往事，谈了许多许多。

嘱咐姜兵离开北京

出国前，我嘱咐姜兵要离开北京。她当时在河南省人民医院工作。组织上为了照顾留苏学生，允许将爱人临时调来北京陪读。我们向河南省卫生厅申请，经北京市卫生局同意，临时将姜兵调到北京市第二人民医院工作，当内科住院医生。第二医院就在西单，我们在鲍家街找了一间小屋，就算安家了。那时户口很好办，开始有粮票肉票油票了，我们都用不完。后来把姜兵的妈妈也搬来北京住，户口也上了。姜兵的工作也很好，医院请了外籍医生，组织病案讨论，姜兵的分析常受到称赞。到我要出国时，姜兵已经怀孕 6 个多月，我嘱咐她们赶紧回郑州，把工作定下来，尽快安家，好迎接我们的小宝贝。其实，如果在北京住下，3 个月后临产，条件是最好的。当时想都没有朝这方面想过，既然是组织上临时照顾来北京的，就应当信守承诺，立刻回河南报到。事实上，姜兵回到河南省卫生厅时，省人民医院没有想到她进了北京还会回来，早已将她除名。省里无法安排，只好另外派她下基层，去洛阳拖拉机厂的职工医院当医生。姜兵怀着女儿，带着母亲，搬家到洛阳，家未安妥，就在职工医院生下了我的第一个孩子——女儿沈永红。当我在苏联接到这个喜讯时，并不高兴，为她们要克服那么多困难而感到心酸。同窗好友们对我说，谁叫你那么老实，放着北京上好的条件不要，偏去找地方上的麻烦呢？

在莫斯科听毛主席讲“八九点钟的太阳”

1957 年 11 月 7 日晚，我离开北京坐火车去苏联，全家人包括姜兵母亲和在腹中的女儿到车站送行，自然是依依惜别，难舍难分。

火车出满洲里后就是西伯利亚大森林，经过贝加尔湖时，美丽的景色令人神往。我们都沉浸在第一次出国的喜悦之中，无心欣赏外景。不知不

1957 年留苏前北京留影(后排沈志云和夫人)

觉，度过了 7 天 7 夜的列车生活，于 14 日到达莫斯科。我们要去列宁格勒的同学，集中住在莫斯科电气工程学院的学生宿舍里。

本来计划第二天即去列宁格勒，突然传来上面的通知，原地待命。我们知道毛泽东主席带领的国家代表团到了莫斯科，可能要接见我们，大家都很兴奋。16 日下午，通知终于来了：明日早晨集合去莫斯科大学听报告。17 日清早，当我们赶到时，大礼堂里已经挤满了人，我们好不容易在最后一排才找到座位。上午 9 点，由陆定一同志做时事报告，他宣布毛主席今天要接见我们留苏学生，现在还在克里姆林宫谈判，结束后会到会场见我们，大家听了，一阵热烈欢呼。陆定一同志的报告一直讲了 4 个小时，毛主席还没有出现，已经下午 2 点钟了，大会宣布先吃饭，饭后继续开会。我随人群到地下室食堂。这是到苏联后的第一次单独活动，买饭也得自己独立买。由于不认识菜单内容，我只得顺次点了前面两项，结果端上来都是汤，闹了一场笑话。

下午回到礼堂，仍是只能挤在最后一排。一直等到快 6 点时才有同学跑进会场喊：毛主席来了！顿时全场欢声雷动，大家站起来鼓掌，刘晓大使费了很大劲才使会场平静下来。他一一介绍了到会的中央领导，有邓小平、彭德怀、乌兰夫、杨尚昆、胡乔木等同志，然后请主席讲话。主席很风趣地补充介绍了刘晓同志，但说要纠正他的一个错误，这次不是党中央代表团，而是中华人民共和国政府代表团，还有一位副团长是国家副主席宋庆龄，她有事没有来，她也向大家问好。然后就是那段关于青年的名言，他劈头就大声说："世界是你们的。"大家都愣住了，接着他又小声带点诙谐地说："也是我们的，因为我们还在嘛！"全场爆发出爽朗的笑声，气氛一下就变得亲切和谐了。"但是，"他又提高了嗓门，"归根结底是你们的，你们是早晨八九点钟的太阳，我们都是过了中午，有的是接近黄昏

1957 年 11 月 17 日毛泽东在莫斯科大学接见中国留学生(沈志云在后排)

的太阳咯，所以，希望寄托在你们身上。”后来整理发表出来，就正规得多了。

谈到世界形势，毛主席用了《红楼梦》里林黛玉的话：不是东风压倒西风，就是西风压倒东风。他说，现在的国际形势还是东风要压倒西风，为此，社会主义阵营一定要有个头，蛇都有个头嘛，我们还是要以苏联为首。国内形势讲到除“四害”时，主席问台下有没有四川人，台下答“有”，他说：“你们四川的耗子真大呀!”完全是一种谈家常的轻松愉快的气氛。他说凡事只要认真去做，就能达到目的。世界上的事，怕就怕认真两个字，共产党人就最讲认真，希望你们认真学习，做到学习好、工作好、身体好。

毛主席讲话，家乡口音很重，很多人不能全听懂，我不但百分之百能听懂，还感到很亲切，不时翻译给旁边的同学听。

我亲眼看到过毛主席只有两次，一次是 1957 年五一节，我们留苏预备部的学员站在天安门广场当标兵，看到了毛主席检阅游行的全过程。第二次就是这次接见，给我留下的印象最深，我在《留苏同学会会刊》上写过一篇《鼓舞鞭策四十年》。毛主席对我们青年所寄的希望，那“早上八九点钟的太阳”的比喻可谓家喻户晓，我却是亲耳所闻，而且是那样生动，那样亲切。

在苏期间，我们就是按照毛主席这次讲话精神处理与苏联朋友关系的。万万没有想到，“文革”期间却给我带来一顶“投敌叛国”的大帽子。有人揭发我在苏期间，发表过三次公开讲话，一次是学校马列主义教研室组织的庆祝列宁诞辰活动中我的发言“列宁主义在中国”；一次是学校庆祝 150 周年校庆大会上我代表中国学生（有 60 多名，当时我任中国学生会主席）献礼做的发言；还有一次是我们 30 多名中国学生与一家工厂联欢时，我即席做的 5 分钟讲话，在这些讲话中我都说了“以苏联为首”。“文革”中批判我说是“吹捧赫鲁晓夫”。提审时，我反驳说，除工厂发言外，我的讲话稿都经过列宁格勒中国学生会送中国大使馆审查了的。审者问大使是谁，我说刘晓，他大声说：“那不结了，刘晓本身就是 29 个半大叛徒之一。”我当时也搞不清哪些是叛徒，只好说，连刘晓都是“大叛徒”，比起来我这“小叛徒”的“叛国罪”也只好认了。我在“文革”中被戴过 18 顶帽子，后来“解放”时都去掉了，最后剩一顶“苏修副博士”没有去掉，问我有没有意见，我说没有，因为我的确留过苏，苏联变修了，我这帽子只好戴着。

入学列宁格勒铁道学院

听完毛主席的讲话，我们就离开了莫斯科，到列宁格勒铁道学院去报到。

列宁格勒铁道学院（ЛИИЖТ）[①]

列宁格勒铁道学院（Ленинградский Институт Инженеров Железнодорожного Транспорта，ЛИИЖТ），现名圣彼得堡国立交通大学（Петербургский Государственный Университет Путей Сообщения，ПГУПС）。始建于1809年，根据沙皇亚历山大一世的指令建立，当时称为水路与陆路运输工程学院（Институт Корпуса Инжернеров Водяных и сухопутных Сообщений），是俄罗斯最早建立的大学之一，在19世纪是俄罗斯唯一的交通类大学。1924年后，改称列宁格勒交通学院（Ленинградский Институт Инженеров Путей Сообщения，ЛИИПС），1933年起，突出铁路，改称列宁格勒铁道学院，直到1992年苏联解体后，恢复圣彼得堡名称，叫作圣彼得堡铁道学院（Петербургский Институт Инженеров Железнодорожного Транспорта，ПИИТ），次年正式更名为圣彼得堡国立交通大学，直到现在。

---

① 摘自 *ПЕТЕРБУРГСКИЙ ГОСУДАРСТВЕННЫЙ УНИВЕРСИТЕТ ПУТЕИ СООБЩЕНИЯ*，*САНКТ-ПЕТЕРБУРГ*，1994，2011（圣彼得堡国立交通大学1994、2011年出版的学校介绍）。

在 19 世纪，学校是一所驰名世界的大学。不少世界著名学者都曾来校任教。如数学教师、著名数学家奥斯特洛格拉德斯基（M. B. Остроградский）和高斯一道提出的曲面积分的高斯－奥斯特洛格拉德斯基公式和 Stokes 公式，至今仍是广泛应用的经典公式。化学教师和化学实验室主任门捷列夫（Д. И. Менделеев）发明的元素周期表，早已人尽皆知。

自 1809 年以来，学校共培养毕业生 80 000 名，包括外国留学生 2000名。许多毕业生成为著名学者，设计建造了无数铁路、公路、水运的车站、港口、桥梁、隧道、房屋、电站等等，包括圣彼得堡城市本身的建筑。1921 年加克里工程师（Я. М. Гакель），后成为学院教授，设计了第一台电传动干线内燃机车，1924 年在列宁格勒制造成功。许多毕业生在铁道线路、机车车辆和运输设备的设计、建造和运用维修方面，做出了突出贡献，成为国内外著名学者和专家。

学校现有教师 1000 人，其中教授 108 人，均具有博士学位；副教授 367 人，均具有副博士学位。教师队伍中有俄罗斯运输科学院院士 12 人，通信院士 10 人。学校设有机械工程系、桥梁隧道系、土木工程系、铁道运输系、电机工程系、电气工程系及经济社会管理系。机械系成立于 1929 年，主要从事机车、车辆、筑路机械、机器人及自动化等教学和研究。共有本科生 13 000 余人，研究生 4000 余人，包括来自 35 个国家的外国留学生。

当前学校的研究方向除了为建设俄罗斯强大的、装备精良的铁路网服务以外，着重研究高速铁路技术。一方面将莫斯科—圣彼得堡既有线提速到每小时 200 公里，另一方面为新建超过每小时 300 公里的莫斯科—圣彼得堡高速铁路进行深入研究，做出应有的贡献。

1959 年列宁山上看莫斯科大学

苏联副博士研究生要求很高。一般要读 3 年，前一年半念课程，后一年半做论文。一般人都会完不成学业，因为学校要求在学习期间公开发表论文两篇，要实质上包括 80% 的副博士论文内容。苏联人一般完成论文后先回原单位，等 3 ~ 5 年后论文发表了再回来答辩。学校对中国留学生不要求论文发表，可直接答辩。我只花一年左右时间听课，主要是听正导师的车辆动力学和在导师花 15 年研制成功的小比例尺车辆振动台上做试验。

正导师契尔诺可夫非常关心我的研究，希望我除在做好车辆修理的研究、写好学位论文之外，更要学好车辆动力学，希望我回国后同严隽耄老师一道，把车辆动力学在中国发展起来。我有理论力学的基础，他研究的专业方向，更符合我的兴趣和能力。但是，裴教授把改变专业提到了党性的原则高度，我无论如何也不能再提此事。他好像知道我的苦恼，强调回国以后再定方向，有严隽耄老师的合作，定能干一番事业。事实上，回国后我基本上是按照契尔诺可夫指出的方向做的，除做好车辆修理的教学工作外，我的科研方向一直都是车辆动力学，特别是“文革”以后，我回到理论力学教研室，就更是如此了。所以，契尔诺可夫教授是对我影响很大的导师。可惜他去世太早，1978 年就走了。1996 年我再去列宁格勒（现为圣彼得堡）时，他已走了 18 年，他研制的小比例尺试验台已经拆除，那间实验室已改为研究生用的计算机房。

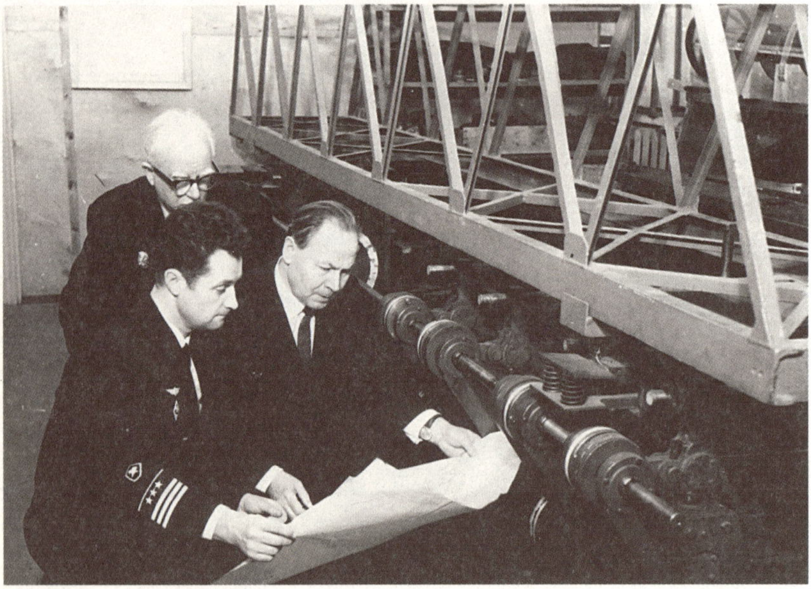

依·依·契尔诺可夫研制的车辆滚动试验台

1996 年重返列宁格勒铁道学院(现为圣彼得堡国立交通大学)时与同窗艾斯特林克(右)在导师契尔诺可夫的宣传栏前(左图)；当年上课的教室墙上悬挂着契尔诺可夫的照片(右图)

副博士论文

我面临的主要问题还是如何选题。尼可拉耶夫教授给我的200多个题目，我都到图书馆仔细查阅了相关资料，都是很好的课题，但所涉及的科学基础各不相同。我不想离开车辆这个大本行，便向导师请教，他的回答是：到生产实践中去，从调查研究入手。我按他的意见开始跑工厂。首先是位于列宁格勒的十月革命工厂，我几乎每周都去。还有基辅工厂、奥德萨工厂、新西伯利亚工厂这些地方，一般是利用寒暑假去，都是带着导师写给厂长的亲笔信。最远的到了靠近第比利斯的奥尔忠尼启则罐车厂，这里是石油基地，人烟稀少，是苏联最大的罐车工厂。厂长看了导师的信，

1996年由同窗艾斯特林克(左)陪同参观母校车辆实验室

热情接待，把我安排在厂长办公室里住。那里有一间很好的休息室，晚上，就我一个人睡在里面，吃饭在职工食堂。我在那里住了一个多星期，对各种罐车的损伤情况和修理工艺做了全面的了解，有位总工程师整天陪着我。这一系列的下工厂使我收获不小。收获并不只在选题，下工厂使我了解了大量生产实际情况，很好地弥补了我在国内刚由理论力学转来专业教研室、下工厂太少的缺陷。而从事工程科学的研究，脱离生产实际是最要不得的。

在莫斯科十月革命车辆厂调查时，发现总装车间有一个落车问题，即车体转向架分别修好后，落在一起时，车钩高度不合要求，需要采取加垫、调整旁承高度等措施才能解决。而解决这一问题的因素复杂，需要成立落车小组专门负责这项工作。工人们问我有没有从根本上解决这一问题的方法。我统计了一下，车钩是 150 多个尺寸组成尺寸链的闭合环节，每个尺寸都有随机性误差，误差的叠加构成车钩高的偏差。这属于尺寸链误差控制问题，而这些尺寸关系到工厂生产的全过程，要调查生产中这些尺寸公差的随机分布规律，确定其对车钩高影响的灵敏度，然后才能根据保证车钩高处于允许范围的目标，确定各个尺寸的误差范围。只要控制住主要几个灵敏度高的尺寸的误差，就能保证一次落车成功。工厂领导十分支持这项研究，答应提供一切方便条件，导师也十分赞同。在选题会上我说了这一想法，与会专家也都同意并给了许多鼓励。这样我在十月工厂的落车组里待了一年。每天坐有轨电车往返，深入各有关车间工作调查，收集有关实例，回家查资料，分析计算。拿出方案后，又返回到工厂，修改各车间有关工艺规程，控制相关尺寸误差，终于成功地实现了一次落车。工厂，尤其是落车工组的工人们，非常感激我替他们做了一件有益的工作。

有了这一段实际工作，坐下来写论文就容易多了。当时，我还不清楚

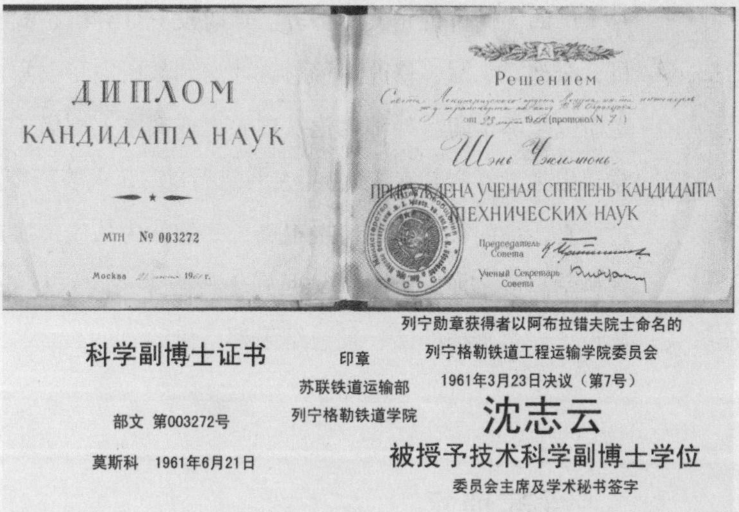

苏联副博士证书

修理这个环节在先进机械制造中的作用，这是近年来才成为国际前沿课题的，也就是“全过程工程科学”，即对产品从设计、制造、运用到维修进行个性化、全寿命的一体化管理，运用维修的信息反馈回去成为再设计、再制造的根据。但当时从一个小小的落车问题，已经初步涉足生产全过程。我在最近提出的以服役可靠度进行高速列车实时安全监控的想法，与解决落车问题的思路是相同的，不过从具体的落车问题，扩大到整个列车的运行安全了。

我的副博士论文题目是《客车一次落车基本条件的研究》(*Исследоваиие основных условий посадки кузова пассажирских вагонов на тележки*)。我在论文中主要根据尺寸链理论和随机分析方法，应用可靠性理论中关于灵敏度的概念，把影响车钩高度的156个尺寸，按灵敏度分类，得出最主要的几个，然后对比现行公差配合和修理限度，提出在整个车辆修理过程中，要重点控制的几个尺寸，以达到一次落车的目的，十月工厂的实例可说是实验部分。那时没有计算机，我自己也没有俄文打字机，全部靠手写，修改定稿后，才送到教研室秘书那里打印，详细摘要则送研究生部铅印。导师无论从内容上或文字上都做了几次修改，最后才同意送出去。答辩是在 1961 年 4 月进行的，5 人答辩委员会都是教授，都严肃认真，提问很多，评价也很高，一致认为从生产实际中提出问题，提高到科学高度，加以解决，又回到生产当中去，这样的方法路线是正确的，还说了许多赞扬的话，投票结果都是优。

留苏琐忆

留苏几年，除了学习、下工厂和写论文外，还有一些事情值得记忆。

大字报。为响应国内“大跃进”和交心运动，我们在宿舍小饭厅开辟了小字板园地，大致起到国内大字报的作用。

节约。当时提倡节约生活费上交，即每月 70 旧卢布生活费可节余三分之一左右，除买书籍外，一律上交使馆。我们党小组长买了一个照相机，上交了（他回国时还是退给他了）。我的呢子大衣在饭馆吃饭时被小偷偷了，经党小组批准，才从我准备上交的 3 000 多卢布中花钱买了一件棉衣代替。

党组织生活。我们住在第 7 红军街的 7 位研究生组成一个党小组，每周过一次组织生活，大家互相鼓励、帮助，建立了深厚的感情，成为一辈子的好朋友，很是难得。

俄文课。留学三年半，每周都上俄文课。老师是一位非常和蔼热情的老太太米海依诺娃，她不教专业课，只教苏联文学，背普希金的诗，读

1999 年回母校参加校庆，车辆教研室主任包罗年柯(左)亲自到圣彼得堡机场迎接(左图)；40 年前的老地方——车辆教研室开座谈会，墙上挂的还是 40 年前那张全体照(右图)

《战争与和平》、《静静的顿河》、《母亲》，还有契诃夫小说等著名文学作品。她还带我们去看芭蕾舞，一次看《天鹅湖》，她说她是第 18 次看，还教我们如何欣赏乌兰诺娃的艺术。我们每个中国留学生都很尊敬她。可惜 1996 年我再访母校时，她已经不在了。

政治报告。1959 年 4 月 22 日，列宁诞辰 89 周年纪念，学校马列主义教研室举行报告会，请我去做“列宁主义在中国”的报告。我做了充分准备，讲稿还通过列宁格勒中国学生会报请使馆审阅。一共讲了一个多小时，反映不错。但报告中提到过“在以赫鲁晓夫为首的苏联共产党领导下，国际共产主义一定会取得胜利”的话，“文革”中被当作“叛国思想”而将我定为“叛国分子”。

150 周年校庆。也是 1959 年，我担任列宁格勒铁道学院中国留学生会主席，托人到国内买了一副软木雕，作为 150 周年院庆礼品送给学校，并在庆祝大会上致辞。凑巧的是，1999 年庆祝 190 周年校庆时，他们又邀请我去讲话，我在讲话中回忆了 40 年前的事，全场都很感动。

1999 年回母校参加 190 周年校庆时与车辆教研室全体合影，可惜已没有同窗艾斯特林克了（前排左 3 沈志云，第二排左 3 包罗年柯）

丰富的课余活动。列宁格勒是个美丽的城市，名胜古迹很多，节假日活动内容十分丰富。工厂工人对中国人很友好，周末常邀请我们去联欢。冬天往北走去芬兰的路上是一连串的小城镇，都有滑雪场，我们常去滑雪。夏天则组织到黑海边去疗养。我多去工厂，只同连级三教授一道去过一次海边的安那帕镇，清早在海中游泳，海水清澈见底，游到离岸几百米再返回来。这些经历给我留下十分深刻的印象。

形势突变。1960 年中苏关系突变，苏联撤走全部苏联专家。使馆决定留苏学生暑假全部回国度假，集中在北京学习。我们住在北京大学，主

1999 年 8 月沈志云(左 2)作为主席之一在莫斯科第四届国际重载会议上代表中国做报告

要是学习“九评”，听时事报告。整个暑假只放假一周，我赶快回洛阳家中住了几天。这是女儿出生后我第一次见到她，这时她已经两岁了。暑假一过，我们继续返回苏联。

一回到学校，我们立刻就感到气氛完全不同了。街上常发生中国人遭袭击事件，使馆规定我们外出至少要两人同行。苏联学校也要求我们交出这次从国内带去的“九评”小册子，我们当然说没有，学校也没有追究。导师对我们依旧很好，教俄文的老太太热情依旧，这都使我很感动。工厂的联欢聚会没有了，但我们个人交的朋友却更热情。基洛夫工厂一位工长阿列克塞耶夫是我认识两年多的好友，平时常去他家做客，他对我说：“我们才不理政府那一套。”这使我当时真正感到两国人民的友谊是牢不可破的。

半工半读教研室扩大改名为半工半读大队，我任大队长，……作为一种崭新的高等教育制度，我们都没有任何经验，只能摸索着前进，边教学，边改进。

苦难中伸出的援助之手，是让人一辈子也不会忘记的。

第5章 半工半读前后

担任车辆教研室副主任

我于1961年4月论文顺利答辩后立即回国，副博士学位证书是6月份由苏联国家教育委员会核发以后寄回国内的。到唐山报到后，学校派我回车辆教研室任副主任，主讲“车辆修理”课程，职称由助教升为讲师，月工资94.5元，比同班毕业留校的老师高一级。分给我南华15栋两室一厅的宿舍一套，我于11月到洛阳把家搬来，姜兵也同时调入我校医院任医生。使我深受感动、久久不能忘怀的是顾稀[①]院长亲自到我住所来看望，

① 顾稀（1919—2012），原名顾乾熙，江苏崇明（今属上海市）人。1937年毕业于苏州工业学校土木科。1938年加入中国共产党。后入陕北公学大学部和华北联保大学研究班学习。曾任华北联合大学教育学院教育科科长、主任教员，张家口铁路学院代院长，晋察冀工业交通学院教导主任。建国后，任北方交通大学教育处处长。1950年9月任唐山工学院代院长、院长，1952年任唐山铁道学院院长，1954年5月并任党委书记。1973年调上海铁道学院任党委书记、顾问。1985年5月离休。

谈了许多情况，说了很多鼓励的话。

1983 年与顾稀老院长(右)在峨眉合影

我回国后的第一件事就是把教学工作搞好。我根据在苏联收集的新资料，重新改写了“车辆修理”课程的教材，我的学位论文成为新教材的一章；利用已不常使用的机车库，我们建成了“车辆修理实验室”，使这门课第一次有了试验环节；固定唐山机车车辆厂和沈阳皇姑屯车辆厂为学生生产实习基地，加强了毕业实习和毕业设计环节。我的教学工作受到领导和兄弟院校的肯定，先后有哈尔滨铁道学院、北京铁道学院、大连铁道学院邀请我去讲授这门已更新的专业课，并在长沙铁道学院集中写成“统编教材”，在专业领域推广使用。

经过两三年的努力，教学可以说是过关了。从 1963 年开始，我转向车辆动力学方面的科学研究，这也是在苏联念学位时，正导师契尔诺可夫教授给我的任务。当时，我的大学同班同学、车辆教研室同事严隽耄与我同是契尔诺可夫的研究生，他的方向就是车辆动力学。导师对我说，你先做车辆修理的论文，回国后，同严一道搞车辆动力学的研究。回国两年多以后，严教授建成了我国第一个小比例尺车辆动力学试验台，我们商定从 1964 年开始一同进行货车转向架的研究。课题及计划都已经有了，我正着手准备，不想这时顾稀院长找我谈话，交给我试点半工半读的任务，这件事就搁置下来了。

试点半工半读

新中国建立后，在职业教育方面，一直大力推行工学结合、校企合作的培养模式，逐步建立和完善着半工半读制度。到 1958 年，全国轮流上课和下厂劳动的学生达到 200 多万人。1964 年以后，刘少奇同志进一步倡导两种教育制度和两种劳动制度，1965 年 11 月 6 日，他在中央政治局扩大会议上说："半工半读也要办大学。半工半读的高等学校可以招收高中毕业生……我们办了半工半读高等学校，就可以使我们的教育衔接起来，逐步形成体系，逐步定型。"中央后来还为此下发了文件。

1964 年 11 月 17 日，中共中央正式下文转发江苏省委关于印发《关于发展半工（耕）半读教育制度的规划（草案）》的通知，并做明确批示："今年，中央提出两种教育制度和两种劳动制度，在教育工作中，全日制小学还要发展，全日制中学和高等学校不再发展了。以后，国家的教育经费，除了维持这些全日制学校以外，新增加的主要用来办理或者津贴半工半读、半农半读的中等和高等学校……"

在全国高等学校都在进行半工半读试点的形势下，校党委于 1964 年 10 月做出决定：车辆专业从 64 级起，试行半工半读。从全校挑选比较年轻的数学、物理、制图、理力、材力、结力、机械设计及车辆专业的包括基础课和专业课的教师 16 名，后补充到 22 名，组建车辆半工半读教研室，还配有专职干部 1 人，专职辅导员 1 人，加上车辆 64 级学生 63 名，集中到学校的第一分部，与唐山机车车辆厂挂钩，学生实行半工半读，教师实行半工半教。任命我为主任（副主任职级），王刚为副主任，宋建华为支部书记，王印峰为政治辅导员。经过紧张的准备，于1965年2月8日在实习工厂举行了盛大的欢迎会，宣告试点开始。本学期学生安排12周劳动，金工实习4周，唐山工厂专业劳动5周，去陡河参加义务劳动3周。安排10名教师去唐山工厂劳动，结合指导学生。这年4月21日，学校正式成立半工半读教育委员会，顾稀任主任，唐山工厂副厂长高哲民任副主任，委员中工厂有人事教育科科长惠来庆，劳资科副科长单春模，学校有教务处长张毅，机械系副主任许世拯和我，试点中的重大问题由委员会讨论决定。

1965年9月，车辆专业65级新生入学，半工半读教研室扩大改名为半工半读大队，我任大队长，在学校相当系一级机构，除组织劳动外，还包括所有课程的教学。作为一种崭新的高等教育制度，我们都没有任何经验，只能摸索着前进，边教学，边改进。师生们的热情都很高，学生在劳动中和师傅们一起改进工艺装备，老师们打破原教学体系，一年级就上专业课“车辆构造”，既配合劳动，又为基础课教学提供实例。师生之间、教师之间亲密相处，团结奋进，气氛十分融洽。1965年铁道部决定我校内迁峨眉，顾稀院长还叫我同他一道来峨眉，调查半工半读劳动基地的选址问题。初步把燕岗机务段选为劳动基地，要求我们把半工半读试点继续办好，以便考虑进一步扩大试点专业。

1966年“文革”前夕摄于唐山

“文革”期间

正在我们充满信心，全力以赴，积极探讨半工半读这种培养大学人才新模式的时候，迎来了可悲的历史浩劫“文化大革命”。

1966 年 6 月 18 日，一声令下，全校师生齐赴峨眉闹革命。原来半工半读大队与机械系一起住在黄湾工棚，后来学生造反，说是不重视“革命性”的半工半读，要求以半工半读大队为单位，搬入中学教学楼，独立搞运动。这样一来，作为大队长的我就首当其冲，成了他们搞运动的主要对象和最大人物。抓“牛鬼蛇神”，自然有我；抓“走资派”，我也摆脱不了干系。

当群众造反回唐山，进行全国“串联”的时候，我只能参加牛鬼蛇神的队伍，在峨眉接受劳动改造。到预制构件厂劳动，4 个人抬钢筋混凝土楼板的重活也干，身体倒是得到一次很好的锻炼。那些出外串联的革命老师回来也同我们住一起，不过从不理睬我们。什么时候把我们集合起来训话（谁都有权这么做），我们就知道他要回唐山了，果然第二天就不见人了。

我老婆孩子都在唐山，姜兵问教研室的一位老师：我家沈志云何时可以回来，这位老师说：“姜大夫，你就断了这个念想吧，他已被‘打翻在地，踩上一万只脚’，一辈子也回不来了！”不过世界上好人总是多数，还是有人帮姜兵出主意，想办法。在我劳动 9 个多月以后，一天忽然接到电报：“母病速回”，我这才离开峨眉劳改队，回到唐山。

回来后本打算逍遥一下，享受回到人民队伍的自由。无奈生性迂腐，见不得“支左”之不公，偏要出来表态，支持少数派，参加什么“浪遏飞舟”组织。这个祸可闯大了，本来就是“牛鬼蛇神”，又加上头上戴着的需要肃清的“反动流派”、“反三红”①、“思想上的叛国分子”等帽子，一时间批斗我的声势甚嚣尘上。

万幸的是，我没有像其他“浪遏飞舟”成员那样，受太重的身体摧残。这要归功于半工半读同学们的保护。“辆64”、“辆65”的同学，大多参加了多数派组织“红旗”，握有重权。他们对我的遭遇十分同情，原来师生关系就很密切，所以处处保护我。在批斗高潮，谁都可以把我叫去批斗一番。半工半读的同学就把我“关”进他们住的学生楼“眷诚斋”，命令我有谁叫我去时，一定首先到他们房间请示。一天，广播里播出“勒令”，要“反三红”小丑沈志云前去报到。我当然去向他们请示，他们派两个大高个“押”我去受审。我知道他们是在保护我，说话硬气得很，也没有挨打。他们的保护使我得以逃脱此次大劫，这可以说是我办半工半读的一点收获吧。我的队友万少萍、黄彭、秦杰、孙雨亭都受了重伤，现在都去世了。

经过“肃清流派”和“清理阶级队伍”的审查，1969 年 4 月 10 日，我被送回原单位监督管理，原单位就是机械系车辆教研室，编制为五营五排。1969 年下半年，要派人去农宣队，下乡和农民同吃同住。五排讨论很久，无人愿去。有位智者突然建议：把沈志云“解放”了，派他去，他一定高兴。大家一致同意，连夜开“解放”我的会。头上的 18 顶帽子拿掉 17 顶，只留下一顶：“苏修副博士”，问我是否同意。我说同意，因为副博士是我的学位，苏联变苏修不是我的事。第二天，也就是 1969 年 10

① “文革”时期的产物，指“反对红色政权，反对解放军，反对革命‘左’派”。

1966 年与儿女在一起

月 27 日，我就到唐山市郊区工农毛泽东思想宣传队报到了。我心里还真的很高兴，因为又回到人民队伍中来了。

被有条件地“解放”后，并不能够恢复我热爱的科研工作。“解放”的目的是让我参加农宣队。1969 年 10 月 27 日到 1970 年 10 月 27 日，我在唐山北郊郑庄子公社当农宣队队员整整一年，先是驻北太平庄大队，后转到北庄大队和贾庄子大队。我住在农民家，轮流到各家吃派饭，参加各项劳动，包括随大车进城，挨家挨户收集大粪。虽然辛苦，但却是我“文革”中最开心的日子，无论队友或农民，都对我平等相看，没有任何歧视的目光。经过这么久被当作敌人批斗的日子，这一丝丝极其平常的平等目光，对我是多么可贵啊！

这种平等目光，当我回到学校后，就荡然无存了。回校后不能参加教研室的复课准备工作，只能安排我下放劳动，到学校五七工厂当油漆工，跟着师傅到各家各户油漆纱窗，还上“明诚堂”高尖的铁皮屋顶上去油漆，倒是学会不少油漆技术。劳动 5 个月后，才调我到学校留下的两个专案组去跑外调。政治性这么强的工作，能交给我这个刚“解放”的人来做，恐怕也是出于派农宣队那次一样的原因吧，估计也是没人愿意干的活。从1971年3月到10月，我一共出差4次，到过北京、西安、沈阳、成都、永川、雅安、石棉、河北涿县、固安等地调查材料。在外虽好，回到单位还是低人一等的地位。

1971年10月，学校动员回峨眉，要组织10户先遣队，举家迁峨，我主动报名，当然被批准。每户搬家，给一个集装箱装全部家当。不能请工人，要自己动手。没有人敢来我家帮忙，教研室柴润晨老师大胆来我家帮了一次，就有人嘲笑他说：今日你去“沈公馆”了吧。回到峨眉后，工宣队领导搞党员重新登记，支部会上讨论到我时，就有人提出说我能言善辩，红卫兵都治不了，说明政治品质不好，要在我的档案里记上一笔。我的同窗好友严隽耄站起来说，根据我和沈志云相处20多年的观察，他没有政治品质上的问题，我这才过了这一关。苦难中伸出的援助之手，是让人一辈子也不会忘记的。

1971年与姜兵在峨眉合影

为了寻找这种平等的目光，我向校领导阎涛同志提出，离开机械系，重回理论力学教研室。阎涛同志很同情我，但是，他担心直接调转会引起误会，他建议我先到教务处过渡一下。1973年11月20日，学校开始招收工农兵学员，我被调到教务处担任新设的教学方法科科长。除我以外，只有一个副科长，就是后来当校办主任的钱治平同志。我们的第一个任务是参加 74 级工农兵学员的招生工作，我同两位教师跑遍了乐山地区 25 个县。我们口袋里没有我校下放需要回城的子女名单，所以，我们在招生过程中强调要面试，坚持要有一定的文化水平。在仁寿县招生时，这个做法遭到当地的反对，说这是变相考试，违背了江青同志的指示。我们听了扭头就走，要取消仁寿县的名额，县革委会主任赶到招待所道歉才作罢。

第二个任务是推动开门办学。1974 年 7 月 13 日，学校革委会决定撤销教研室，组建专业实践队，把学生带到生产现场，边实践，边教学。我随地质专业实践队的老师到昆明读书铺去住过 3 个月，帮助总结他们开门办学的经验。后又到马角坝机务段住过半年，电力机车的同学在那里开门办学，我同他们一起生活、学习，交了许多朋友。1976 年 8 月 28 日，唐山大地震，我校还有 400 多户教职工住在唐山，灾情严重。学校决定组织赴唐山抗震救灾慰问团，抽调在唐山毫无亲人牵挂的同志参加。我全家已搬来峨眉，符合条件，所以教务处派我参加。灾后一周进入唐山，和救灾大军一起开展了各种救灾工作，到 9 月中旬才回到峨眉。经过北京时我们还在天安门广场参加了毛主席的追悼会，当时全场恸哭的情景，至今历历在目。

我那折磨了10年之久的心灵，豁然开朗，从内心释放出来的青春活力，可以气吞山河，虽然那年已届47岁，感觉仍然像早晨八九点钟的太阳，恨不得马上回到教学科研岗位，大干一番。

我从苏联留学和试点半工半读中，形成了坚定地面向生产实际的工作思路和研究方向。重回理论力学教研室以后，在搞一般力学的理论研究和研究机车车辆动力学这两个方向的选择上，我毫不犹豫地选择了后者。

第 6 章 春天的信息

孩子们赶上了恢复高考

1976 年对于我们中华民族来说，真是灾难深重的一年，周恩来、朱德和毛泽东同志先后去世，又摊上唐山特大地震。不过，这一年也是“文革”浩劫结束的一年。10 月 6 日党中央一举粉碎“四人帮”，消息传到峨眉，学校一片欢腾，教师学生自发举行游行，由校区走到峨眉县。我那折磨了 10 年之久的心灵，豁然开朗，从内心释放出来的青春活力，可以气吞山河，虽然那年已届 47 岁，感觉仍然像早晨八九点钟的太阳，恨不得马上回到教学科研岗位，大干一番。

然而，好事总不是在一个早晨就到来的。和全国形势一样，学校在工宣队领导下，一方面要大批“四人帮”，一方面要大学毛泽东思想，贯彻两个“凡是”。也难为那些政工领导们，硬是把两个对立的东西统一起来，找到了说服群众的词句。1977 年 7 月，邓小平同志复出；8 月，在党的十一次全国代表大会上当选为党中央副主席。虽然这次大会没有在思想路线上扭转“文化大革命”的错误，但在邓小平同志的努力下，许多事情开始好转。特别是恢复统一高考，给了广大下放知青新的希望。我较早得知这个消息，马上通知在湖南下放的女儿和我哥哥姐姐的小孩，要他们准备高考。他们早就盼望升学，日夜用功读书，结果，哥哥的儿子沈定平考入我校机制专业，姐姐的大儿子张天明考入武汉大学中文系，老二张天晓第二年考入湖南师范大学生物系，我的女儿沈永红考入华中工学院机械系。77、78 两级我们家有四位大学生入学，完全得益于小平同志提出的恢复统一高考。张天明 1982 年毕业后分配到湖南省新闻出版局，一直在出版系统工作，后升任湖南出版投资控股集团总经理。张天晓留校当教师，现在是湖南财政经济学院党委书记。沈永红毕业后被选送留美，在美国获得博士学位后，一直在美国宇航局研究所任职。沈定平 1982 年 3 月 10 日被全国铁道团委及铁道部教育局授予“三好学生”称号（整个大学部只有 4 人获此殊荣）。毕业后学校希望他留校，继续念研究生，无奈他有三个儿女需要照顾，只得回原籍担任湖南省邵阳机械学校的校长兼党委书记。

重回理论力学

“文化大革命”结束，一切都在逐步恢复常态，学校也在慢慢发生变化。1976 年 12 月 22 日，工宣队撤出学校，结束了多年来工宣队领导学校的怪现象。1977 年 11 月 30 日，宣布撤销专业实践队，恢复教研室，加强基础课。这后一条就是我等待多年的时机——重回理论力学教研室。

校领导景岩同志找我谈话，同意我回理论力学教研室的要求，但要我兼基础课部副主任。因主任及其他副主任均为老教授，要我实际担任常务副主任的职责，负责党的教育方针路线的贯彻执行。我虽应允，但认为这还是对老教授的不信任。到基础课部以后，我力主教授要有职有权，各当一面。我自己只负责实验室建设，其他如教学、科研、学生工作等，都有专人负责，我不过问。

当然，发现了问题还是要管的。如当时师资缺乏，数学课临时找了一些待分配的工农兵毕业生，帮助辅导和答疑。这些人大多数有临时思想，工作不负责任，我在会上批评了他们。他们告到校领导那里，说我轻视工农兵，逼教务处长到基础课部来开批判会。此会由基础课部主任郭可詹教授主持，教务处长坐镇，主题是批评沈志云轻视工农兵。我虽没有往心里去，但总感到“主任批副主任”不是个滋味。后来，郭教授对这些人一个也不留用，都送走了，我才知道他心里也是支持我的批评意见的。

同时，我还将原来的老教授全部请出来“官复原职”。个别教授与青年教师之间，“文革”中留下些积怨。我就找他们个别深谈，使他们尽快恢复原来的融洽关系。比如，当时想成立断裂力学研究室，但是骨干力量只有教授一人，因为各种原因，别的人都不想参加。这给工作的推进带来很大阻碍。我只好再次动员，找人个别谈话，做动员和化解工作，终于解决了这个问题。后来几个骨干教师都成了主力。

其实，我 1977 年底回到教学岗位后，最感到着急的还不是这些问题。封闭十年以后，再看国际学术界，我大吃一惊。自从 1960 年代初计算机问世以后，学科发展日新月异，已经面目全非了。我想搞的车辆动力学，再不是原来推导方程，简化方程，最多能解五六个自由度的分析方法了。用上计算机仿真，几十、几百甚至几万、几十万个自由度都能计算。而我对计算机技术，脑子里只有一片空白。要迎头赶上，必须知识更新，从头开始。首先还有个教学过关的问题。我只当过3年理论力学助教，要讲一次大班课，才能算过关。因此，回到理论力学教研室后，1977年的主要任务，一是准备讲大班理论力学课，包括听徐昭鑫老师的课和写下全部教案；二是知识更新，包括听王韶华教授的算法语言课和练习穿纸带上DJS-108计算机。当时感到，主要矛盾是时间不够用。而我采取的办法就是开发第四单元：白天上班，晚上要接待许多人，走访和谈工作等。晚上九十点以后，就是我的第四单元，可以坐下来静静地看书学习，无人干扰，一直到夜里两三点。缺的觉第二天睡半小时午觉就补回来了。当年我48岁，脱离业务十年后再回来，全身充满活力，好像有无穷精力。1978年3月召开了全国科学大会，科学的春天，加上党的十一届三中全会和小平同志提出的高等学校要成为教学和科研两个中心，使人更无法停步。我心里清楚，在我生命历程中，一个真正繁忙的科研时期已经开始了。

曹建猷出山

1978年3月18—31日，全国科学大会召开，昭示着科学春天的到来。改革开放的春风，同样吹进地处峨眉山脚的我校。“文革”后的“第一次”不断涌现。革委会终于被取消，恢复了校党委，实行党委领导下的校长负责制。老教授曹建猷①出山，被任命为副校长，主管科学研究。在不

① 曹建猷（1917—1997），中国科学院院士（1980），铁道电气化专家，西南交通大学教授。湖南长沙人。1940年毕业于上海交通大学。1950年获美国麻省理工学院博士学位。一直致力于我国高等教育和铁道电气化的开发研究。20世纪50年代初，为适应我国铁路电气化的需要，创办了我国铁路电气化专业。作为我国电气化铁道采用25千伏单相工频交流制的主要决策论证者，对确定我国电气化铁道供电制度及电气化铁道的发展做出了重要贡献。

到半年的时间里，“断裂力学研究室”、“机车车辆研究所”、“应用力学研究所”、“运输研究所”等侧重科学研究的机构纷纷建立起来。连理论力学教研室也建设起“振动实验室”，结束了理论力学研究没有实验室的历史。我当时任基础课部副主任，负责实验室建设，为把理论力学的振动实验室放入新落成的主楼，还同主管科研的副校长曹建猷教授争得面红耳赤。曹校长甚至起高腔说：“不要再像以前那样，拿党委来压我。”我心里很着急，觉得把这位号称“曹霸天”的副校长真的得罪了。但在以后的工作中，曹校长从未为难过我，甚至在申报国家重点实验室中，还出格地支持我，使我对他的为人十分敬仰。

1978、1979 这两年，还有许多个“第一次”出现在峨眉山沟。诸如：增设电子计算机专业，购进 DJS－108 计算机，建立面向全校的计算站；恢复研究生招生，设研究生部；实行学分制，开设大量选修课；恢复教师职称评审；建立校系两级学术委员会，推进教授治学；组织教师学习英语，提倡教师用英语讲课，曹建猷、刘钟华等老教授带头示范，我后来也用英语给工程力学班的同学讲了“系统动力学”新课。这些个“第一次”，现在看来司空见惯，可在 10 年“文革”浩劫之后，首次恢复起来，却像一缕缕阳光，把学校的学术环境变得春光明媚，激人奋进。

久违的学术氛围

学术气氛日益浓厚，这是学校，包括原先的老唐院，以前难得看得到的。1978 年 10 月，孙训方教授去日本参加国际焊接学术会议，这是学院“文革”后第一个走出国门的老教授。紧接着中科院副院长华罗庚教授来校视察，中科院应用数学研究所秦元勋来校讲计算物理学，参加中科院数

1979 年车辆系统动力学走进峨眉（左 2 毛家驯、左 3 孙竹生、左 5 董平、左 6 沈志云、左 7 刘钟华）

学年会的著名数学家李国平、吴文俊、王梓坤、侯振挺、张耀成等，都来学校做过学术报告。来做学术报告的还有北京大学、南京大学等 8 位教授。当时只要布告一贴出去，教室里就会有坐不下的听众。记得清华大学副校长、我校校友张伟教授来校做高等教育方面的报告时，是在露天电影场举行的，结果整个电影场都坐满了。最受欢迎的是从国外请来的专家。如里海大学黄棣教授来讲结构力学，一讲就是一个月；大阪大学上田幸雄教授讲焊接，讲了三天；美国运输部波士顿技术中心董平教授来讲铁路机车车辆动力学，讲了一周，60 多人听讲，天天座无虚席。群众性的学术渴求，铺就了开展学术活动的广阔道路。

处在这种久违了的浓厚学术氛围中，我虽身兼行政职务，又忙于教学过关，但想不投身科研都不可能了。

确立面向生产实际和国际舞台的科研方向

小平同志提出高等学校同时要成为科研中心，我们工科院校为生产单位培养高级人才，就是要培养能推动生产单位科技进步的创新型人才，除打好基础外，必须在科研实践中锻炼成长，才能真正具有创新能力，发挥骨干作用。所以，教师必须亲自搞科研，才能带好学生。我从苏联留学和试点半工半读中，形成了坚定地面向生产实际的工作思路和研究方向。重回理论力学教研室以后，在搞一般力学的理论研究和研究机车车辆动力学这两个方向的选择上，我毫不犹豫地选择了后者。

由于“文化大革命”，我们的学术水平落后国外绝不止十年。怎样才能迎头赶上？我们一方面拼命地更新知识，学习新学科，收集关于车辆系统动力学的资料；一方面面对生产实际，到现场去找科研课题。如对于韶山 IV 型电力机车的设计，从动力学分析入手，做了一些初步的研究工作。

1991 年在法国里昂第 12 届 IAVSD 国际会议上当选为下届主席后发表就职演说(左图)，做学术报告(右图)

但是如何才能赶上本学科的国际水平，走到国际先进行列当中去？我觉得最好的办法就是走出国门，到本学科的国际学术舞台上去交流、碰撞，在交流碰撞中发展提升自己。20世纪60年代晶体管计算机、集成电路计算机问世以后，用计算机仿真计算分析公路、铁路车辆的动力学行为，逐渐形成一门新的学科：车辆系统动力学（Vehicle System Dynamics，VSD），并成立了车辆系统动力学国际协会（International Association of Vehicle System Dynamics，IAVSD）①。在1969年理论与应用力学国际联盟（International Union of Theoretical and Applied Mechanics，IUTAM）两年一次的年会上，分出了IAVSD独立学组，专门讨论车辆系统动力学（VSD）研究的进展。从1977年第5届学术研讨会开始，IAVSD便独立召开学术研讨会，由IUTAM派员指导，两年一次，除出版会议文集（EI收录）外，由荷兰出版VSD国际期刊。与会者都是本学科的大同行，80%都是常客。会议为期一周，公路、铁路车辆方面各宣读30篇论文，每篇25分钟，讨论非常认真；另有5篇综合述评报告，每篇40分钟，会下交流更多。我从1981到1995的15年期间，每次都有论文入选，1991年当选为1993年学术研讨会主席，1992年还应邀到荷兰在第4届轮轨接触力学国际会议上做报告。这些活动，对于了解本学科的国际发展，对于在国内开展相关学术活动，都起了较大的推动作用。这条“走出国门，到世界学术舞台上拼

---

① 车辆系统动力学国际协会，为理论与应用力学国际联盟（IUTAM）属下的关联学术团体。20世纪60年代，随着计算机的面世，车辆系统动力学迅速发展，从1969年IUTAM大会起，开始设立IUTAM-VSD学术研讨会，每两年在IUTAM大会上召开会议，目的是推动地面车辆动力学学科的发展并加强应用，分汽车和铁道车辆两部分。由于其在同行间的交流讨论效果极佳，在1977年奥地利的第5届IUTAM-VSD会议期间，IUTAM管理委员会决定成立IAVSD组织，独立活动，IUTAM只派代表参加。中国从1981年在英国剑桥大学召开的第7届IAVSD研讨会开始参加活动。第13届IAVSD大会在中国成都召开，由西南交通大学沈志云任主席；2013年的第23届大会，又在中国青岛召开，由西南交通大学张卫华任大会主席，均取得很大成功，在国际上产生很大影响。

1992 年在荷兰第 4 届国际轮轨接触力学会议上做报告

搏”的路线，在我学术成长道路上发挥了十分重要的作用。

第一个切入点

1978 年，株洲电力机车厂为发展大功率货运机车，拟研制两轴转向架式、双机重连、功率达到 6400 千瓦的交 - 直传动主型产品，定名为韶山 4（IV）型①。铁道科学研究院机辆所詹斐生研究员建议，采用近代车

① 韶山 4 型（SS4），是中国铁路使用的电力机车车款之一。这款电力机车分 SS4 型（1 ~ 158 号）、SS4 改型（159 号以后）两个发展阶段，但是规范的型号仍然是 SS4 型电力机车。SS4 型电力机车是由株洲电力机车厂和株洲电力机车研究所共同开发，并于 1985 年研制成功。是中国第三代电力机车的“领头”产品。

辆系统动力学方法，对其悬挂参数进行论证。他约请我们理论力学教研室参加，并邀请卢孝棣教授先到铁道科学研究院去工作。我认定这是我们学习运用近代系统动力学的最好切入口，是锻炼成长的最好机会，立即组织徐昭鑫、方景阳等老师和几个学生，我亲自带队，分成轮轨几何、运动稳定性、动态响应、曲线通过和随机分析等课题组，建立模型，选配参数，利用 DJS－108 计算机，进行数值计算。要求 1981 年以前必须拿出结果，到铁道部组织的评审会议上报告，争取尽早报国家计委立项。

这是我多年来梦寐以求的实际科研项目，也是理论力学教研室第一次联合承担正式的科研课题。当时条件很差，资料很有限，计算工具不足，穿纸带要打孔才能输入，上计算机还要排队。不过，大家情绪很高，常常一干就是一个通宵。我们有时还到夹江核工业部的 909 所和成都飞机设计公司的 116 所去借上 108 计算机。铁道科学研究院的詹斐生研究员那时还到峨眉来住了 3 个月，帮助我们整理数据，进行随机分析。

功夫不负有心人，一年多的努力，得到了初步成果。1980 年 9 月，铁

韶山 4 型电力机车

道科学研究院召开“第二届轮轨关系学术研讨会”，我整理了一篇论文：《两轴转向架式机车横向振动的振型分析和参数研究》，署名：沈志云，卢孝棣，方景阳，詹斐生，由我在大会宣读。这篇文章于 1982 年 6 月正式发表在《中国铁道科学》第 3 卷第 1 期。这是“文化大革命”后我在国内正式发表的第一篇论文。

课题“韶山 4 型机车设计方案论证”到 1980 年底基本结束，1981 年 7 月，铁道部召开福州会议，我到会上做了报告。此机车当年国家计委正式立项，投入试制，1985—1986 年完成样车，1988 年通过国家技术鉴定，投入批量生产，成为我国货运主型电力机车。1989 年获得国家科技进步一等奖。

赴英参加研讨会

在 1980 年的时候，英国德比铁道技术研究所①所长安 · 威更斯（A. Wickens）应邀访问中国铁道科学研究院，向中国同行介绍车辆系统动力学国际协会（他当时是协会主席）。他说，开了 6 次研讨会了，到现在还没有一个中国人去发表论文，第 7 次在英国剑桥大学召开，希望我们参加。铁道科研院挑选了我们这篇论文，派詹斐生和我两人去开这次会。

这次活动的组织者是铁道科学研究院机车车辆所（后简称“铁科”）。我到所里汇报了论文内容及作者署名。由于要用英语宣读，他们建议我署

① 又称德比铁道技术中心（The Railway Technical Centre（RTC）in London Road，Derby，UK），成立于 1960 年，是英国铁路的研究试验机关。该中心设备齐全，人才辈出，成果丰硕，国际知名，如安 · 威更斯，曾是车辆系统动力学国际协会主席。1994 年英国铁路私有化之后，功能改变，设备分散到各公司，人员流失，场地成为车辆检修用地，已在国际学术界隐退。

第一，詹斐生署第二。卢孝棣教授参加了这个项目。卢教授在他们那里住勤工作，一直任劳任怨，又没有架子，他们对他印象很好，所以一定要把他的名字也写上。论文的全称是：“两轴转向架式机车的数学模型及数字计算结果”（*Mathematical Model of Two-Axle Bogie Locomotive and Main Results of Numerical Calculation*）。由铁科报到IAVSD投稿，被IAVSD录取为大会宣读论文。临开会前，铁科还召集了30多人参加的会，听我试讲，并提出了许多宝贵的意见。铁科还特批出国时间为三周，一周开会，两周应邀到英国德比铁道技术研究所考察学习。毕竟铁科地处北京，改革开放走在前面，对我这个从外单位来的人，也一视同仁，没有任何为难和歧视，表现了以国家利益为重的眼光和胸怀。

我的组织关系在学校，出国手续要回学校办理，从申请到审批，手续极为麻烦。送主管单位铁道部教育局批准后，要经过政审、批

在国际会议上发表的第一篇论文首页

148 SHEN ZHIYUN, ZHAN FEISHEN and LU XIAODI

Mathematical Model of Two-Axle Bogie Locomotive and Main Results of Numerical Calculation

SHEN ZHIYUN**, ZHAN FEISHEN* and LU XIAODI**

On Chinese railway there are lots of curved track segments with small radii in mountainous districts. It is necessary for us to solve the serious wheel/rail wear problem. In the scientific research work we are searching for an appropriate consideration to meet the conflicting requirements with reference to guidance, dynamic stability and response to track geometry.

In this paper, we investigate the effects of various parameters for vehicles running on the existing railways in the middle speed range, in particular the influence of the primary yaw stiffness on the dynamics criteria under our current railway conditions and requirements. We take aim at presenting the utmost-reasonable parameters for sample locomotive design work, and then to stimulate and guide innovation for the old type locomotives.

Mathematical model

The model used has 34 degrees of freedom – 17 for each independent vertical and lateral sets.

In the stability and dynamic response solutions, the assumption of linearity is effective and therefore is used. As for curve negotiation, the non-linear contact relations and creep coefficients have to be considered. Calculations are made on the recently-developed SY – 10 wheel profile with P60 rail profile.

Lateral stability

The expressions of creep forces and creep coefficients are fundamentally due to Dr. Wickens and Dr. Kalker, while for the equivalent conicity, contact angle parameter and roll angle parameter expressions, the revised simplified formulas derived by associate professor Xu Zhaoxin are accepted.

The selected input parameters are according to the passenger/freight locomotive of conventional design, only the values of the yaw stiffness of Chinese railway locomotives are greatly reduced in the calculation. Emphasis is placed on the comparison of three sets of $K\psi$ values, for which are 10 MN·m/rad (GR1), 5 MN·m/rad (GR2) and 2.5 MN·m/rad (GR3).

According to the "method of mode-shape analysis", described by the authors, the 17 degrees-of-freedom model is characterized with 8 kinds of mode shapes, among which only five modes, namely, the wheelset lateral displacement (A1, A2), bogie lateral displacement (BY), bogie yaw ($B\psi$) and body lateral displacement (CY), have tendency to instability. The damping values of three $K\psi$ sets are shown in Fig. 1.

* Chinese Academy of Railway Sciences, Beijing, China.
** South-Western Jiaotong University, Sichuan, China.

经费、置装（用公款缝制出国用的西装）、申请购物指标（回国时到出国服务部购买家电等产品）等程序，前后跑了北京三四次，费了几个月的时间。幸好主持外事的是沈正光副校长，他对我的出国十分支持，一切为我开绿灯。我十分敬佩沈正光校长，在落实政策阶段，我因为我一位同班同学受到原处理人的阻挠而难以落实政策，跑去找他，他只问我：他是不是人才？我反问他，你认为我是不是人才？他说，当然是。我说，大学毕业时，他的总分全班第一，比我高半分。他二话没说，直接批示到基层：按政策彻底解决。我在 80 年代多次出国，都得到他的全力支持，我从心里十分感激他。

这一次出国，对于我的学术研究与国际接轨是一个非常成功的开头。我们于 1981 年 9 月 5 日到达英国德比（Derby），拜见所长安・威更斯。他热情接待，安排我们第二天同德比代表团一起前往剑桥大学开会，还交代副所长组织会后两周的考察学习。这里有一个细节可以说一说：在介绍职称时，我对我自己用的是 Doctor，因为苏联副博士相当于英美的 Ph. D.，加上来自西南交大，所以他们都叫我沈教授。而来自受邀单位铁道科学研究院的詹斐生，自我介绍只说是工程师。我建国以前中学毕业，英语口语较好。他建国后上中学，改学俄语，英语能阅读，但口语差一点。加上我年龄大一点，所以他们把我当团长，口口声声沈教授什么的，弄得我很不自在。我对詹工说，对不起，喧宾夺主了。詹工很超脱，他说回去由他向院里汇报，这里就请你做主吧！所以在英国的三周，我实际上成了铁科的代表。

到此铁道研究中心去剑桥参会的有十几人，有好几篇论文发表。我们随他们的车到了剑桥大学，住在王后学院（Queen's College），开会则在工程系（Engineering Department）。剑桥的体制很特别，College 只是学生住宿和管理的机构，与学习专业无关。Department 才是按专业设置的学院，

1981 年摄于剑桥国王学院(左图)和王后学院(右图)

是进行教学和科研的场所。College 是学生在剑桥的真正的家，除生活管理之外，还组织各种活动，包括跨学科的学术讨论会。对于剑桥的学生，人们一般会问是剑桥哪个 College 的学生。最有名的是国王学院（King's College），这里风景如画，我在那里照了一张相，留作纪念。

我的论文排在第二天。第一天听下来我增强了信心，但是英语听力还是感到困难。我找到威更斯主席，说报告我没有问题，回答问题也不怕，但就怕问题听不明白，答非所问。他说："告诉你一个好方法，你把报告时间拖长一点，本来 20 分钟讲，5 分钟讨论，你讲 22 ~ 23 分钟，讨论就只剩 2 ~ 3 分钟了，另外我会把问题讲慢一点转述一次。"我很感谢他，但是我还是只讲了 20 分钟。结果外国同行提了三个问题，我都回答清楚了。我讲的是韶山 4 型机车设计研究中的数学模型和对数值结果的分析，大家都很感兴趣，问了原理和实际应用情况，会下还有好几个人找我交流。威更斯主席很满意，对我说，想不到中国在这方面的进展这么快。

国际会议常常既严肃又很轻松。我在这次会议上结交了很多优秀的国际同行，对于我以后的科研工作起到了很重要的作用。第一天晚上是欢迎会，剑桥大学校长到场讲话，一开始就说："Symposium"是什么意思？我查了《牛津大词典》，解释是："一面喝酒吃饭，一面讨论问题。"说得大家大笑，气氛又热烈又温馨。欢迎会上，一位绅士模样的学者跑来向我敬酒，自我介绍是伦敦南岸大学教授巴里·布里克（Barrie Brickle），他对中国特别感兴趣，申请到了英国文化委员会的一项基金，要同我合作。我们一见如故，十分谈得来，成了要好的朋友。他是我一生中结交最密的外国朋友之一，至今仍有往来，和他的交往，我还要另外专门谈谈。

按惯例，星期四下午是技术参观，铁路组定的是去参观卡尔·约翰逊

1996 年沈志云夫妇与巴里·布里克夫妇(右)在一起

（K. L. Johnson）教授的摩擦磨损实验室。他同沃尔缪伦（P. J. Vermeulen）教授早在 1964 年就在应用力学杂志上发表了著名的《传递切向力的非球形弹性体的接触》的论文，这种方法被称为沃尔缪伦－约翰逊（Vermeulen-Johnson）方法，在接触力学界享有盛誉。我对他建立的直线式原型尺寸轮轨试验台很感兴趣，和他在试验台前讨论很久。他解释为什么用原型尺寸时说，轮轨接触非常复杂，尺寸跨度很大，非如此不能在实验室内再现轮轨接触的真实情况。他说了一句对我影响很大、一辈子也不会忘记的话："一种现象如果你不能在实验室内再现它，说明你还没有掌握它的规律。"这位大学者如此平易近人，给我留下非常深的印象。

1993 年和赫追克（左）在第 13 届 IAVSD 大会上

另一位莫逆之交也是这次会上认识的，就是卡尔·赫追克（J. K. Hedrick）[①]。他是 IAVSD 的副主席，将接手主持下一次学术研讨会，

① 卡尔·赫追克（J. K. Hedrick），1944 年出生于美国威斯康星州。1966 年在密歇根大学毕业，获机械工程学士学位。1970、1971 年在斯坦福大学获硕士和博士学位。1974—1988 年在麻省理工学院任教授。1989 年起，在加州大学伯克利分校机械工程系任教授。卡尔·赫追克教授是美国控制理论家，在非线性控制领域做出许多贡献。在发展车辆系统动力学和智能高速公路控制方面，成果突出，是车辆系统动力学国际协会（IAVSD）理事，第 8 届 IAVSD 年会主席。他又是一位杰出的教育家，在控制领域培养出多名高水平人才。2006 年被美国机械工程学会授予 Rufus Oldenburger 奖章。

1994 年沈志云(前排左 3)邀请尤斯特·卡尔克(前排左 2)来实验室讲学(前排左 1 孙训方、右 2 孙翔)

即在美国麻省理工学院召开的第 8 届 IAVSD 研讨会。美国在 20 世纪 70 年代曾想发展现代化铁路运输，由里根总统签发了一项十年科研规划，被称为轨道 - 列车动力学，即 Track-Train Dynamics，TTD。赫追克教授在这个规划中拿到不少课题，他带的研究生一下子就扩充到 18 名，这次会上就有他的学生宣读这方面的论文。我在会下找他谈了几次，谈得非常投机，一些问题讨论也很深入，我感到，我们一定会成为莫逆之交。

在这次学术会议上我还认识了荷兰代尔夫特理工大学（Delft University of Technology）的三位教授，A. D. de Pater，尤斯特·卡尔克（Joost J. Kalker）和 Hans Pacejka。他们都是 IAVSD 学术研讨会的常客。我们是第一次参加这个协会的中国人，他们对我们都很热情，一下就成为好朋友，而且延续了好多年。

9 月 11 日，紧张、热烈而又富有成果的学术研讨会结束了。

我们回到德比，开始为时两周的研究所考察。我认为，Derby 研究所在威更斯领导下，发挥了一个科研机构的最好功能。每个大课题都按学术内涵分配到相关的大组，大组又按学术原理分配到小组。每周小组做汇报，相当于讨论课题如何开展。在此基础上，大组组长主持开会，则是总结提高的好机会。我仔细参观了轮轨关系部门的各个分室，感到它们之间就像《轮轨关系》这本书的各个章节一样，具有内在严密的逻辑关系，是一个完美的科研团队运作模式。他们也做过滚动试验台，后来自己否定了，原因是与线路实验结果不一样。他们还研究常导磁悬浮车辆，并在伯明翰试运，后来，1987 年我再来德比时，他们还专门陪我到那里试坐了一次。他们也有线路试验部分，那里也是一个很大的团队。他们派了一位副所长带领我们参观，解释我们的疑问，提供一切可以提供的资料。

参观之外，还安排了旅游，到乡村吃烤鹿肉。Derby 其实就是 Deer（鹿）的意思，因此烤鹿肉在当地很出名。我们还到有轨电车博物馆去坐了一回老电车。这个博物馆完全是有轨电车爱好者自发地建立和管理的，当有轨电车要从伦敦消失的时候，他们收集起来，进行保养维修，供怀念者乘坐。

上海铁道学院的一位教授早一年就来了，在这里进修学习。他对我们的帮助挺大，但与詹斐生原来希望的差距较大。詹斐生说这位教授自己收集的资料对我们保密，不愿拿出来交流。我劝詹工，说他一个人在这儿不容易，能陪我们两周，已经非常不错了。

Derby 铁路技术研究所学术气氛很浓，出了不少成果。但从威更斯走后，来了一个新所长，强调要面向市场，以获取经济效益为指导思想，从

1981 年在格林尼治天文台脚踏东西半球

此该所逐步退出学术界，后来就很少听到他们的声音了。看来，“领导意志”之重要，古今中外，概莫能外。

我们封闭十几年，与外面的差距真是太大了。1979 年孙训方教授第一次从日本开会回来，带给我的礼物是一支圆珠笔，在当时就是很新鲜的东西了。我们经过伦敦都请大使馆安排，使馆有专门为出国人员选带回国物品的商店，我选了些涤纶的西服料，回来给姜兵做了一身西服，但没过几年就过时了。使馆安排我们住在詹姆斯旅馆，每天住宿费 15 英镑，算是最便宜的。我们在那里住了两天，看了伦敦桥、大笨钟、大英博物馆等，还到了格林尼治天文台，我站在子午线上，照了一张脚踏两半球的照片。回到北京，还要到出国人员服务部去凭指标购买三大件（电视、冰箱、洗衣机）。等回到峨眉家里时，一个月的时间就过去了。

第一次出国，收获很大。不仅看到了国家和世界的差距，加深了对改革开放精神的理解，而且进入了本学科的国际舞台，结交了许多本学科国际上的知名学者，了解了本学科在国际范围内的进展，为下一步发展打下了基础。

有一次我5天5夜没有离开计算室，靠带的面包香肠充饥，在自动售咖啡机上买咖啡喝。这几天完成的工作量比平常一个月还多。……此后他常向人说，我是一个24小时都在工作的人。

直到1990年，卡尔克出版他的经典著作《三维弹性体的滚动接触》，书中将这一方法正式命名为“沈－赫－叶氏理论，Shen-Hedrick-Elkins Theory”，全书前后有21处详细论证这一理论，说明它的应用范围，在结论中把它作为四大理论之一加以肯定，并指出它是最适合在车辆动力学中采用的理论。

第7章 麻省理工

来到波士顿

“文革”结束后，各高等院校师资十分缺乏，培养师资是当时振兴高等教育的关键。1977 年朱九思在华中工学院就大办师资班，铁道部于次年也在我校办了力学师资班。1980 年开始向国外派为期两年的进修教师，当时我在基础课部，力推陈大鹏教授去麻省理工学院（MIT）向卞学鐄[①]教授学习杂交有限元，1982 年回校。到 1982 年，全校外出进修名额增加到 7 名，年限改为一年，都是去美国各大学，我有幸入选。但是，具体地点和进修的老师都需要自己联系。我前一年参加了本学科的国际学术会

① 卞学鐄（Theodore Hsueh-Huang Pian，1919—2009），国际著名计算力学权威，杂交有限元学派创始人。1940 年清华大学航空系毕业。1943 年就读于美国麻省理工学院航空专业获博士学位。美国麻省理工学院终身教授，美国工程科学院院士，美国阿波罗登月计划权威专家。夫人赵如兰教授是语言学大师赵元任先生之女，哈佛大学东亚语言文化系和音乐系荣休教授。

议，对当时本学科的国际情况有所了解。我想，如果要出国进修，当然应该是到麻省理工找卡尔·赫追克教授。我向他写信，要求去他那里访问一年，请他向我发来邀请信，以便办理出国手续。没想到他很快就回了一封充满热情的信，欢迎我去，并建议我去研究轮轨接触力学模型，解决计算速度问题，要我做些准备，以便一到波士顿就能开始研究工作。这对我鼓舞很大，但感到压力也不小，查找资料和跑通程序的工作量都很大。

第二次出国对于如何办手续就熟悉多了。但这次是出去进修一年，事情复杂很多。签证时需要 IAP66 表，就是学校与邀请单位的合同。这个通过同赫追克教授几次通信才办妥。最不好办的是生活安排。出国安排的生活费标准在波士顿是最高那一档，每月 410 美元，但是房租很贵，像样一

1982 年在麻省理工学院大门

点的房子要 250 ~ 350 美元/月，住麻省理工学院的学生宿舍每月要 350 美元，我们是住不起的，而且还想省点钱买 8 大件（家电）。听说陈大鹏教授住的只要每月 60 美元，我写信给他，但他已答应转租给别人了。我只好找校友李承恕教授帮忙，他费很大劲才在波士顿公园附近找到一间月租 250 美元的房子。他还到机场接我，陪我住下后才离开。但是每月 250 美元对我们访问学者来说还是太高了。一天早晨我出去跑步，在麻省大桥上看到一张广告，说有一间房出租，租金每月 120 美元，在 MIT 附近。我立刻跑去看，是几个美国大学生合租的一套公寓，有一间窗户朝向天井的房间空着，我当场就租了下来，第二天到学校学生服务中心买几件旧家具，就搬进去住了，毕竟租金少了一半。后来在食堂吃饭，遇见株洲来的乌传绍同学，他和几个中国学生在附近的哥伦布街合租一套公寓，有位同学 4 月中旬离开，邀我搬到他们那里去。我在 3 月底租期满了时，搬过去和乌传绍临时合住两周，然后在 4 月中旬搬进那间由客厅改装成的卧室。客厅本不在出租范围，整个公寓的租金已由住在 4 间卧室的人分摊了，我每月付 80 美元，用作整个公寓的水电费，这样，大家就都不付水电费了。房租是消费的大头，我在 4 个月当中，由 250 美元减到 80 美元，已经非常满意了。听人家说还有 40 美元的，是地下室。我也到陈大鹏教授住过的 60 美元的房子去看了，的确小许多。所以，我安心住在这里，一直到回国。

这栋公寓，四室一厅，住了 5 个大陆来的访问学者，大家互相关心，互相帮助，有说有笑，生活得很愉快，相处得很好。但在经济上，我们是严格分开的。我住乌传绍房里两周，同他分担了那两周的房租。吃饭也是各吃各的，从不打混，连过年过节也没有聚过餐。这种方式大家都觉得很好，内心很自在。一些有钱的中国留学生就看不惯，说这班访问老师们太抠门了。他们或者有资助，或者是自费，又很年轻，没有任何“采购”任务，过得很潇洒，我们很羡慕他们。当然，他们比起现在在美国自费留学的中国大学生来，又是小巫见大巫了。据说现在有很多中国留学生，开着高级汽车上学，比美国穷大学生都神气许多。美国人18岁独立，讲究自主谋生，家里再有钱，上大学也以自己赚钱为荣，所以，美国社会里大学生属于贫民阶层。

波士顿是个港口城市，有很多著名的海上游乐场所，我当然无缘享受。直到2008年我和姜兵住在旧金山我女儿家时，特地到东部走了走，也来了个重游波士顿，才有机会补享眼福。我们还特意到海边菜市场去吃了一顿小吃，当时这里是卖处理蔬菜的地方，每周我都骑自行车来买一次菜，价格非常便宜。记得有一次用两美金买了一箱四季豆，拿回家我们5

1982年在波士顿市府大楼前

人分了，吃了一个星期。自行车是花 15 美元买的，当时成了我的主要交通工具。看到哪里有减价牛肉，我宁可骑 40 分钟车跑过去，也舍不得坐地铁。对于每月伙食费控制在 30 ~ 40 美元的人来说，游山玩水简直就是一种奢侈。但是也游过一把。那是 1983 年暑假，乌传绍的 3 个同学从西部到东部来玩，他们的做法一般是在纽约租部车做自驾游，晚上找汽车旅馆 Motel 住宿。为减少费用，他们约我们两人加盟，然后均分租车、加油、住宿等费用，5 人一部车，每人每天 30 ~ 40 元就够了。住宿很有意思，我们一般是离旅馆远远地停车，我们 3 人下来在路边等，他们两人开车到 Motel，定好一间房，拿到钥匙，再来接我们。进屋后，5 个人挤在一起，把床垫铺在地板上睡觉，第二天一早开车上路，这样就省了房钱。好在 Motel 就 1 ~ 2 人值班，根本无人管你。就这样我们游了纽约、大西洋赌城、巴尔的摩、华盛顿故居、华盛顿哥伦比亚特区（Washington D. C.），一直玩到尼亚加拉大瀑布。我和乌传绍因办了加拿大签证，还走过大桥参观了马蹄形瀑布，然后坐灰狗到多伦多的朋友家住了两天，才回到波士顿。

我那辆自行车还丢过一次，原因是我存错了地方。我当时将车锁在 MIT 的大门外台阶中间的栏杆上，下班回来，自行车不见了。我去问门卫，他要我去校卫队办公室。进去一看，我的车放在那里，车锁砸坏了，链条也剪断了。我一看就知道犯了错误，连忙做检查，说有急事，太匆忙间把车放错了地方。那位警官还挺和气，只说下次不要再往那里放。将车领出来，我给它配了新锁，换了坐垫。所以回国前我将这车转卖时，比原价加了 10 元，卖了 25 美元。MIT 地处剑桥（波士顿的一个区，MIT 和哈佛大学所在地），穷大学生多，买卖东西很方便，贴张纸条出去，就有人打电话来问。

关于轮轨蠕滑理论的研究

我到波士顿以后，忙了三天才安顿下来。第四天，即 1982 年 11 月 9 日，我才打电话给赫追克教授，预约见面时间。他叫我下午就去，而且每天都要去上班，他可随时找我。从此我开始了在波士顿紧张的科研工作，直到一年多以后离开。

一见面，赫追克教授只问我一切安顿好了没有，从不问细节，连住在哪里也没有提起。我体会到了美国人的风格，你只要告诉他可以开始工作就行了，任何生活上的问题都得自己解决，与“老板”（访问学者对学术主持人背地里都称老板）无关。

由于前一年在英国的接触和今年的多次书面讨论，关于要做什么课题彼此都十分清楚，要讨论的是思路和如何着手去干。研究主题是车辆系统动力学中要解决的“轮轨蠕滑力”的计算方法。我们交换了各自的想法，统一了研究的思路和安排，他还指定他的博士研究生马克·纳格加（Mark Nagurga）帮助我上机。我们约定，每周会面至少一次，研究解决工作中遇到的问题。不到两小时，我在 MIT 的第一项科研工作，就这样确定下来。

这里先要说一说“轮轨蠕滑力”。车轮和钢轨的滚动接触，是铁路运输的核心。列车靠车轮支承在钢轨上，驱动车轮产生牵引力使列车前进，轮轨间的横向蠕滑力使车轮始终保持在轨面上滚动，只有通过曲线所需导向力超过蠕滑力时才靠轮缘贴靠钢轨补充导向力的不足。这么简单一对轮轨运动副（Kinetic Pair），起到如此重要的多种作用，真是巧夺天工的创造，任何一项工业设计都难以与之相比。1990 年代全国关于轮轨还是磁浮的大辩论中，国防科大有位教授在会上大喊：轮轨是万恶之源！我说：你这话错了一个字，轮轨不是万恶之源，而是万福之源，不然火车的出现哪会比汽车早 60 年。就是否绿色交通而言，火车还将比汽车和飞机多延续几个世纪。这种尖锐的观点是出于对轮轨复杂性的不了解。

车轮在钢轨上滚动属于刚体对刚体的滚动接触，滚动摩擦阻力极低，几乎可以忽略不计。其实，车轮和钢轨都是弹性体，在垂向正压力作用下，会产生微小变形，一般可用赫茨理论来计算，有时也出现非赫茨接触，接触斑的形状会有些不同，但都是可以计算的。比较复杂的是水平面上的切向作用力，我们称为蠕滑力，因为它们是接触面之间产生微小变形（称为蠕滑，Creep）所致。变形的量称为蠕滑率，变形所产生的力称为蠕滑力，有纵向蠕滑力和横向蠕滑力两种。1926 年 F. W. Carter 发表著名论文《论机车轮轨行为》，他将钢轨看作弹性半空间，用弹性圆柱体模拟车轮，借助赫茨理论和弹性半空间理论求解这个二维弹性体滚动接触问题，用解析方法给出轮轨接触斑中黏着区和滑动区的划分、作用力的大小和分布以及纵向蠕滑力和蠕滑率间相互关系的规律。虽然二维模型不能考虑横向蠕滑和自旋，但他的思路和方法，为以后的发展打下很好的基础。他关于纵向蠕滑力的计算，对于分析机车动轮的黏着牵引问题，至今仍有重要参考价值。

下一个成功的研究者就是我在剑桥大学拜访过的卡尔·约翰逊教授。他把 Carter 二维理论推广到三维，研究弹性球在弹性平面上的滚动，在 1958 年发表了纯蠕滑滚动和纯自旋滚动接触问题的两篇文章，第一次提出自旋的概念。可惜卡尔·约翰逊教授将自旋与蠕滑分开来考虑，使之很难在车辆动力学中应用。1964 年他与沃尔缪伦联名发表纯蠕滑椭圆接触斑的论文，在蠕滑力与蠕滑率的显式表达式中采用了三次渐进曲线，虽然没有考虑自旋，在接触斑前沿划分滑动区也不符实际，但一段时间内在车辆动力学计算中还是有较多的应用，通常被称为沃尔缪伦－约翰逊方法。

在开展轮轨蠕滑理论研究方面做出最大贡献的是荷兰代尔夫特理工大学的尤斯特·卡尔克教授。1967 年在他的博士论文中，推广了 Galin 定理，给出了三维滚动接触的蠕滑力线性表达式，被称为卡尔克线性理论。虽然适应蠕滑率的范围很小，但却是非线性三维滚动计算的基础，至今卡尔克线性理论在轮轨蠕滑理论研究中仍得到普遍应用。卡尔克的最主要贡献是解决了三维弹性体滚动接触的精确算法，得到了比较符合实际的蠕滑力、蠕滑力矩和接触斑黏滑区的分布。他以 Duvant-Lions 变分原理为基础，将摩擦滚动接触问题表达为一个变分不定式，用来求解接触斑上蠕滑力作用下的余能最小值问题，从而能从给定蠕滑率和自旋以后，计算出蠕滑力和力矩。计算过程编成 DUVOROL 程序，计算结果具有很高的精度。以后，卡尔克又不断改进，可以应用于非赫兹接触，这就是 CONTACT 程序。这两个程序都很有名，是三维弹性体非赫兹滚动接触最完善的精确理论。

卡尔克精确理论的缺点是计算时间太长，无法在车辆动力学计算中调用。卡尔克教授提出两个方法：首先是采用列表方式，将计算得到的结果制成表格，调用时，直接从蠕滑率查出与之对应的蠕滑力。英国德比研究所在安·威更斯领导下，进行了大量的运算，将结果制成为一个很大的表格，还编了如何查表的程序。我们上次去考察时，威更斯所长还免费送了

1994年与卡尔克(左)研讨轮轨接触问题

我一份。卡尔克教授在完成CONTACT理论后，威更斯又制成了另一份非赫兹接触的表格。毕竟表格太大，查找费时，而且容易查错，所以推广不多。

第二个办法是加以简化。1973至1982年期间，卡尔克提出一个叫作“刷子”的简化理论。他将接触斑上每一点处的切向力与该处位移之比称为柔度系数，其值由线性理论确定。把这些单位力积分起来就是总的蠕滑力。这一方法简单直观，编成的程序叫作FASTSIM，结果具有一定的工程精度，所以推广很快，使用的人很多。我到MIT时，赫追克教授基本上也是使用FASTSIM。不过他也觉得不太好用，主要是计算速度满足不了车辆动力学仿真计算的要求，一个时间步长就要调用上百次。必须有一个以显式表达的公式来计算蠕滑力，才能赶上系统仿真的要求。

我和赫追克教授1981年在剑桥大学讨论时就谈到了这个问题。我的看法是：我们是车辆动力学研究者，不可能深入到复杂的滚动接触力学当中去发现新方法，只能立足车辆动力学仿真，综合现有轮轨蠕滑理论，找到一个计算速度快、计算精度达到工程要求的方法。这次来以前我也做了一些准备，认为沃尔缪伦－约翰逊（Vermeulen-Johnson）方法是非线性的，计算形式很好。卡尔克的线性理论是公认的三维滚动接触最正确的分析，可惜只适用于小蠕滑率，蠕滑率加大以后就不对了。因此，将两者结合起来，用卡尔克理论计算蠕滑力和力矩，考虑自旋，但用沃尔缪伦－约翰逊法的三次渐近函数做非线性处理，这样有可能得到一个符合要求的算法来。好在我们有卡尔克精确理论，以之为标准就可判断算法能否应用。但这种判断只有在车辆动力学仿真计算的实际中，用所得结果才能进行。和赫追克教授的第一次谈话我就说了我的全部想法。他非常同意，而且立即做了安排。

赫追克教授是个说做就做的人，第二天他就找来他的博士生马克·纳格加，请他帮助我跑程序，到计算站去上机，并给我 100 美元的上机卡，说用完了再找他。还在他的实验室给我安排一个办公桌（一个 Cube），那时 PC 机还很稀缺，即使在麻省理工，也不能分配给实验室每一个人，而是集中在一个房间，一共 20 多台，实验室的每个人都可去上机。他还建议要结合实际课题进行，到稳定性、动态响应、曲线通过、随机响应等关于车辆动力学的仿真内容中去进行比较，所以要请美国普耶勃罗铁路试验中心的总工程师叶尔金斯（J. A. Elkins）一起来参加。赫追克教授的课题大多是同他们合作的，我的这个课题也立在他们那里，由他们提供经费。距离虽然远，但通信很方便，可以随时开电话会议讨论问题。我们三人定好每周开一次会，研究进行中的问题，教授总是先问我，有什么好消息，有什么困难，然后叶尔金斯发言，最后教授总结，每次会都很有成效。

“沈－赫－叶氏理论”

全部研究工作由我来完成，目标是完成论文，提交第 8 届 IAVSD 做报告。这个会的主席就是赫追克教授，会议已定于 1983 年 8 月在 MIT 召开，5 月以前必须交稿，因此时间非常紧，工作量极大。幸好就在当地开会，可以先只交摘要付印，全文会后上交，但事先要做充分的准备，包括试讲。所以，与赫追克教授见面以后，我就马上投入到紧张的研究工作中，没有喘息的机会，确实体会到 MIT 浓厚的学术氛围。有位从澳大利亚阿德莱德大学来的访问教授后来对我说：“你看 MIT 房屋连成一大片，每天夹在人群中进大门，在走廊里穿行，就像中子加速器，让你获得能量，使你觉得全身都有劲。”我花了近两个月时间，收集和编辑计算程序，完成了把思路变成计算工具的转变，然后就是大量的计算。当时正赶上圣诞节，美国学生都回家了，计算室就我一个人，我把所有 20 多台微机都打开，让它们分别运行几个不同程序和不同工况，效率特别高。有一次我 5 天 5 夜没有离开计算室，靠带的面包香肠充饥，在自动售咖啡机上买咖啡喝。这几天完成的工作量比平常一个月还多。节后上班向教授汇报时，他非常满意，特别安排了一个会，要我报告进展。此后他常向人说，我是一个 24 小时都在工作的人。后来，我的同窗严隽耄教授也想到 MIT 进修访问时，赫追克教授向我问严教授情况，我说他比我还勤奋，他笑着说，那他一定是每天工作 25 小时了。

1983 年 3 月底，计算结果出来了，车辆动力学仿真计算包括蛇行稳定性、随机动力响应、曲线通过等仿真，分别用三种轮轨蠕滑力模型进行计

1983 年在 MIT 办公室

算，即：FASTSIM，DUVOROL 数表和我们改进的沃尔缪伦－约翰逊方法，得到了三套结果。然后以精确模型 DUVOROL 的结果为准，进行比较。我们的模型与 FASTSIM 的差别不大，与精确模型的比较，差别一般在 10%以内。个别特殊情况，即放大自旋蠕滑率以后，最大达 18%。而计算速度比 FASTSIM 快 10 倍。教授特别把叶尔金斯总工请来，开了一个比较深入的讨论会，最后结论认为此法可行。叶尔金斯说，他们也用过这个方法，只是没有这样仔细比较过。大家还就如何论证和写成论文，提出了一些很好的建议。

下面两个多月，主要是结合编写研究报告，做一些绘图、制表和文字说明等工作，有时也要做些补充计算，但量也就不多了。这时，原来机械系主任办公室改成访问学者工作室，正好有一位学者离开，系主任要我搬过去办公。办公桌的窗外，就是 MIT 图书馆外的大草坪，风景美极了。同室有浙江大学来的力学教授朱位秋，我们后来成了很好的朋友，2003 年他当选为中科院院士，我们的来往就更多了。他回国前告诉我本室电话可以免费打长途，从此我就可以经常同我女儿沈永红联系了。她是 1982 年 6 月被华中工学院保送到斯坦福大学念学位的研究生。父女一同留美，一时传为佳话。只是相距太远，只能在电话中教她如何煮饭做菜。在她一年后拿到硕士学位要转读博士时，我帮她出了些主意。

提交第 8 届 IAVSD 学术研讨会的论文，经过三人电话会议的多次协商，总算定稿了，初稿是我执笔写的，署名时我当然要把赫追克教授放在首位。他审稿时，把首署改为我的名字，我坚决反对。他说，课题是你建议的，工作主要是你做的，文章又是你写的，当然首署应当是你。我对他的大度和对我的尊重，非常感激。

赫追克教授不仅要我在大会上宣读我们合写的论文，还要我参加会议的筹备和服务工作。铁路方面的技术参观他交给我去联系落实。我找到波士顿运输技术

提出“沈－赫－叶氏理论”的论文中译件首页

铁道车辆动力学分析中各种蠕滑力模型的比较

沈志云* J.K 赫追克** J.A 叶尔金斯***

* 中国峨眉西南交通大学副教授，现为 MIT 访问学者

** 美国麻省剑桥 MIT 机械工程系教授

*** 美国科罗拉州，普耶勃罗，AAR 试验中心，试验设计，测试评估及分析研究部主任。

序言

蠕滑（摩擦）力在计算铁道车辆横向动力性能中占有十分重要的地位。横向稳定性（蛇行），乘坐舒适性或装载损坏，爬轨脱轨和轮／轨磨损等，无不直接与轮轨接触斑上发生的蠕滑力有关。十分明显，任何一个以预测铁道车辆横向动力性能为目的的模型，都必需有一个蠕滑力准确表达式。卡尔克(J.J.Kal'ker)的一系列著作（参考文献[1]中有全面介绍）对于大多数钢轮/钢轨蠕滑力模型的建立，打下了很好的基础。卡尔克理论分线性理论(蠕滑力正比于蠕滑率)，简化理论（切向力正比于切向位移之差）和“精确的”理论数值计算。线性理论可表示为：

$$F_x = -abGC_{11}v_x \tag{1}$$

$$F_y = -abG(C_{22}v_x + \sqrt{ab}C_{23}\phi) \tag{2}$$

其中 F_x、F_y 为接触平面上的纵向和横向蠕滑力，a、b 为接触椭圆的长、短半轴，G 为刚性模量，γ_x、γ_y 和 ϕ 为纵向、横向和自旋蠕滑率，而 C_{11}、C_{22} 和 C_{23} 则为蠕滑系数，其数值已列表给出(见参考文献[1])。显式方程(1)和(2)在动力学分析中应用极为方便，但是不能考虑蠕滑力饱和的效应，即保证 $F_R \leqslant \mu N$。在许多情况下，例如曲线通过，考虑蠕滑力饱和是不可回避的。这在简化理论计算程序（如 FASTSIM ）和精确理论计算程序（如 DUVOROL ）中都作了考虑。

多年来困扰动力学分析者的一个问题是：在某种具体分析中应使用何种蠕滑力模型，往往要在计算时间和计算精度之间权衡得失。另一个使问题复杂化的因素是关于蠕滑力规律的试验验证。有报告说在表面无污染情况下 DUVOROL 与试验结果非常接近。但实际中常见的情况是：钢轨表面总是存在污染，这将大大改变蠕滑力的大小[2]。因此，在实际应用时，常将线性蠕滑系数（公式(1)及(2)降低 50%来反映污染层的影响。文献[3]在 DUVOROL 中引入一个系数能随 μ/0.6，以便使小蠕滑率下的蠕滑系数能随 μ（局部摩擦系数）而变化。由于实测到的蠕滑系数十分离散，正如实测的摩擦系数一样分散，动力学分析家们得出结论，铁道车辆的设计应能适应蠕滑力数值在较大范围内的变化。本文想要解决的问题是：应采用什么最简单的“饱和”蠕滑力规律，才能包含预测铁道车辆横向动力性能时必须予以考虑的非线性特征。

模型的选择

下述蠕滑力模型为本文研究的对象：(1)DUVOROL “精确”数值计算方法[4]，以英国铁路提供的数表（ $a/b < 10$ ）形式出现。数表中，各蠕滑率 γ_x，γ_y 和 ϕ（自旋）已正则化为下列非因次参数：

注△：本文发表于 1983 年 8 月在美国麻省剑桥召开的“第八届车辆系统动力学协会公路及铁路车辆动力学研讨会”，1984 年刊登 J.K.Hedrick 编辑的《公路及铁道车辆动力学》一书中，荷兰 Swets & Zeitlinger-Lisse 出版社。

研究中心（TTC）的董平博士。前面提到过，他是MIT航空航天系卞学镇教授的大弟子，现任TTC结构力学研究室主任，到峨眉他讲的就是车辆系统的力学。我到波士顿后他几次请我到他家吃饭，对于这次的会，他十分愿意帮忙。我们事先勘查了参观线路，办好相关手续，顺利完成了这次任务。

我在这次会上所做的报告，大家很感兴趣，引发了会议热烈的讨论。恰好尤斯特·卡尔克教授也参加这次大会，他在会上提了问题，并在他随后做的述评报告中，表扬了我们的文章，还评价说这是最适合在车辆系统动力学中采用的模型。这篇文章被会议文集收录，成为应用这一方法的唯一文献根据，所以引用率很高，而且在这之后快30年的今天，仍有人引用。

我1984年1月回国以后，一直将这一方法称为改进的V-J法，即改进的沃尔缪伦－约翰逊法。直到1990年，卡尔克出版他的经典著作《三维弹性体的滚动接触》，书中将这一方法正式命名为"沈－赫－叶氏理论（Shen-Hedrick-Elkins Theory）"，全书前后有21处详细论证这一理论，说明它的应用范围，在结论中把它作为四大理论之一加以肯定，并指出它是最适合在车辆动力学中采用的理论。1991年卡尔克教授还把在荷兰出版的书寄给了我一本。这一年正逢我申报中科院学部委员（1993年10月后改称院士），我才第一次写上"沈－赫－叶氏理论"，并将原版书附上。以后，在介绍我的材料中就出现了"沈氏理论"的字样。其实，工程中很少有能称为"理论"、"定理"、"定律"之类的发现、发明，顶多是一些"模型"、"算法"、"方法"等属于工程原理的东西。我不过借用卡尔克蠕滑理论（他的接触力学已经属于理科性质的了）来改进沃尔缪伦－约翰逊算法而已，所以我自己一直定位为V-J算法的改进。不过，卡尔克在他的经典之作中替我们加上"理论"二字，于是算法就叫成理论了。

饿牛吃草

我常用“饿牛吃草”这四个字来形容我在 MIT 的访问学习状况。MIT 有许多著名教授讲课。如教“随机振动”的 Crandall 教授，学界传说，只要他一跺脚，世界力学界就要抖一抖。我找赫追克教授说想听 Crandall 的课，请他介绍。他打电话给 Crandall 说，有位中国来的教授想听你的讲课，结果，Crandall 教授特别热情，讲课提纲、作业、试题等都发给我一份，还征求我对讲课的意见。键图法的创始人 Paynter 教授，也在机械系开课，我用相同的办法听了一遍他讲的键图模拟。赫追克教授的讲课我听了两门：系统动力学及控制、机车车辆系统动力学。加上系主任 Wormley 教授等的课程，一共听了 8 门机械系开出的本科及研究生关于力学方面的课程。MIT 的课好听，但要完成全部作业则十分困难，要花很多时间。我没有时间仔细消化，更没有时间去做作业，只能采取牛吃草的办法，先听讲做笔记，收集讲稿、习题、参考资料，回国后再“反刍”，细细消化吸收。回国后我开出多门课程，如工程力学专业“系统动力学及控制”等，都参考了带回来的资料。推广键图法更是直接用的 Pyantle 的教材，有两个学生加以推广应用，写出了很好的文章。

MIT 的第二个宝库是它的图书馆。这里不仅藏书丰富，而且各种技术资料应有尽有。我翻阅了几乎所有交通运输方面的技术研究报告，别处找不到的内部报告这里有时也能找到。学生的毕业论文和设计收藏得特别齐全。MIT 本科学生也做毕业设计，硕士研究生当然非做论文不可，所以硕士研究生一般要两年以上才能毕业。不像西部的大学，硕士一般只学一年，不要求写论文。我后来在伯克利及斯坦福大学图书馆都查过，那里基本上没有硕士论文。我对机械类学位论文很重视，几乎翻阅了 MIT 图书馆所有有关的学士、硕士和博士论文，重要的还做了笔记。主要是看人家如何命题，如何写综述，如何论证，如何写结论，甚至如何写感谢等，都能启发思路，获取知识。当然我只对与自己课题密切相关的内容才做比较深入的阅读，其他也是“饿牛吃草”，消化吸收则留待下回分解了。

图书馆前面是一个很大的草地，每年毕业典礼就在这里举行。波士顿的大学举行毕业典礼，一般是哈佛第一天，第二天就是 MIT。2008 年我重游波士顿时，在哈佛看了毕业典礼，再到 MIT 时，看到广场上摆满了椅子，准备第二天开大会。1983 年 6 月，铁道部组织代表团赴美考察，由时任铁道部教育局局长的丁关根带队，梁家瑞处长跑腿，顾稀同志也参加。波士顿找了卞学鐄教授联系，卞教授把我找去，要我负责接待。我安排代

2008 年在绿草坪上的 MIT 图书馆前

表团住在剑桥假日酒店，联系去哈佛大学经济学院旁听了一堂案例分析课，还去 MIT 成人教育学院考察。参观 MIT 图书馆时，我特别请馆长做了详细介绍。由图书馆出来，经过大草坪，准备去成人教育学院。当时顾稀同志在团里负责照相，他被周围景色迷住了，建议照一张全团集体相作为留念。丁关根团长当即声色俱厉地训斥顾稀：照什么相，我们不是来玩的，是来学习的。我当时吓了一跳。2008 年重游 MIT 时，我特别在这里照了一张相，回想当年办公室就面对这个大草坪，可以天天看美景，20 多年后还能在这里自由照相，真的感觉很幸福。

顺手牵羊

除了对于非线性轮轨蠕滑力的研究计算之外，我还进行过其他课题的研究，不过基本属于“顺手牵羊”性质。

1983 年下半年，IAVSD 大会之后，赫追克教授和在西部亚利桑那州立大学的柯俄泊莱得（Coorperider）教授从北美铁路公司拿到一个课题，为钢轨打磨机挑选最佳型面。课题不大，只有 6 万美元。当时铁道科学研究院的贺启庸研究员正好在柯俄泊莱得教授那里当访问学者，两位教授就把这个课题交给我们两人来做。老贺负责处理轮轨几何型面，把数据传给我，由我进行动力学仿真计算，用计算结果来评选型面。我们还下到现场，实际调查钢轨磨损及如何打磨等问题，征求现场技术人员的意见，一切按正规科研课题的程序来做。眼看访问期满，要回国了，赫追克教授要我多留三个月，把课题做完。我征求学校和铁道部的意见，得到同意，但不能增加费用。赫追克教授特别从课题经费中抽钱资助，问我需要多少。

我如实告诉他：政府规定每月 410 美元。赫追克教授提高到每月税后 700 美元，虽然也不算高，但我已经很满足了。

又经过半年左右的紧张研究，终于在年底完成全部任务。我起草了研究报告。后来赫追克教授告诉我，现场非常满意，已经采纳了我们建议的型面，在生产中应用。回国后，我完成了“小半径曲线钢轨内侧磨损及其对策”的论文，就是在这个工作基础上结合中国实际进行研究后完成的。后来在 *Wear* 杂志上发表文章和开展迫导向转向架研究，其思路均与此有关。

这是我在 MIT 完成的第二项科研课题，因为是在计划以外的，所以叫“顺手牵羊”。不过，所牵的是只真正的好“羊”，从美国铁路生产中找到的问题，又将结果应用到了美国生产实际中去，难得有这样好的机会。在经济上说，也是只肥“羊”，凭空多出来 2000 多美元，我用来买了台当时很流行的台式计算机“Commodore - 64”，准备带回国来用。钱不够，还向女儿要了 550 美元，她分两次寄给了我。她的钱也不多，真是难为她了。不过，她知道访问学者的难处。与她同一专业的访问学者有中科院沈阳金属所的叶恒强研究员。叶先生后来也入选中科院院士，同我在一个学部，但关系并不密切，我想他可能也有同我一样的对当时中国留学生的看法。

这次欧洲之行最重要的收获是：使我不仅坚定了重载高速的研究方向，还进一步明确地认识到应当以高速为主。高速列车技术代表着铁路技术的最高水平，也应当成为我国铁路技术的发展方向。回国后正赶上国家重点实验室的申报，这些认识在准备申报材料时起到很大作用，同时也帮助我进入人生路上的另一个新阶段。

第 8 章 在“理论力学”与“机车车辆研究”之间

认定方向：货运重载与客运高速

我是 1984 年 1 月回国的。经过 1978 到 1983 年从补课到进入本学科国际学术舞台的磨炼，我初步掌握了机车车辆系统动力学的理论和方法，在计算能力和计算工具上也有了一定的积累，我的知识更新过程基本上可以告一段落了。所以，1984 年 1 月回国后，我最迫切的愿望就是用这些新知识来为中国铁路服务。

我在进行科研和与国际学术界交流的同时，也急切地意识到，我的当务之急是必须根据国家铁路交通的现状及发展，结合自己的情况，尽早确定自己主要的、稳定的科学研究方向。中国铁路解放前虽然修建了 2 万多公里，但能投入运营的不到 60%，经过全面修复，到 1952 年底，运营里程达到 22 876 公里。经过 5 个五年计划的建设，到 1980 年底总里程已经达到近 5 万公里，但客货总换算周转量不过 7 000 多亿吨公里，远远不能满足经济和社会发展的需求。当时主要矛盾是货运能力不足，货物列车每列只能拉 1 000 多吨，速度最高每小时 80 公里。对于国家来说，发展重载运输，提高货运能力，是已经正式列入“七五计划”的势在必行的大事。客运则最高运行速度只有每小时 110 公里，全国平均速度不过每小时 48 公里。把每列客车扩编到 18 辆以上和把平均速度提高到每小时 55 公里，是应当采取的主要措施。这些目标后来都达到了，但仍然与经济发展的要求相差甚远。在我 1984 年从美国回来后，“铁路先行，重点发展铁路运输”成为国家战略，我很受鼓舞，但还是不太明确，像我这样的情况，应当从哪里入手，才能对解决国家客货运能力不足做出贡献。

正在我举棋不定之际，孙翔同志从资阳机车厂调回机械系当教授。他是 1964 年我校内燃机车专业毕业的高材生，在大连和资阳机车厂工作 20 年，1984 年 9 月调回我校前是资阳机车厂总工程师。他曾受铁道部派遣，去德国进修两年，在慕尼黑高速列车试验中心考察时，做过轮对动力学分析及试验，对国外情况比较了解，还带回不少技术资料。我和他一见如故，对国内外机车车辆的发展方向观点相同，都认为方向应当是客运高速，货运重载。我们共同认为，结合大秦铁路的建成，当前主要方向应当是推广重载运输。他对我准备以“降低轮轨之间的动力作用”作为长远研究方向十分赞成，并建议把它纳入“重载运输”的研究计划，作为一个方向，向铁道部提出建议。在客运高速方面，则更是我们搞车辆系统动力学的人不可推卸的责任，我们应当向铁道部和科技部提出我们的看法，争取获得支持。货运重载和客运高速，从此成为我的稳定的科研方向，以后再也没有动摇过。

理论力学的教学与科研

回国到峨眉时，我到理论力学教研室任副教授，又担任应用力学研究所所长。我很高兴，因为从此可以用全部时间在理论力学教研室搞教学和科研了。当时还分配给我一间办公室，在四号桥头湖中的小办公楼三层。我家住路南一号，距离不足一百米，非常方便，这间办公室就成为我的书房。这时，我儿子沈利人在兰州铁道学院读书，犯了错误，在家补习。他正好利用我的办公室开夜车。所以，这间办公室利用率很高，白天我用，晚上他用，各得其所。

1984 到 1988 年，是我真正回到教师岗位、作为一个理论力学教师努力工作的 5 年。我讲了一个 120 人大班的“理论力学”课，为工程力学班开出“机械振动”新课，均用英语讲授，还用英语开出一门专业英语课。另外，开始招收硕士和博士研究生，为研究生两次开出“系统动力学及控制”课程。

与此同时，我一点也没有放松科学研究。我在 MIT 时就同赫追克教授商量好，在下一次 IAVSD（1985 年在瑞典）研讨会上，我们联名发表一篇关于轮轨磨损方面的文章。为此，我完成了校科研项目“轨道润滑的研究”，研究结果《轮轨磨损的动力学预测》在学报上发表。

我还完成了论文《轨道涂油对轮轨磨损的影响》，经赫追克教授审定后，我们联名投稿第 9 届 IAVSD 研讨会，被录取为大会宣读论文。这次是 1985 年 6 月在瑞典林雪平大学召开，我只身前去开会，和许多老朋友见了面，感到分外亲切。我们还去瑞典电力机车工厂参观，看到的只有组装。

他们说，他们只做整体设计，零部件由国内外知名工厂提供，到这里集成和整体调试。还由我校当时在斯德哥尔摩的访问学者许明恒教授带我参观了瑞典皇家工学院，收获不小。

1985 年在瑞典林雪平参加第 9 届 IAVSD 国际研讨会

1984 到 1986 年期间，我还完成了一项校科研：“微机控制的轮轨型面测量仪的研制”。我通过 1981 年在剑桥开会时认识的布里克教授申请到英国文化委员会资助，推荐理论力学教研室徐昭鑫教授和机械系鲍维千教授到英国各访问一年。徐教授除在列车稳定性和单车稳定性的比较研究领域完成一项研究外，还对轮轨型面接触推导了十分复杂的几何公式，不过不是很好应用。我们则通过编制计算程序，用微机控制，能很快得到接触曲线。我们的这一思路，经过几次尝试，到 1990 年代才形成产品。

这期间，我还研究推广 MIT 的 Paynter 教授的键图法模拟。理论力学教研室的李成辉同志和我一起研究如何将键图法应用到多刚体与分布系统混合在一起的模型。成果于 1986 年在重庆召开的强度及振动学术会议和 1987 年 3 月在沈阳召开的国际机械动力学学术会议上宣读。我还同李植松副校长联名写了一篇键图法模拟的文章。

1986 年 7 月，北京二七机车厂生产的北京型调车机车运动失稳，产生较大振动，委托我们进行分析解决。当时二七厂总工是我同班同学李克勖，另一位同班同学孙健南任主管基本建设的副总，他们邀请我接受工厂的这个课题。我和另一位老师到工厂做了调查，一年后交出报告，就计算结果提了改进意见，工厂采纳了我们的建议，解决了这一问题。

1986 年我还请了 A. D. de Pater 教授来讲学，讲他研究了一辈子的非线性振动。他因此替我申请到意大利开“计算机在车辆动力学上的应用”学术会议的机会。我因研究工作走不开，派了我的硕士生曾京去参加。一位硕士生单独出国开会，在当时还没有先例，我找校长特批，并向铁道部反复说明，才把手续办完。

谈到出国，在 1985 年还被学校派了一次与专业无关的官差。当时峨眉县要办啤酒厂，需要出国考察。出国名额只有 7 名，要去的人太多，连工厂都只分到一名。由县长带队，去南斯拉夫考察，需要一名英语翻译，一名俄语翻译，还要一名有出国经验的外事顾问。他们找到学校，希望能找一个可以翻译两种语言又能当外事顾问的老师，一人顶三个名额，他们就可多去两个人了。当时校办主任钱治平就来找我，要我跑一趟。这样，我就作为翻译兼顾问，带着 6 个第一次出国的人在南斯拉夫转了两个星期。

1986 年 2 月，我在理论力学教研室招收硕士研究生张卫华，他对受电弓动力学很感兴趣。从此我开始收集受电弓方面的学术资料，决定与电机系于万聚教授合作，开展研究。1987 年我去欧洲讲学期间，张卫华独立完成受电弓试验台的设计、制造和进行试验，得到很高评价。我特别欣赏他的独立科研能力，组建国家重点实验室时，我请他参加，他在其中发挥了重要作用。后来他成为我的接班人，学术上的成就远远超过了我，我感到非常高兴。

指导英国博士生西蒙

1986 年还干了一件好事：指导英国博士研究生西蒙·依夫尼茨基写论文。他是巴里·布里克教授的博士生，论文中的“车辆通过曲线的动力学计算”一章交给我指导。我找了两个研究生和他一起做。要他们先到夹江 909 研究所去上 VAX 机器，然后又到成都找飞机设计研究所即 611 所帮忙，在他们的大型机上进行计算。西蒙是 7 月份来的，到 9 月份才回去。不久，他在英国南岸大学顺利答辩，获得博士学位。

西蒙是英国南部格温特郡人。格温特郡不大，他是他们郡获得博士学位的第一人。1987 年我到南岸大学去讲学，西蒙特地请我到他家去住了几天。一天，他领我参观郡议会大厦。大厦门口升起两面国旗，英国的和

1987 年英国格温特郡议会大厦前升起五星红旗欢迎沈志云(左图)；英国格温特郡郡长(中)全副披挂欢迎沈志云(左)为他们郡培养博士生(右图)

我们的五星红旗。经过大厅时，我听见有人在议论，今天肯定有中国代表团来访。西蒙指着我自豪地对他们说，就是这位中国教授，我的导师！他领我去郡长办公室，只见郡长全身披挂，戴满奖章，正式起身欢迎我这位培养了他们郡第一位博士生的教授。我十分激动，深感他们对培养人才的重视。西蒙后来调到曼彻斯特城市大学，当了教授，现在仍然是车辆系统动力学领域及 IAVSD 非常活跃的知名学者。

机车车辆研究所所长

1986 年 7 月 2 日，我被定为教授。10 月 7 日，沈大元校长找我谈话，通知我接替严隽耄教授担任机车车辆研究所所长，副所长还是孙翔。他还动员我回机械系，第二年任命我为机械工程二系副主任。我从此进入机车车辆研究所，但却因主要搞科学研究，没有正式到机械系上班。

1988 年报国家重点实验室，决定建滚动振动试验台。这以后，我当了国家重点实验室主任，孙翔同志被提升为学校校长。他在校长岗位上，兢兢业业，一心为学校，为全体教职工着想，是最受群众爱戴的校长。他一点校长架子也没有，老师们都喜欢向他反映问题，他都记在笔记本上，每天上班都翻看一次，以便一项一项落实。可惜受制于领导体制，多数问题解决不了。他十分自责，又迫于内外交困，终于在 1996 年自缢身亡，那时他才 53 岁。英年早逝，是西南交大有史以来最大的损失。从那以后学校每况愈下，一蹶不振，真是不堪回首。

货车迫导向转向架

回国后我的主要一项科研是货车迫导向转向架的研究。货运重载要求货车必须大型化，加大轴重是必然趋势，但同时对钢轨的动力作用则要越小越好。所以，减轻轮轨动力作用就成为我们商定的研究方向。垂向为自重，靠减小垂向加速度来实现，这是整车动力学的任务。横向动力作用主要是通过曲线时的轮轨相互作用，采用径向转向架，防止轮缘和钢轨内侧面的贴靠，是减轻动力作用的最佳途径。靠车轮踏面锥度使轮对在钢轨上做蛇行运动，可以实现自动导向，但只能在直线或大半径曲线上才有可能。如果能迫使轮对在通过任何曲线半径时，都使车轴处于线路曲线半径方向，避免轮缘贴靠钢轨，这就是迫导向转向架。

欧洲曾有人研究这种转向架，因机构复杂，载重不是太大，后来放弃了。我根据 A. D. de Pater 教授的博士生、德国人 W. Hauschild 的介绍，认为如果对这种转向架加以改造，可以在中国应用。

1985 年，我找到铁道部科技司机车车辆处处长傅小日同志，把有关材料和我的想法向他汇报，他很感兴趣。经过他的努力，“迫导向转向架的理论及应用研究”在《1985 年铁道科技发展计划》中列入第 195 项课题，由我主持，拨款 10 万元。钱不多，指定主要用来建立试验台，应用部分则要找企业合作解决。理论分析由我带领研究生戴焕云进行，试验台在机工二系的车辆实验室（即现在西山梁上的体育活动室）里进行。应用部分要争取企业的支持。但是货车是全国跑的，不容易跟踪试验，我们决定先在云南米轨线上试用。

我同毛家驯教授一起，到齐齐哈尔工厂找校友帮忙。厂里派我们的学生马志援工程师参加，他很热情，后来成为研究组中一名非常积极的成员。我们还到成都铁路局所属昆明铁路分局的开远车辆段联系过。记得我们是坐卧铺经过一晚上才由昆明到达开远的，夜里听到轮缘与钢轨摩擦的尖啸噪声时，毛教授深有感慨地说：作为一个车辆动力学工作者是不能容忍这种噪声出现的，我们有责任消灭这种极不合理的现象。经过我们的努力，齐厂同意制造一辆迫导向米轨货车，无偿提供试验，开远段无偿负责全部试验工作。开远段总工余根夫同志也是我们的校友，他后来到了昆明东车辆段，这种试验就成为昆东段的任务。

至于试验台，我们决定在室内建 1∶5 试验台。经过紧张的设计及委托制造，于 1986 年 10 月 10 日开始施工。在机工二系的车辆试验室大厅里铺设了 1∶5 的圆形轨道，端部模拟过渡曲线，另一端装有一个龙门架支持

1987 年沈志云（站者左 3）在峨眉迫导向试验台指导试验

的摆锤，用以推动1∶5的货车转向架模型，参数可调，可以模拟各种机构及悬挂参数。转向架及轨道模型上装力和位移传感器。试验台于年底建成，我们在这里做了许多试验，取得了大量数据。其结论对于修订试验转向架的设计，提供了很重要的参考和根据。在我1987年向第10届IAVSD学术研讨会提供的论文中，有一段专门描述这个模型及其试验结果。

1987年4月开始，齐齐哈尔车辆厂根据我们的设计制造的迫导向试验车出厂，并交付昆明东车辆段进行米轨实车试验。试验效果特别明显，基本上没有轮缘和钢轨的接触，即使在不足100米半径的小曲线上，也听不到轮轨间那种撕裂噪音。一般车运行一年左右，轮缘就会磨损到限，需要在段修时旋轮。而迫导向试验车运行一年后检查，轮缘还是黑皮，也就是轮缘磨损为零。这么好的结果，我自己也没有想到，试验期间我总是担心导向机构容易磨损而丧失作用。可见凡事总要通过实践，才能有所认识。

在此基础上，我们开始把试验扩大到标准轨距的转8货车转向架的迫导向改造上。我们按照米轨试验的办法，还是由齐齐哈尔厂出车，交昆明分局在固定的准轨线路上试用。1989年9月25日，在昆明空军招待所由铁道部主持召开迫导向课题验收会，由部科技局车辆处处长傅小日主持，

迫导向转向架（左图）；迫导向转向架做线路运行试验（右图）

1989 年迫导向转向架昆明鉴定会(前排右 1 沈志云，右 2 吴光勇，右 4 傅小日)

铁道部货车方面几大员程学枢、鞠在云、吴光勇、李金森等都来了。我做了总报告，马志援报告设计制造，余根夫、郭泽远报告运用检修。验收组以吴光勇为组长到现场做了全面测试。26 日验收组讨论鉴定结论，肯定样车在条件恶劣的昆河米轨线经过一年运用，轮缘磨损接近于零，对此成果一致给予高度评价。对于推广应用部分的准轨货车转向架，也给予充分肯定，建议推广。当年铁道部将此项成果评为科技进步三等奖，还正式行文，将迫导向转向架列入铁道部示范性推广项目。

在理论研究上，我开始研究三轴货车转向架的动力学特性。因为重载运输需要大型货车，加大轴重对轨道的垂向动力作用太大，一时难于实现，而增加轴数就会好得多。但最大的问题是三轴转向架通过曲线时，冲角大，轮缘撞向钢轨，会产生很大的横向动力作用，而这种情况正好适合采用迫导向。

以三大件[①]货车迫导向的研究为基础写成的论文，以及以对三轴迫导向转向架的分析结果写成的论文，分别被第10届和第11届IAVSD研讨会选中。

参加IAVSD研讨会

1987年8月24日到28日，第10届IAVSD研讨会在捷克布拉格召开，我和孙翔两人前去参加，我宣读论文《迫导向三大件货车转向架的动力学性能》，孙翔宣读论文《组合列车的动力学性能》。两篇文章反映我们在货运重载方面、减轻轮轨动力作用方面研究的进展。在这次会议上，德国mbH公司的W. Hauschild研究员第二次发表关于德国ICE高速列车的研究报告。第一次是1985年在瑞典林雪平的第9届IAVSD研讨会，他报告ICE在250公里/时以内的动力学性能。在他引用的文献中就有关于ICE在1982年的最初设计速度是350公里/时。当时我在会下就问过他关于德国高速列车的研制情况，他的解释是还要做更多研究才能投入运营。这次的报告就是德国这两年研究的进展。孙翔在德国500公里/时滚动试验台上工作过，又会德文，我于是邀他在会下找Hauschild长谈一次。他对高速铁路的赞扬和评价，给我们留下很深的印象。我和孙翔讨论了很久，认为现在应当是向铁道部极力推荐高速铁路的时机了，孙翔决定回国后就找铁道部总工屠由瑞谈这件事。

① “三大件”指的是一种最简单、最通用的货车转向架，其特点是由两个侧架和一个摇枕这三个大部件组成。这种转向架既简单，又能有效地在钢轨上做蛇行运动。但缺点是通过曲线时轮缘容易与钢轨内侧面相接触，磨损严重。采用迫导向技术，就能解决这一老大难问题。

关于三轴迫导向转向架的分析结果，写成论文《重载货运用迫导向三轴转向架的曲线通过性能及横向稳定性分析》，投稿第 11 届 IAVSD 学术研讨会，同样获得通过，选为大会宣读论文。这次会议 1989 年 8 月 21—25 日在加拿大金斯顿皇后大学召开。在上次研讨会上本来已经决定第 12 届会议到北京来开，由我当大会主席。由于发生了“六四”风波，主席通知我，叫我准备一份说明，以便决定是否改变到中国开会的决议。另外，原定 8 月份去加拿大开会是铁道部“六四”后派出的第一个代表团，铁道部十分重视，外事司和教育司讨论多次，最后决定派一个三人代表团去。内部由铁道部外事局派出的于新安处长当团长，另从四方研究所派出郭荣生研究员作为团员，和我一起共同决定业务方面的问题。这次政审比较严，要说清“六四”期间的表现。正好巴里·布里克教授 5 月 19 日到 6 月 18 日期间，被我邀请到我们研究所讲学。我不仅自己要全时陪他，还要组织所里学生听他的讲课，忙得连看大字报的时间都没有，更不要说参加游行等活动了。所以，我写的材料质量很高，政审顺利通过了。去加拿大使馆办理签证也比平时多了些麻烦，但还算顺利。我们从多伦多入境，我和郭荣生顺利入关，于新安是官员，在海关滞留两小时后才放行，我第一次感受到作为外交人员的味道。

我们到达金斯顿的第二天晚上，主持方开了一个很长的理事会，所有理事都来参加，我们三人也都到会。当时“六四”刚过，美国到处播放所谓“天安门事件的录像”，加上那些逃到美国的所谓“民运”人士，到处造舆论，气氛弄得很紧张。协会主席首先要求我介绍情况，我按照三人的共同意见，讲了中国政府的立场和态度，代表铁道学会和西南交通大学，热情邀请大家到中国开会，时间和地点可以重新考虑，但希望到中国开会的决定不要变更，至于旅行安全，我们绝对保证不会发生任何不愉快的事情。经过很长时间的讨论，很多人还是心存疑虑。会上，法国里昂工业大学的萨瓦寿（G. Sauvage）教授建议，将中国的会推迟一届，放到1993年，第12届他建议到法国里昂去开。这个建议得到大多数人的赞成，我当时正在筹建国家重点实验室，也想等初步建成后作为技术参观的项目，所以也同意这项建议，并提议把会议地点改在成都。全体委员一致同意，于新安与郭荣生也认为等一届为好。回国汇报时，领导没有提出不同意见。这一棘手的外交问题，就这样迎刃而解了。

说一个关于太极拳的小插曲。我在这次国际学术会议上，宣读了上面提到的关于三轴迫导向的论文，受到与会专家很大关注。金斯顿在安大略湖旁边，空气新鲜，风景特好，早晨起来，我都到湖边打太极拳，引起不少人围观，有位中年妇女还请我教她。1986年暑假期间，学校体育部请来乐山太极名师梅应生先生，在大板楼食堂楼上教100多位教职工打峨眉山杨氏太极拳，我跟着学习了两周，坚持学完并一直坚持练习，感觉受益匪浅。但在国外打拳，还是以安大略湖畔这次的印象最为深刻。

欧洲讲学

1987年我同时接到三份讲学的邀请。一份是英国文化委员会的资助，邀请到伦敦南岸大学讲学半年；一份是德国柏林工业大学赫伯斯特（Werner Herbst）教授邀请前去讲学一周；还有一份是Hans Pacejka教授邀请到荷兰代尔夫特理工大学访问一周。到南岸大学主要是协助巴里·布里克教授指导博士生西蒙·依夫尼茨基完成博士论文。我因国内事情实在离不开，决定把这三件事糅在一起，在4个月内完成。

这是我“文革”后第 6 次出国了，加上 50 年代的三年半留苏经历，我对于如何处理国外生活，已经得心应手了。

这次在欧洲前后一共 4 个月，中间有 17 天去德国和荷兰，其余时间都在伦敦。

英国。1987 年 9 月 30 日我抵达伦敦，先住 James 旅馆两天，马上转到中国大使馆招待所学生活动处，每天 3 英镑住宿费，只有 James 的五分之一。尽管如此，长住还是觉得太贵。两周后，我在伦敦东区印度人聚居的地方找到一个月租不过 20 英镑的住房。学校在伦敦南部，距离远一些，但与学校在同一交通区内，买一个区的地铁月票很便宜，30 到 40 分钟即可到达。路上经过特拉法格广场，下班回家，中途还可从地铁上来游览休息。我们几个中国人住在一起，印度房东是个舞蹈家，经常邀我们参加舞会。1987 年除夕，我们中国人一起去特拉法格广场狂欢，钟敲 12 点时，全场不管是否认识，都就地拥抱接吻，我也被吻了几次，所有人都是高喊新年快乐，一起共享节日的欢乐，别的什么都忘记了。这是我有生以来第一次有这种“得意忘形”的感觉。

这次欧洲讲学的主要基地是英国伦敦南岸大学。邀请方是巴里・布里克教授，资助方是英国文化委员会即 British Concile，任务有二：一是协助指导博士生西蒙・依夫尼茨基完成论文答辩；二是参加课题“整体橡胶车轮煤矿车辆的研究”。在布里克教授的实验室里布置了一间办公室，我每天就在这里上班。第一项任务完成得很顺利，我主要负责评审和修改西蒙的论文初稿。曲线通过部分是我直接指导的，我提了些修改意见，文字上不用我操心。第二项任务也已接近完成，我提的意见也不是很多。但在实际应用方面，后来我们一同下煤矿时，我提出的许多意见是他们原来没有考虑到的。这次欧洲之行除上述工作之外就是我自己想做的事了，即利用

1987 年在英国南岸大学和布里克（中）共同指导博士生西蒙（左）

在英国的机会，尽量了解和收集高速铁路和重载运输方面的资料，为回国开展科研准备条件。

所以我的目标还是德比铁路技术研究中心。德比我先后去过两次，一次是考察高速行车自动控制。我在伦敦的住所就在伦敦地铁无人驾驶试验线旁边，每天看着 160 公里/时的地铁车辆飞驰而过，十分羡慕。一般地铁速度只有 80 公里/时，这里快了一倍，还无人驾驶。他们领我看了他们的振动试验台和其他研究设备，给了我相关资料。如何保证安全是我们讨论的重点。他们介绍说，提高速度是交通运输永恒的主题，保证安全是交通运输最根本的责任，只有在保证安全的前提下，才能谈到提高速度。但是，速度提高后，保证安全要靠先进技术。人的保障作用是靠不住的，人只有一双眼睛，而一个传感器就相当于一双眼睛，我们装了几百个传感器，等于有几百双眼睛在盯着，这样构成的安全保障体系才是可靠的。他们说，他们搞自动驾驶就是为了研究列车控制系统。高速列车的驾驶员其实只是在监控这个自动驾驶系统而已。伦敦的这条线，就是他们的试验线，实质上是一条郊区轻轨线，进城后转入地下，与地铁车站相连。我不长于控制技术，但收集了不少资料，得到很多启发。

第二次是去看他们的磁悬浮。德比先在中心建了一段试验线，有一辆小车，可坐一人。现在推广到了伯明翰，他们在机场到国际展览中心之间建了 1 公里左右的磁浮线，车上可坐 30 人，全自动运行，不需任何人管理。旅客上满后自动关门、启动、运行、制动和停车开门。我先在中心看了模型，然后，他们陪我去伯明翰，坐了一个来回。第一次接触磁悬浮，感觉很新鲜。

其他，我们还到泰晤士河对岸的帝国理工学院参观机械制造与自动化实验室。是一位中国同学领我去的，我们是在地铁车上认识的，他在帝国理工，我在南岸，只隔一条河，一谈就很熟悉了。帝国理工相当于美国麻省理工，很有名气，我早就想去看看，尤其是它的机械系。他们机械系设有 6 个专业，即：机电一体化、机械制造与自动化、模具设计与制造、汽车技术服务与营销、数控技术和工程机械控制。与我校机械系的专业设置出奇地相似，我们没有模具，却有机车车辆。帝国理工当时是伦敦大学的一个学院，到 2007 年才独立出来。伦敦大学的学院分布在伦敦全市，共有学生 40 多万名，帝国理工就有 3 万多人，与我校现有人数差不多，可那时我校学生总数不到 4000 人，看后不禁叹为观止。我的这位中国同学还邀请了好几位中国同学在一起喝咖啡聊天，不仅使我知道了不少情况，还感到特别亲切，像回到国内一样。

西德。1987 年 11 月 13 日，我乘飞机到法兰克福，W. Hauschild 来接我，带我去明登研究所参观。在明登研究所有两点我印象特别深，一个是他们的测力轮对，另一个是他们做的车体侧墙窗口裂纹的疲劳试验。制造测力轮对的车间是密封的，工人都穿白大褂，门口放了一个样品，手压下去用多少力，都能立刻显示出来。回国后我多次想制造这样的测力轮对，可惜至今没有成功。为了解决窗口裂纹这样一个小问题，他们把整个侧墙拿来，在几个地方可控加载，目标是实现窗口处的载荷谱，然后照此激振，直到出现疲劳裂纹。在实验室内实现关键部位所受的随机载荷谱，这是解决结构疲劳的最佳途径。这次参观明登所获得的概念，在很长时期内都成为我的研究思路。当时明登正在进行高速列车方面的大量研究工作，包括在慕尼黑的滚动振动试验台，可惜这次没有机会去参观。

参观后，W. Hauschild 送我坐上公共大巴，直奔柏林。我校土木系老师戚卫东和机械系老师雷斌隆到汽车站来接我，把我送到柏林工业大学的

1987 年在柏林工业大学讲学(左克诺特、中沈志云、右赫伯斯特)

教师公寓住下。来柏林工业大学，是因为此前我曾邀请运输系主任赫伯斯特教授到峨眉来讲学，请土木系戚卫东老师当过德文翻译。作为回应，赫伯斯特邀请我来此访问一周，并到材料系克诺特（W. Knothe）教授的研究所做学术报告。克诺特是 IAVSD 理事会成员，我们已经是老熟人了。戚卫东在峨眉时就向赫伯斯特教授申请资助到柏林工大来读书，我来时，他已经在这里好久了。我们仔细参观了赫伯斯特教授的实验室，了解他们的研究情况，觉得对于铁道运输的研究，他们的确有特色。赫伯斯特教授还亲自陪我到克诺特教授的研究所和研究生见面，并安排我做了 1 个多小时的报告，我主要讲货车迫导向转向架的原理及实验推广情况。报告之后展开了热烈讨论，他们两位教授也走上讲台一起参加讨论，气氛十分活跃。

我住的柏林工大教师公寓，设备很好。一套是一楼一底，楼下客厅很大，厨房、卫生间齐全，厨房炊具 100 多种，应有尽有。楼上是很大的卧室兼书房。公寓旁边就是很大的超市，我到这里买了大米、蔬菜、猪肉，厨房油盐都是现成的，于是我每天做起了中式饭菜，还请雷老师他们来吃过饭。赫伯斯特教授支付给我1700马克，足够开支的了。那时中国同学在柏林工大的就不少了，除上述雷、戚两位老师，还有华中工学院来的田露，1984 年就出来的冯奎元，铁道科学

1987 年站在东柏林望勃兰登堡门

研究院来的何老师和北京交通大学来的陈老师。我们一起在我住的公寓里做饭、喝酒、聊天，分外亲切，我深深感到他们那种对祖国热爱和怀念之情，也感到我们中国人无处不在，人多确也有人多的好处。

荷兰。11 月 22 日我坐旅游巴士离开柏林，去荷兰代尔夫特理工大学。路上先到卢森堡，再到比利时的布鲁塞尔，到晚上才到阿姆斯特丹。这是一条传统的旅游路线，在布鲁塞尔我们看到了典型的城市广场和用小便救了整座城市的小孩的雕像，据说，雕像就立在他撒尿浇灭了导火线的地方。晚上一进荷兰境内，高速公路全线照明，像一条火龙盘踞大地，十分壮观。大约在晚上 10 点左右到达阿姆斯特丹，Hans Pacejka 教授亲自来接，将我送到代尔夫特街上的一家宾馆住下。

代尔夫特理工大学在欧洲的声望和地位，相当于清华之于中国，也有人称之为欧洲的麻省理工，是我很想去的地方。这里有许多我的老朋友，如 de Pater，Kalker，Meijers，Pacejka 等，都是 IAVSD 的老相识。这次是受 Pacejka 教授的邀请，参观他的实验室并向研究生做学术报告。那天来了 300 多位学生，我除讲迫导向技术以外，还讲了中国铁路现状及发展，提问讨论最集中的也是这一部分。世界对中国建设的关心，从荷兰学生们的眼光中我能真切地感受到。

Pacejka 付给我的报酬相当于美金 700 元。我在代尔夫特待了一周左右，分别到了三位教授家里做客，并讨论有关学术问题。Kalker 教授住在鹿特丹，Pacejka 住在海牙附近，de Pater 则住在代尔夫特附近的一个小区。Pacejka 和夫人到我校讲学时，到我家做过客，这次他们十分热情，亲自开车陪我参观荷兰大坝。荷兰一半以上国土低于或几乎水平于海平面，完全靠大坝拦水，才保证了国土不被海水淹没。我们还看了各式各样的风车和广阔的郁金香田野。de Pater 教授告诉我，阿姆斯特丹每天在机场举行鲜花拍卖会，买主买到后，可以直接上飞机运往世界各地。他说，全球 70% 的鲜花出口来自荷兰。我们还乘游船游览了阿姆斯特丹市容。Pacejka 陪了我一整天，然后到他家吃饭。三位教授都请我到家里吃饭，这是对客人的最高礼遇。

11 月 29 日，Pacejka 教授的学生开车送我到海牙，从那里上船，过英吉利海峡，然后坐火车回伦敦，结束了这次西欧两国之旅，再次回到伦敦，继续在伦敦的讲学。

1988 年 1 月 25 日，我比原定时间提前几天回到北京，结束了这次为时 4 个月的欧洲之行。

这次欧洲之行最重要的收获是：使我不仅坚定了重载高速的研究方向，还进一步明确地认识到应当以高速为主。高速列车技术代表着铁路技术的最高水平，也应当成为我国铁路技术的发展方向。回国后正赶上国家重点实验室的申报，这些认识在准备申报材料时起到很大作用，同时也帮助我进入人生路上的另一个新阶段。

从 1978 到 1988 的这十年，我的学术经历可以分成两部分。前五年主要是知识更新，努力赶上本学科世界发展的脚步，从 MIT 访问一年多后回国是这一阶段的标志。后五年进行多方位的研究，结合我国铁路实际，到国际舞台上去活动，是取得成果的关键，以从英国回来，认定高速列车技术这个稳定的研究方向为标志。“文化大革命”后的这十年，正如我国经济和社会发展那样，摸着石头过河，改革开放，走出了自己发展的新路。这是打基础的十年，这是蓄势待发的十年，是我人生道路上十分重要的十年。

经过几个月的试验，终于在250公里/时附近出现了蛇行。这一天是1994年2月9日，正好是年三十。当时孙翔教授也在场。蛇行了！蛇行了！一片欢呼声响彻整个试验大厅，我永远也不会忘记这一宝贵时刻。……那种如释重负的感觉，那种长期期待后看到的亮光，那种历尽艰辛得来的喜悦，真的很难描述。这个年是我有生以来过得最好的春节。

第9章 牵引动力国家重点实验室

在科学研究方面，要成就一番事业，除了有一个稳定的正确的研究方向以外，还必须有一个好的科研实体，这个科研实体包括一个高级别的实验室和一个朝气蓬勃的科研团队。经历了“文化大革命”“苦其心志，劳其筋骨”的大难之后，我的运气变得总是非常好。经过十年探索，我终于确定高速铁路技术这个科研大方向之后，正好赶上科技部筹建一批新的国家重点实验室这个极佳机遇。从此以后，我的活动无不与这个实验室相关相伴。所以，我非常愿意讲讲牵引动力国家重点实验室的前世今生。

全国范围的申报

1988 年，科技部利用世界银行贷款中的“重点学科发展项目”，准备再建一批国家重点实验室，并将范围扩大到产业部门、高校及科研单位。

在各部门推荐的基础上，由国家计委组织了一个 18 人的评审组，由师昌绪担任评审组长。铁道部拿到两个名额，分配给北方、西南两所交通大学，允许各报一个。国家重点实验室是当时最高层次的国家研究平台，多设置在科学院及教育部直属院校，主要从事基础理论或应用基础性研究。这次科技部将国家重点实验室扩大到产业部门，目的在于推动应用基础研究。对于这个难得的机会，两个交大都很重视，分别由主管科研的副校长主持组织各系联合申报。北方交大由运输、电信两系联合组织通信信号及运输组织方面实验室的申报，我校则由主管科研的曹建猷副校长负责，组织机械、电机两系研究申报方案。

我从欧洲讲学回来，两系已经讨论几次了。我当时属基础课部，没有参加，也没有人通知我去开会，只是听说有这件事，并不了解详细情况，但是我很关注这件事。

一天，孙翔邀我和严隽耄教授到他住所讨论申报方案。他当时住在点式宿舍楼，我们三人在那里讨论了三个多小时，研究了多种方案，最后觉得还是我提的方案可行。我主张要利用这个难得的机会建一个我们没有条件建的实验室，这个实验室应当为我们要研究的世界前沿科学服务。什么是世界前沿？搞铁路这一行，只能是高速铁路技术。当时铁道部忙于抓客货运输，高速铁路一事还没有提上工作议程，而在国际上高速铁路早已经是热门话题。故只有靠国家层面的实验室，才能推动这项研究。具体说，我主张集中建 450 公里时速的轮轨滚动振动试验台。世行贷款每个实验室只能分到 125 万美元，搞整车试验台远远不够，但我们可以先建一个单轮对的台子，研究高速下的轮轨关系。虽然在整车效果上不如德国慕尼黑试验台，但可以争取在功能和精度上超过他们，达到世界领先水平。

1989年11月第一次在峨眉讨论试验台方案(前排左起：鲍维千、连级三、沈志云、严隽耄、方国泰；后排右1孙翔)

孙翔非常赞同我的意见，我们商量由他去向曹建猷校长建议邀我参加讨论会。我在会上谈了想法以后，机械、电机两系都不太同意。一共只有125万美元，而两系已经报了18个项目，如果接受我的意见，这点经费全部用完还不够。但是，曹教授非常欣赏我的意见，认为这是唯一可以使我们的实验室达到世界先进水平的方案，希望大家仔细考虑。以后，9月份在成都开会，他明确提出把所有的钱都用来建我提出的试验台，其他18项全部取消。两系的同志虽不高兴，也不便于反对。曹教授有个外号叫“曹霸天”，平时行事说话比较果断，而且，曹教授说的理由也无法反驳。就这样，这个问题就算解决了。关于实验室的名称，曹教授说就叫牵引动力吧。我觉得这个名称没有反映以模拟动力学性能为主的特色，但一时又想不出更好的名称来。大家也同意叫牵引动力，因为功率模拟是典型的牵引动力，把动力学性能模拟称为牵引动力，也无不可，于是就定了这个名字。会下曹教授叫我准备材料，好到北京去答辩。

项目答辩

这一批全国一共有 50 个名额，报出的材料就有 287 份，11 月中旬在北京召开答辩评审会，竞争将十分激烈。曹教授指定由我去答辩，理由是我从国外回来，了解国际情况，能够说明项目的国际水平。当时学位办负责人方国泰同志向曹教授汇报说，沈志云是基础课部的，机电两系都反对。曹教授问道："由我去答辩，他们同意不?"方说，那当然没有问题。曹教授于是说，我委托沈志云代替我去答辩。他还亲笔写了委托书交给方国泰同志。我听后十分感动，同时感到压力也很大。我开始不分昼夜地准备材料，并在校内和铁道部高教司进行了 4 次试讲，然后根据试讲反映出来的问题修改讲稿。我还请钱清泉教授及方国泰同志陪同我一起去参加答辩，以便现场回答提问。

这次答辩，评委和答辩人的层次都很高。评委多为知名专家，在组长师昌绪领导下，提问很深入。我们事先做了很好的准备，连会提哪些问题都预想到了，并做了如何回答的准备，例如实验室与现场的联系等等。钱清泉教授为此带去了很多实验室与现场签订的合同。结果当场还真问到了这个问题，钱教授一一做了展示，现场效果非常好。在回答实验室哪些方面能达到世界什么水平时，我们都讲得很具体。评委评分有 100 多个分项，打分后按总分排序，我们排第 27 名，稳在 50 名以内而获得通过。浙江大学路甬祥也在为他主持的实验室答辩，也获得通过。北方交大答辩不理想，排到 150 名以后去了，没有入选。此后，国家重点实验室铁道系统只有我们一家。一直到 2005 年，北京交大（原北方交大）才申报成功一

学委会主任曹建猷院士(右2)宴请沈志云(右3),
庆贺国家重点实验室申报成功,孙翔(左1)等同贺

个国家重点实验室,比我们晚了 17 年。

回顾起来,这次申报成功的原因有这么几个:1. 瞄准了国际前沿——高速铁路技术;2. 目标定为世界先进,我们的方案比世界第一的德国慕尼黑试验台规模小,但一根轴的试验功能及精度要比他们高;3. 在国内有超前性,实际是提前为发展高速铁路做准备;4. 集中使用资金办大事,我们的方案是将世行贷款及配套资金全部集中用于建大型滚动振动试验台,没有分散到一些没有特色的小项目上。之所以能做到这点,应当归功于曹建猷副校长的果断统筹。北方交大未能在两系之间协调好,申报项目没有特色,故没有评上。为此,校长被调离学校,到另一所铁道学院任院长。以后我常说牵引动力国家重点实验室的奠基人是曹建猷教授,不是没有根据的。

正式立项

立项之前还要进行现场评估。1988 至 1989 学年第二学期开学后，学校接到实验室已评审通过的通知。1989 年 2 月 14 日，沈大元校长召开第一次筹建会议，除副校长白家棣、李植松、刘学信、曹建猷以外，还有孙翔、钱清泉、严隽耄、连级三等教授和我及机关的张家彦、方国泰等参加。会议宣布校领导决定：国家正式立项批文下达前，先由机车车辆研究所临时成立试验台设计组。我当时是机车车辆所所长，由我负责进行初步设计，以接受计委立项前的现场评估。

2 月 16 日，我专程到机械设计教研室，诚请马世骏教授出山担任机械设计组组长。马教授在调来我校以前，主持过大型试验设备的设计，鉴于我的诚意，他欣然答应。第二天我找常务副校长白家棣教授，会同机械系陈永主任，正式决定聘请马世骏教授为设计组组长，副组长定为连级三和严隽耄。18 日专门开会，从机械系、电机系等单位的青年教师中选聘设计人员。我们一个一个地物色国家重点实验室的研究队伍，经过半个多月的努力，终于组建了试验台的设计队伍，这个队伍就是后来重点实验室的基本成员，他们是：电机系的连级三，周文祥，吴学杰；机械系的马世骏，黄洪钟，李浩然；测试专业的高品贤，林建辉，陈建政；机辆所的严隽耄，施富强，陈光雄，黄丽湘，杨晓柯；基础课部的张卫华，曾京，戴焕云和我等一共近 20 人。

3 月 4—7 日，国家计委评估组到学校进行现场评估。评估组由哈工大的苏尔皇教授和铁科院的刘德敏研究员组成，他们在实地考察和听取汇报后，对项目进行了点评，提出了许多可贵的意见。两位教授在评估中提出的最尖锐的问题是，建设如此复杂的试验台有什么风险？我回答说：如果成功，能为我国高速列车的自主研发提供最大支持；但如果失败，就会变成一堆废铁，毫无用处。评估组走后的第二天，沈大元校长亲自主持召开设计组全体会议，上述人员基本都来了。曹教授非常重视我说的风险，对大家说：一定要成功，否则，这么大的浪费就是死罪。他还提醒我们：你们风险很大，是把脑袋别在裤腰带上在干活。当时气氛很有些壮烈，大家纷纷表示，一定要把台子干成功。

正是这种信念，促使这个实验室从一开始就处在一种十分团结奋进的热烈氛围中，使我们经过酸甜苦辣，克服千万重困难，最终取得超乎预想的成功。评估组对实验室评价很高，尤其是认为我们对风险有清醒的认识。他们的报告送国家计委审批时，获得顺利通过。关于实验室立项的正式批文于 6 月中旬下达学校，文号为：计科技函（1989）32 号。据此，牵引动力国家重点实验室正式建制，学校成立筹建组，我被任命为组长，孙翔、钱清泉任副组长。曹建猷副校长解释说，重载运输和远动供电是我校正在打出去的两只拳头，孙、钱两位教授要全力以赴，无暇他顾。故组长请沈教授担任，专攻基础性研究，当前集中力量筹建实验室。

关于实验室体制，明确属于国家级研究平台，在以建设试验台为主的阶段，独立建制，人员分专职和兼职两部分。兼职的主要是机辆所、电机系、机械系的老师，我自己则身兼两职：实验室筹建组组长和机车车辆研究所所长。有些社会活动和全局工作性的会议，实验室和研究所合并开会。待实验室正式成立后，机辆所所长将由金鼎昌教授担任，我则专职任实验室主任。长远发展方向则明确机辆所将合并到实验室，成为国家级研究平台。后来由机辆所分出去的轮轨研究所也并入实验室，完成了有近 80

名研究人员的国家级研究单位的建立，这是1998年以后的事了。

在建设中逐步升级

由于经费有限，项目申报书中的确只提出建一根轮对的试验台，想从试验功能及测试精度上达到国际先进水平。这比孙竹生、孙翔教授的意见已经大胆了很多。他们两位原来主张不搞大型试验台，认为分散搞几个小型单一功能的试验台，比较容易实现。我们坚持搞一个大台子，已经在冒掉脑袋的风险了。

试验台的基本原理是：以滚轮代表钢轨，以它的滚动模拟前进速度，使车辆固定不动，让模拟轨道向后滚动，相当于车在向前行进。在滚轮的垂向和横向加激振，相当于钢轨具有垂向和横向不平顺，这就是模拟车辆向前运动时的工况。车辆运行动态性能的模拟，就用这种工况。如果驱动车轮，带动滚轮滚动，就是模拟驱动工况，即功率模拟。动力学模拟和功率模拟，是两个基本功能。

项目通过评审获得批准后，在1989年2月的第一次设计方案讨论时，研究驱动电机的连级三教授提出，能否将试验台扩大为两根轴，这样就可研究一台转向架上两台电机的工况。大家都觉得很有道理，对于动力学模拟，也能够做一台转向架的动力性能测试，比单一轮对实用多了。我一咬牙：拍板搞两个轮对。当我们将想法向学校和铁道部汇报时，都获得了批准。于是，单轮对试验台变成了转向架试验台。

当时孙翔教授正领导机车车辆所研究大功率货运机车，试验中要用到三轴动力转向架。他提出，既然是转向架试验台，就应当包括三轴转向架，提出将试验台扩大为三根轴。孙翔教授的建议很有意义，但是这样牵涉到配套资金。如果能再得到 40 万美元的外汇配套资金，加上世界银行的 125 万美元贷款，便可解决进口激振液压设备问题。而其他设备均可自行设计、国内制造，申请人民币配套资金比较容易。我为此和学校领导一起，两次到铁道部找部总工程师沈之介同志汇报，要求支持。沈总十分同意我们的想法，经过他的努力，落实了配套资金。所以最后拿出交计委设计评审的方案就是三根轴的试验台。这是 1989 年下半年的事。

为了使机械设计更加切实可行，我们特意从四方机车厂聘请有丰富工装设计经验的曹仁老工程师来峨眉指导设计，参加初步设计评审。他说，每一个细节都要从工艺上推敲，做到合理加工。他对我们的设计提了许多中肯的意见，对我们帮助很大。所以，初步设计通过评审后，在要出图纸、完成正式设计阶段，我提出把设计队伍拉到生产现场去工作，地点就选在曹工所在的四方厂。根据曹工的建议，台子直接按四轴整车试验台来设计。1990 年 3 月下厂，到 6 月中旬完成了全部设计。除曹工外，我们还请了四方研究所的郭荣生、曹志理等研究员参加指导。设计中碰到问题就下车间找老工人和技术人员请教，每一个细节都要仔细推敲。三个多月下来，高质量地完成了全部图纸，写好了设计说明书，最后顺利通过了铁道部沈之介总工组织的评审会的审查，得到较高评价。

这次设计最后敲定为四轴整车试验台。由原申报的单轴试验台到两轴，到三轴再到四轴整车，不仅是数量的变化，也是设计思想的升级。单轴试验偏重于轮轨关系的理论研究，变为整车后，整个试验台已成为既有基础研究，又着眼直接为生产服务的研究平台。在与各工厂交换意见时，他们普遍反映，需要一种能在新型机车车辆研制之后、交付线路试验以前，能预测运行动态性能的设备，不要在路试时才发现致命问题而使整个

1992 年沈志云在试验台设计审定会上做汇报

产品遭判死刑。他们强烈要求试验台能起到产品出厂前这个重要的试验预测作用。大家认为，既然做到了三根轴，为什么不加一根，变成整车试验台？

其实，我早就有这个想法，但在思考这个问题时，总受到经费的制约。关键是外汇额度。试验台所必需的液压激振设备当时必须进口，国产液压系统无不漏油，完全不能采用。进口设备无论是买美国 MTS（Mechanical Testing & Simulation，即力学测试与模拟）公司的，还是买德国申克（Schenck Process GmbH）公司的，都必须用美元。世行贷款只有 125 万美元，升级为两轴、预留三轴时，我到铁道部找沈之介总工反复说明理由，申请铁道部配套 41 万美元，沈总做了很大努力才批下来。现在还要增加两根轴，变成四轴整车台，必须再增加 80 万美元。在沈总组织最后设计审定会时，我事先找评委们申述为什么提出四轴整车台的理由。这次评审会在铁道科学研究院召开，铁科的评委对我们的想法非常支持，他们极力说明应当上整车的理由，会上几乎是一边倒地要求上四轴台。沈总也是同意的，答应再去为外汇配套做工作。四方厂的设计，就这样顺利通过了。一个月以后，沈总高兴地通知我，又批下来 79 万美元，配套美元变成 120 万美元。加上世行贷款，达到 245 万美元，这在所有这一批新国家重点实验室中是唯一的一个特例；而铁道部的支持，特别是沈之介总工程师的努力，起了决定性作用。

庞大的系统工程

国家重点实验室特别是整车试验台的建设过程非常复杂。改成整车试验台后，一系列问题接踵而至。从选址、房建、基础、供电、液压到人员配备等，都要按整车的要求来重新考虑。实验室的建设变成一个庞大的系统工程。

首先要考虑试验车能够进得来。成都火车站在府河对岸，必须要修一座桥，铺专用线从车站跨过铁路桥，进入实验室。还要横穿九里堤中路，虽不难，但要获得成都市交通局的批准。其次，厂房设计要加宽加长，要配备两台 50 吨吊车，以便将车吊上试验台。地基要重新设计，必须能承受 80 吨以上车辆的振动。液压站能力要增加 4 倍，电源、总控台、测试等都要相应增加。2.75 万伏的接触网也要引到试验台上空。还要申请一台机车，以便分解后零部件用作传动及控制。要求调拨一辆标准客车，用作调试及转向架试验。建设任务一下复杂不知多少倍。好在沈大元校长十分重视，亲自召开多次会议，逐项研究落实。

在选址上，原定学校东门内侧，不行了，车进不来，只好放在学校预留的300亩地的最北边，当时那里还是偏僻的城乡结合部。学校1989年由峨眉迁入成都市，第一期工程只购得700亩地，北面预留300亩，供二期工程使用。现在实验室要用，只得向铁道部申请购入这块地。当时每亩价格11万元，到2000年以后就卖到500万元一亩了。南面二环路对面是一个苗圃，本来也可划给学校的，当时因各种原因没有买，现在发展成为一个很好的小区。这300亩因实验室急需而买下，倒是无意中促成了一件好事。

关于铺设进车专用线，架设桥梁和设计基础的任务，沈校长下达给铁道系和桥隧系。在建校指挥部统一领导下，两系老师勘测设计，同有关单位签订合同，直到组织施工，下了很大功夫，都在规定期限内顺利完成了。专用线利用原有成都木材综合加工厂的进厂线，沿府河引到实验室对面，然后折回，跨过桥梁，横过九里堤中路，进入实验室，总长约2公里。其中的关键工程——56米跨度的府河桥，因是城市内桥梁，采用了拱形的美化设计，成为城市一景。钱永久教授在这座桥梁的建造上，倾注了很大精力。线桥投资共873万元，计入实验室的配套项目资金中。

1992年8月实验室开始从一片废墟上耸立(左图)；实验室开始有立柱了(右图)

振动台的成功与否，基础是否符合要求至关重要。铁道系地基基础教研室的夏永承教授亲自负责设计。他组织实验室负责机械设计的人员，一起出外调查大型振动试验台基础建设情况，根据试验台要求有吸收振动的能力及自身振动要有一定精度，设计了总重达到 2400 吨的钢筋混凝土基础主体。根据地质钻探结果，提出基础下面要打 65 根 1 米直径和 25 米长的钢筋混凝土桩，与基础连为一体。基坑深 7 米，先挖基坑，打好桩，浇筑好基础，再建厂房。由于基础符合大型振动试验台的标准，试验台建成后到现在，从未发现基础有问题。2010 年，试验台的模拟速度要提高到每小时 600 公里，改造方案中未对基础做任何改动，也完全满足了提速的要求。

房屋建筑的设计由西南建筑设计院负责，我校建校指挥部的朱云霞总工程师代表甲方多次修改设计方案，方案直到 1991 年 4 月才定下来。施工中标单位是成都建筑公司，5 月进驻工地，开始地基基础施工；7 月，

振动试验台关键在基础：65 根 1 米直径、25 米长管桩之上是 2400 吨的基础(左图)；2400 吨砼基础一次整体浇筑(右图)

基础浇筑完毕；7 月 26 日竖立第一根厂房立柱；到第二年 8 月，厂房落成，但验收一直到 1993 年 8 月 10 日才签字。土建方面一共花了 1849 万元，比原计划的 1350 万元超支 499 万元。设备方面，也超支 498. 5 万元，达到 1320. 5 万元。原来人民币配套投资，铁道部在改为整车台后已追加到2222万元，最后追加土建设备费 988. 5 万元，总的配套费，除 120 万美元以外，人民币为 3210. 5 万元。加上世行贷款 125 万美元，按 1 美元牌价人民币 5. 762 元计算，245 万美元为人民币 1411. 7 万元。两部分共计 4622. 2 万元。在当时物价水平下，近 5000 万元投资，的确是一个很大的项目。国家规定，国家重点实验室建设，专款专用，只能由实验室主任一支笔签字。我实在太忙，又不懂财务，故决定由学校设备处代管，实验室不设账户。每年国家审计署都要下来审查，只查设备处所列实验室的账，每年都能找回一两百万不属于实验室的报销，等于在帮我的忙。

实验室工地是大年初一的最佳去处(1993 年 2 月，左 3 沈志云)

我抓最核心的工作

在全盘工作中，我重点抓最核心的部分，即滚动振动试验台的研制。可以划分为7个部分，即：1. 主机制造招标和监制；2. 液压工作站及伺服作动器等进口设备的招标及引进；3. 电气设备采购与建设，又分2.75万伏高压输电网、变压器及开关柜、驱动电机三大块；4. 测试系统用数据采集及数据处理设备；5. 总控制台及大厅显示板；6. 机械加工车间；7. 调车用轨道车和部调拨机车及两辆客车。每部分都很重要，都必须分兵把守，齐头并进。

主机制造我们找了两个厂家报价，即德阳二重（二重集团德阳重型装备股份有限公司）和广重（广州重型机器厂）。广重报价550万元，二重说至少700万元，相差150万元。1991年3月初，我同总设计师马世骏教授和设备处张家彦处长一道去广重考察该厂是否有能力制造我们的试验台。广重厂长及总工非常重视，表示要倾全厂之力来完成任务，个别工序达不到精度要求的，可以到西安等协作厂委托加工。我们觉得广重实力虽不如二重，但比二重对此事重视得多，二重一般是交给合同厂去做，个别工序才由总厂完成。回来后，我们向沈大元校长汇报，倾向于舍近求远，到广州去制造。为了确保制造质量，决定全程派人驻厂，从铸造和锻造毛坯开始，紧跟生产的全部环节。主设计师马世骏老师差不多常年住在工厂，随时监督质量，也可随时解答制造中的问题。机械系支援我们的8级钳工郑朝阳师傅到广州一去就是3个月，尤其是组装阶段，更是直接待在工组，和工人们一起商量解决问题。他说，试验台就像我自己的孩子，我

1992 年与实验室建设同步在广州重型机器厂加工试验台（左起：马世骏、张家彦、沈大元、沈志云、施富强）

要看着它是如何诞生的，以后才知道如何侍弄它。后来试验台一次组装成功，以后维修保养从未出现问题，同郑师傅的主人翁态度和一丝不苟的作风分不开。试验台 1991 年 11 月正式签订合同，到 1993 年 5 月制造完毕，机械部分总重 532 吨，一次安装调试成功。工厂的同志后来说，这在工厂制造大型设备历史上来说也是少见的，是学校和工厂两家联合研制的成果。由于一些部件需要外委加工才能达到要求，所以，最后的造价达到 578 万元。

进口液压站及激振设备是最难的一个环节。在这个设备的制造领域，世界最有名的厂家有二，美国的 MTS 及德国的 Schenck 公司。1991 年 3 月下旬，我们先找 MTS 公司商谈，要他们报价。4 月初找 Schenck 公司谈，也请他们报价。从报价上看，Schenck 高于 MTS，但仍在我们支付能力以内。我们经过反复研究、对比，查阅了两家在国内提供的液压设备情况，走访了一些代表性的用户，得出的总评价是：MTS 公司软件较强，Schenck 公司硬件较好。大家分析，还是硬件要紧，以买德国产品为好。5月4日，我们与德国的 Schenck 公司在北京正式签订合同，他们答应一年后供货并安装到位。他们北京办事处有位中国雇员贾清先生，很负责任，合作中很为我们着想，帮了许多忙。设备引进快20年了，液压系统包括3台大型压力泵和20台100吨、40吨、25吨三种规格的伺服作动器到现在仍在使用，厂家维修也很及时。德国人做事认真，使德国制造在国际上树立了威信，这一点是值得我们学习的。

电气设备牵涉面很大，高压线、变压器、驱动系统，都要同成都铁路局、成都市电力局等协商。这部分我们分工由电气系连级三教授负责，具体工作由连教授的学生周文祥主持。吴学杰也是连教授的学生，他同周文祥二人，加上从建校指挥部调入的罗高元技师和部队复员军人刘建明，组成电气组，完成了许多很难完成的工作。电源有两套，一套是电气化铁路使用的单相电，2.75万伏，变压器容量为5000千伏安。另一套是三相市电，1万伏，变压器容量为3000千伏安。至于驱动电机电器，为节省经费，特向铁道部申请调拨一台要退役的电力机车，在成都机车车辆厂解体后，把能用的零部件用一部大汽车拉回来，选用了不少。电气控制柜除有电阻散热模式外，还具有反馈功能，制动工况时，可模拟电力机车，将电能反馈到电网。

测试系统则请来机械系测试教研室主任高品贤教授亲自负责。他把他的得意门生林建辉调入实验室，加上硕士毕业生陈建政，组成测试组，专门负责进口设备及国产传感器等器件的采购安装。购买的进口设备是世界名牌丹麦 BK 公司的产品，先后完成了 100 多个通道的检测和数据处理。二楼总控室旁边很大一间办公室，都被他们的仪器设备摆满了。林建辉后来念我的在职博士生，答辩后评为教授博导，现在手下带领近百人的队伍，从事测试方面的研究，科研经费达到几千万元，已经是国内小有名气的测试专家了。

总控台是试验台的大脑。我们由计算机系调入一位硕士毕业生彭亿强来主持研制。吴学杰、周文祥、陈建政和测试组的人都参加设计和研制。总控台分控制和显示两大系统，控制方面研制了专门的控制台，实现启动、加速、激振、显示、减速、制动等功能。控制台在十几年的运用中不断得到改进和提高，成了名副其实的试验台大脑。显示系统也很复杂，要

1992 年沈志云(后排左 3)主持现场研讨会

在试验大厅四角和试验台上安装摄像头，在总控室和大厅同步显示试验参数和轮轨接触情况。这方面，电气系来的吴学杰发挥了很大作用。彭亿强后去德国留学，回国后到西华大学汽车实验室从事汽车控制的研究，现在也是四川省内有名的汽车控制专家了。

试验大厅的设备最主要是两台 50 吨天车。购置和安装都由基建部门完成了，使用则要由我们自己培养司机。这个任务由郑朝阳、罗高元技师交给他们的徒弟任晓和刘建明。他们两人努力学习，不久便能用两台天车抬起近百吨的机车，平稳地安放到试验台上。地面移动则很长时期都是到成都客运段去借调机车，仅仅只在实验室的两条线路上调动，每次移动都要去找他们帮忙，很不方便。我们下决心自己买一辆轨道车来推送，花了 60 万元从宝鸡轨道车工厂购入一辆，也由任晓和刘建明操纵。从此调车不求人，方便多了。作为试验用车，还必须自备一辆标准车，来调试试验台，或用其车体来做转向架的试验。我又去找沈总，他同车辆局商量，把长沙车辆厂新出厂的 25 型客车无偿调拨我们使用。我拿着部令到长沙去提车。这个厂归湖南省工业厅管。我的一位表兄陈晓临正好在厅里当总工，我找他陪我一起去工厂，很顺利地就把事情办好了。那时，长春客车厂从英国引进三辆客车，无法上路使用，我知道后，又通过沈总，把其中一辆调拨给实验室供试验用。至于实验室里应有一个简单的机械加工车间，这成了最容易办的事，请郑朝阳技师负责买几台机床就建成了。试验大厅不大，24 米 ×60 米，已经被挤得满满当当的了，3 年多以后不得不扩建，加长 20 米，外侧加盖一个副跨。副跨摆放增加的电器柜和试验用的零配件，也很快就堆满了。可大家的新想法不断提出来，更多的试验台被研制出来，这才导致最后在旁边的足球场上盖起了另一栋 70 米 ×150 米的试验大厅，这是 20 年以后的事了。

“一切为了国际学术会议”

前面已经谈道，原定于1991年在中国召开的第12届车辆系统动力学国际协会学术研讨会，推迟到1993年到成都来开，由我当主席，称为第13届IAVSD学术研讨会。这是我校第一次主持这样大规模的国际会议，沈大元校长非常重视，特拨50万元在校西门新建两层楼的会议室。楼房1992年底就建成了，但作为会议唯一一项技术参观活动的滚动振动试验台，进度不理想，有无法接待100多位国际专家参观的危险。沈校长很着

1993年4月沈志云(前排右3)陪同国家教委211办副主任吴镇柔(前排右4)参观实验室

急，多次召开联席会议，协调各方面的进度，总目标就是要在 1993 年 8 月 23 日国际会议开幕以前安装完毕，能表演整车的滚动振动试验。而实际情况是，1993 年初基础工程刚结束，广州重型机器厂的试验台 5 月份才能运到，液压站还在安装。5 月初教育部副部长韦钰同志来实验室参观后说“我看没有可能在国际会议前赶出来”。国家教委 211 办副主任吴镇柔参观实验室后，也表示很难想象 8 月就要向国际会议展示。主设计师马世骏教授当时真以为是无法完成了。

但是，我们发动了一场攻坚战，“一切为了国际学术会议”的战斗打响了。我们确定每周一开碰头会，安排每天的进度，要求一定按进度完成。

总目标确定之后，一个庞大的系统工程按统一进度运转起来。其中的

1993 年第 13 届 IAVSD 国际会议在西南交大九里堤校园召开

重点是主机安装，幸好在出厂前试组装过一次，在安装时没有出现大的问题。主机5月底运到成都时，专用线的桥梁还不通，硬是用大汽车从货场拉回实验室的。高速轴承由洛阳轴承厂研制，6月初也运到了。“天车工”很得力，到7月底零部件都吊装就位，8月初试运转成功。电源、液压站都按进度要求，赶上了主机的运转。总控台功能具备，只剩微调及美化环境了。最担心的是从长沙调拨来的标准客车。我们派了专人驻厂催，随车押运，终于在桥梁通车后不久运到成都，作为第一辆车通过专用线运到实验室，那已是8月10日了。8月25日就要接待外宾，表演整车的滚动振动试验。当我带领100多名会议成员到实验室参观时，试验台运转十分成功，外宾们赞不绝口。我真佩服实验室的同志们，为这次国际会议的成功召开起了关键的作用。

国际会议后，沈校长召开总结表扬会议，说我们团结合作，在很短的时间内，创造了辉煌的成绩。这种团结奋斗的气氛，实验室一直保持到现在。创业初期的艰苦奋斗和初战即胜的欢乐，成就了实验室的不断发展壮大。

国家验收

1993年突击完成的组装调试，只是试验台研制的第一步，初步运转多少带有表演性质，离进行整车试验还有很大一段距离，是否真能做试验，大家心中没有底。国际会议过后，我们坐下来踏踏实实地开展工作了。

首先是测试及数据处理，这才是试验的精华。100多个测试通道获得大量数据，处理后才是试验结果。这些结果所显示的车辆动力学特性，是否符合计算机仿真计算的结果，如蛇行失稳临界速度，必须出现蛇行，而且出现蛇行的速度应大体符合仿真预测，否则，试验就毫无用处。对于滚动振动台架试验，国际上就有不同看法，有的认为与线路运行实际差别太大，没有试验的必要，英国德比研究所的滚动试验台，后来干脆拆掉了。德国慕尼黑试验台成功做出蛇行，他们认为试验台试验结果很有参考价值。我们的台子如何？这就是我一开始在回答计委评估专家关于风险问题时讲的：如成功是国际先进水平，如失败就是一堆废铁。

我们把从长沙调来的 25 型客车经过调整滚轮的位置，精确吊装在试验台上，开动电源，慢慢提高转速，跑合后又降下来。下一次又重复一次，最高速度逐步有所提高。如此摸索前进，经过几个月的试验，终于在 250 公里/时附近出现了蛇行。这一天是 1994 年 2 月 9 日，正好是年三十。

1993 年铁道部配给的第一辆试验用车在滚动台上第一次出现蛇形

当时孙翔教授也在场。蛇行了！蛇行了！一片欢呼声响彻整个试验大厅，我永远也不会忘记这一宝贵时刻。蛇行出现，而且速度合乎逻辑，说明试验台成功了。五年来，我们“把脑袋别在裤腰带上”，兢兢业业，冒着极大风险，就是等着这一天看到试验台不是一堆废铁，而是有力的整车试验工具。那种如释重负的感觉，那种长期期待后看到的亮光，那种历尽艰辛得来的喜悦，真的很难描述。这个年是我有生以来过得最好的春节。

试验台要通过国家验收，还必须做几个像样的试验，取得客户的认可。德国慕尼黑试验台只是作为试验工具而存在，客户来做试验，他们只提供测试数据，不做任何分析。所以，那么一个大型试验台只有 9 名试验人员操作和管理。我们国家重点实验室不同，实验室本身就是研究单位，试验台是研究手段，不仅要做试验，而且要对所测得的结果加以分析，找出问题，提出解决方案和建议。我们一面建设试验台，一面同现场单位合作进行研究。我们自己从国家有关部门获得的科研课题，大都有同工厂合作研发的部分。这些课题在 1994 到 1995 年期间实验室完成的大型试验有三次。

一次是同齐齐哈尔车辆厂联合研发的低动力作用大型敞车，轴重 25 吨，载重 75 吨，用于大秦运煤专线的重载单元列车。临界速度不高是遇到的最大难题。我们先做纯滚动试验，达到蛇行时是线性临界速度，有 130 多公里时速。但加上模拟线路不平顺的垂向和横向激振后，80 多公里时速就失稳了，这就是非线性临界速度，是线路上运行时的真实临界速度。两种临界速度同我们用计算机仿真得到的十分接近。非线性临界速度同线路上实测的也十分接近。这充分证明试验台的适用性。另外，我们还同工厂的同志一道，研究如何改进这一问题。工厂拿来多套弹簧装置，每一套都具有不同刚度，试验是在计算机仿真指导下，更换不同刚度的弹簧

高速轮轨接触力学试验(左图)；三轴转向架在做试验(右图)

来观察临界速度的变化。最后优选的弹簧，使非线性临界速度提高到时速100 公里以上，解决了转向架容易失稳的难题。在以后的货车试验中，这种情况经常出现。如研制高速货运用的转向架时，也是在试验台上通过多种方案的比选才达到平稳运行的要求。试验台在新型货车转向架研发中，发挥了很大作用。

在客车转向架研制方面，在 1994 到 1996 年期间，主要是同长春客车厂联合研制 160 公里/时准高速转向架。他们从英国引进 3 辆 160 公里/时的客车，金莲珠工程师在分解研究其转向架结构后，设计了自己的准高速客车转向架，在参数优化方面是同我们合作的。试制出来的转向架运行品质如何？需要用试验台检验。我们用调拨来的那辆英国车车体，做了新研制转向架的试验，通过优选悬挂参数，使非线性临界速度达到了要求。后来，1997 年，我们联合研制 250 公里/时高速转向架，遇到临界速度只有120 公里/时的难题，找不到原因。工厂主持该转向架设计的工程师张鑫鑫同志十分着急，在实验室反复试验，经过 4 个月，还是找不出原因。明明是按 250 公里/时设计的，仿真计算也表明临界速度超过 250 公里/时，为什么就只能跑 120 公里/时呢？大家都在找原因。最后还是实验室的戴焕云教授发现，转向架与车体纵向连接的牵引杆连接刚度太大，引起车体共振，才使失稳临界速度降得那么低。他提出拆掉牵引杆再试，果然临界速度一下升到350公里/时以上。

牵引装置是铁道科学院负责设计的，没有经过整车仿真。最后改变设计，降低连接刚度，使临界速度达到350公里/时，符合250公里/时运行的要求。这次历时近半年的试验研究，充分表现出试验台在机车车辆研发中所起的作用。可惜这个成果是出现在实验室国家验收以后，验收时并没有起到作用。但在1998年接受国家评估时这个成果却起了很大作用，是评估结论“实验室在国家发展高速列车技术中，发挥了不可替代的作用”的根据之一。在1995年国家验收以前所完成的试验还有浦镇车辆厂生产的22型客车所用209客车转向架的试验，结果对该转向架的改进也起了很大作用。

1995年11月1—2日，实验室接受国家验收。验收组组长是铁道部总工程师周翊民，副组长程庆国，组员有：管迪华，刘维仕，林云新，方晓明，张庆林，李忠浩，杨国祯，吕文涛，袁祖贻，贺启庸，郑汉青等。由

1995年国家组织验收，沈志云汇报(左图)；1995年11月7日实验室建设通过国家验收(右图，后排左3沈志云)

吕、管、刘、林、方5人组成检查组，全面检查实验室工作，听取各工组汇报，找工作人员谈话。验收组11月1日整天听了5个报告，看了试验录像，参观全实验室。2日听取检查组报告后，讨论验收结论，下午5点钟宣布结论，认为试验台的试验质量很高，填补了国内空白，对于我国机车车辆研发将发挥十分重要的作用。宣布通过国家验收，实验室建设取得圆满成功。1988年申报，1989年启动，1995年建成，8年努力，终告成功，我们每个人都由衷地感到高兴。

1995 年实验室建成

通过国家验收后，还要通过做一些大型试验，再由权威部门组织评估试验结果，实验室才算正式通过。因此，我们又做了许多大型试验（见附表1），1998年经国家评估后获得通过，当年报铁道部科技进步奖，获得部一等奖。1999年被评为教育部十大创新成果之一。

【附表1】

实验室1995—2004年完成的主要大型试验表①

序号	被试车	委托单位	时间
1	重载单元列车敞车及通用型低动力作用大型敞车	齐齐哈尔车辆厂	1995
2	160 km/h 准高速客车	四方机车车辆厂	1995
3	209 客车转向架 22 型客车	南京浦镇车辆厂	1995
4	160 km/h 准高速客车	长春客车厂	1996
5	准构架式 2E 轴转向架货车	株洲车辆厂	1996
6	衡广 200 km/h 豪华客车	韩进重工	1996
7	250 km/h 高速客车	长春客车厂	1997
8	高速空心轴式轮对动力车	大同机车厂	1997
9	120 km/h 快运平车	株洲车辆厂	1998
10	AC4000 交－直－交原型电力机车	株洲电力机车厂	1998
11	韶山 8－0001 号电力机车	株洲电力机车厂	1998
12	摆式转向架货车	眉山车辆厂	1999
13	三轴内燃机车转向架	四方机车车辆厂	1999
14	160 km/h 内燃机车	资阳内燃机车厂	1999
15	200 km/h 电力机车 DDJ	株洲电力机车厂	1999
16	快运棚车	眉山车辆厂	2000
17	120 km/h 构架式转向架罐车	西安车辆厂	2000
18	200 km/h 动车组拖车	南京浦镇车辆厂	2000
19	200 km/h 动车组动车	南京浦镇车辆厂	2000

① 摘自实验室国家验收报告。

续表

序号	被试车	委托单位	时间
20	AC200 交－直－交机车 DJ	株洲电力机车厂	2000
21	摆式列车自导向转向架客车	南京浦镇车辆厂	2000
22	摆式列车迫导向转向架客车	唐山机车车辆厂	2000
23	250 km/h 万向轴式轮对动力车	大同机车厂	2001
24	蓝箭动车组控制车 DJJ	株洲电力机车厂	2001
25	蓝箭动车组动力车	株洲电力机车厂	2001
26	160 km/h 电动车组拖车	四方机车车辆厂	2001
27	1676 mm 宽轨空簧客车转向架	长春客车厂	2001
28	210 km/h 客车	四方机车车辆厂	2001
29	270 km/h 动车组拖车转向架	长春客车厂	2001
30	TGV 转向架	韩国 Rotem 公司	2001
31	160 km/h 高速货车（原理机）	株洲车辆厂	2002
32	160 km/h 电动车组动车	四方机车车辆厂	2002
33	270 km/h 动车组拖车转向架	四方机车车辆厂	2002
34	1676 mm 宽轨钢簧客车转向架	长春客车厂	2002
35	半主动控制客车试验	唐山机车车辆厂	2002
36	SW－300 动车组拖车转向架	四方机车车辆厂	2002
37	CA1－270 km/h 动车组动力车	株洲电力机车厂	2002
38	CA2－270 km/h 动车组动力车	大同机车厂	2002
39	CW－300 动车组拖车转向架	长春客车厂	2002
40	SS9 六轴电力机车	株洲电力机车厂	2003
41	天津地铁转向架	长春客车厂	2003

续表

序号	被试车	委托单位	时间
42	1676 mm 宽轨货车	眉山车辆厂	2003
43	1676 mm 宽轨守车	眉山车辆厂	2003
44	东风 7 型径向转向架	北京二七机车厂	2003
45	160 km/h 快速货车	齐齐哈尔车辆厂	2003
46	25 吨轴重重载货车	株洲车辆厂	2003
47	300 km/h 电力机车（模拟车体）	大连机车厂	2004
48	ZK4 摆动式转向架货车	株洲车辆厂	2004
49	120 km/h 六轴内燃机车	资阳内燃机车厂	2004
50	轻轨转向架	韩国 Rotem 公司	2004

1999 年获国家科技进步一等奖证书(左图)；2001 年在四川省科技杰出贡献奖颁奖会上领奖(右图)

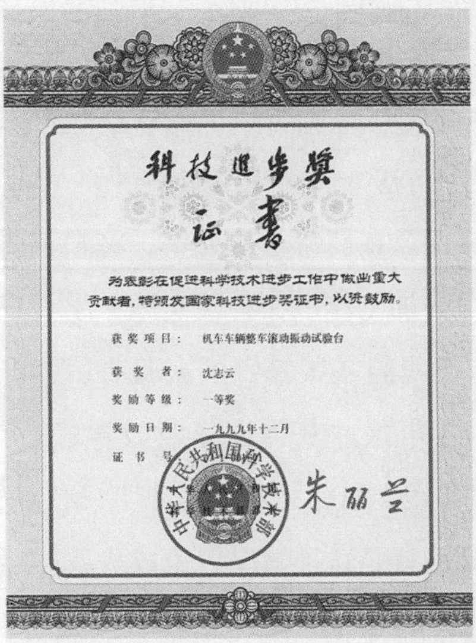

更重要的是评上了国家科技进步一等奖，我排第一获奖人，张卫华排第二，后面排了十几人，都是实验室的。一个实验室单独获得国家科技进步一等奖的非常少见。2001 年，四川省设立科技杰出贡献奖，奖给获得国家一等奖以上的获奖人。评审时，在十几个候选人中，仅有我一人当选。后来省领导觉得没有本省项目获奖不好，批准省农大一位教授同时获奖。在颁奖会上，由当时的省委书记亲自授奖。摄影记者在我看写有 40 万元奖金的大奖牌时按下快门，并在报上发表了这张照片，给人的感觉是我眼中只有钱，连省委书记这样的大领导都不看一眼，真是冤枉死了。

培养起一支国家级科技创新团队

建立牵引动力国家重点实验室，可以说既建成了获得国家科技进步一等奖的试验台，同时又培养了一支值得我骄傲一生的国家级科技创新团队。这支队伍 1989 年结合任务组建，在科研实践中锻炼成长，成员一个个都成了小有名气的中青年学者。当初大部分是硕士毕业生，我对他们说，我保证你们每人一面工作，一面念在职博士研究生，将来都要拿到博士学位。我招收的博士研究生，也参加工作，在科研实践中学习成长，都获得很好的成绩。这些经验 1996 年我们在试验台国家验收后，申报并获得四川省教学成果一等奖，1997 年申报并获得国家级教学成果一等奖。两项成果奖的题目都是："在科研实践中培养高水平人才"。研究生是科研的主力军，我在美国麻省理工看到的就是这种情况，也成为我毕生培养研究生的信条。

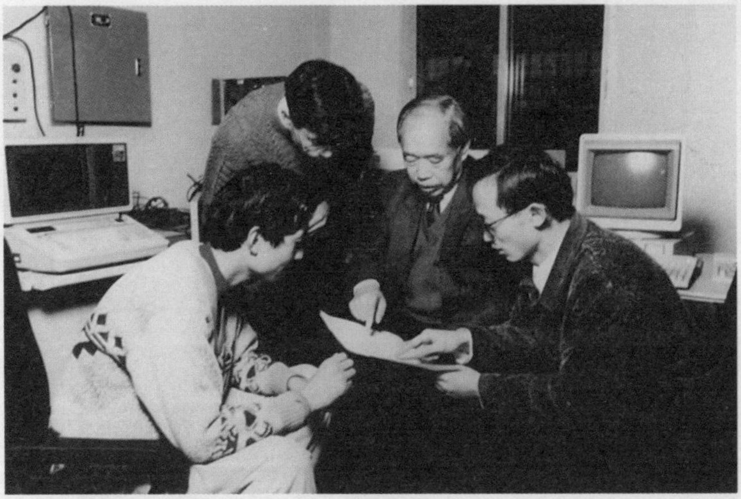

1996 年沈志云(右 2)同研究生讨论试验问题

1996 年，我年满 67 岁，超过了任职的最高年龄 65 岁，国家验收以后，我知道无论如何这个主任不能再当了。但实验室实际管事的张卫华，接国家重点实验室主任资历还不够。我同电气系教授钱清泉院士商量，请他当两年主任，作为过渡。他答应了，第二届学术委员会报的实验室主任就是钱清泉。我是真退下来不管事了，钱教授却只想做挂名主任，结果，张卫华就是事实上的主任。

张卫华 1961 年出生，我校机械制造专业毕业，考入我校基础课部理论力学教研室当我的硕士生。选的题目是受电弓动力学，他独立工作能力很强。1987 年我到欧洲讲学半年，临走前告诉他做受电弓试验，回来时他已经在电气系余万聚教授帮助下，建成了受电弓试验台，进行了试验，取得了所需要的数据。他的硕士论文答辩获得全优。硕士毕业后，留校当理论力学助教，1989 年抽调来牵引动力实验室筹建组，参加试验台设计，负责总体及激振部件设计。在整个设计过程中他总是提出许多和我意见不

1999 年沈志云(左)同他的学生张卫华
在实验室研究高速动车转向架试验问题

同的建议，而且态度十分生硬。我不喜欢他，但很欣赏他，因为好几次都因他的建议而使设计得到改进。

我挑选来的设计队伍，都是一班青年人，都有硕士学位。要在他们当中挑选一位领头人，很不容易。我先选了一位活动能力很强的，叫他牵头，当我的副手。不到一年，他耐不住设计工作的辛苦，想下海赚钱。人各有志，本也不是不可考虑的事。但他不直接提他想下海，而是提出试验台不可能成功，所以他想调离。这个理由我当然不能同意，告诉他你可以不工作，但不能以此理由离开。你必须来上班，就坐在这里看我们如何建试验台。如果失败了，我向你赔礼道歉，补偿你的损失。如果成功了，你得认错。你若不来上班，我在考勤簿上记你旷职，报告人事处。他一气之下，扭头就走了，当然更不来上班。不久，设备处处长张家彦告诉我，他看见这位同志在某公司上班。我说算了，你转告他，写个报告说有志下海，不提试验台的事，我就批准他离开。两个多月后，他按我的要求，写了调离报告，我当然批同意。这位同志很有经商才能，办起了公司，业务发展很快，还挖走我的另一位同志去当总工，给他配汽车，待遇也不错。不过，这位同志一心想做学问，没有多久，辞了总工，又回学校念博士学位，后来当了机械系的教授。

这次事件使我强烈感到队伍建设十分重要。一方面，我请求学校派一位得力的同志来担任实验室行政副主任，把队伍建设抓起来。学校很重视，派人事处的一位副处长陈良麒同志来实验室当总支书记兼副主任，调令上还注明“正处级”。另一方面，学校也指出，对于实验室成员的去留，应采取开明态度，允许来去自由。有志献身科学，能把“脑袋别在裤腰带上”和您一起研制试验台的，自然会留下。没有下这个决心想另谋发展的青年同志，他们的想法也是可以理解的，他们有权利选择自己的道路。我

1999 年沈志云(中)和他的年轻科研团队以试验台为依托开展课题研究

很赞同学校这个意见。以后几年的情况证明，多数（三分之二左右）年轻人和我志同道合，始终留在实验室，而且个个成才，都成为学术骨干，发挥着重要作用。

离开的三分之一左右的人当中，有被派出国进修不再回国的，我都十分理解，因为我自己的两个孩子，也都是一出去就不回来了。还有的像上面提到的那位，有志下海，理应支持。还有一位是我从吉林工大要来的一位博士毕业生，本想留下当骨干的，后来去了深圳，而且也是不欢而散。最可惜的是另一位教授，他是我下大功夫从德国迎聘回校的，原在我们研究所工作，后出国留学 10 年，在车辆制造厂工作，拿到德国亚琛大学（地位相当清华之于中国）博士学位，在德时师从铁路界知名学者。为了申报第一批长江学者，我亲自去找教育部副部长韦钰，说明他主要从事工厂实际工作，当上了主任工程师，很有经验，就缺 SCI 论文，而我们正需要像他这样有实际工作经验的高水平人才。韦钰副部长担任那次评委会主任，在评委会上说明了他的情况，得以通过，成为第一批长江特聘学者。在学校职称评审会议上，也有人提出他论文太少，不同意授予他教授职称，我又做了详细解释，才使他通过了正教授的聘任。他来后，我把自己的办公室让给他，把摆式列车课题主持人换成他，希望他能带领年轻人把研究工作做出成绩来。不想 5 年过去了，他成果有限，在聘任期满的总结会上，我说了“三个没有”，希望他以后注意。没承想，这一下彻底得罪了他，期满后，他坚决要离开学校，我怎么留他，他都不干。我只好请校长出面做挽留工作，他虽答应留校，但要离开实验室。我知道是我不够宽容，不该说那“三个没有”。但这份责任却错误地落到了实验室主任张卫华的头上，有人以他的离开为例，批评张卫华不能团结人，真是冤枉了张卫华。

也有走了又回来的。如曾京教授。他是我带的第一个博士生，1995年毕业。那年中信公司（CITIC）一位处长找到我，希望我推荐一位高材生到公司开辟机车车辆出口业务。那时的中信，红火得很，每年有四五千人投考该公司，争几十个招聘名额。我一听要我推荐，马上说正好有位刚毕业的博士曾京，学问、人品都好，向他们郑重推荐。曾京也很高兴，带着户口进北京，工作也很顺手。一年多以后，公司业务扩展，准备成立机车车辆出口处，处长的位置等他去坐。但这时曾京突然找我，说要回实验室搞研究。他说，整天谈合同，做生意，都不是他想干的事，也不是他的特长。他的兴趣在踏踏实实做学问，还是在实验室做研究为好。我只好向人家道歉，说实验室离不开他，才把他连同他的北京户口，调回成都，在实验室当副主任。

像曾京这样的例子还有薛弼一，他也是我的博士生，从工厂来，毕业后仍回工厂。他长于软件，后转到摩托罗拉工作，后来在杭州开了一家通信公司，生意不错。他最拿手的是实际动手能力强，喜欢搞试验研究。听说我们实验室工作任务重，缺领导人才，他毅然关闭他的公司，同意学校作为引进人才，回实验室主管试验工作。

高水平人才，还有在上海交通大学获得博士学位的罗世辉，留学日本的鲁能涛，在力学系获得博士学位的张继业、赵永翔等等，这些优秀人才不断充实着作为国家级科研机构的队伍。

牵引动力中心

国家实验室是培养人才的最好平台，而这些在科研实践中成长起来的人才，对于实验室的建设也起着至关重要的作用，两者可以说是相辅相成的。关于队伍的扩大，我一贯主张充分利用国家重点实验室这个我校唯一的国家级研究平台，加大体量，提高我校科研队伍的层次。因此，主张把实验室前身，即机车车辆研究所和钱清泉院士所在的铁路电气化自动化研究所并入实验室，都上升到国家级研究平台的高度，形成机车车辆学科研究的突出优势。不料，我的这个建议，被当时的校领导们大大地误解了，以为我要扩大地盘，壮大个人势力。有位管实验室建设的副校长公然说，国家实验室搞得再好也只是一个，我们要第二个，第三个。而且说，他们实验室是国家的，要钱问国家去要好了，学校一个钱也不能给。在她领导下，连续三年，学校对于牵引动力实验室没有投入一元钱，连日常维修费也没有，全靠科研经费来维持。

这时的校长已经不是沈大元教授了。针对我提出的加强联合、扩大队伍的建议，当时的校长更加注意防止大权旁落，他提出：联合各相关专业机构成立“牵引动力中心”，他定位为“研究型教学单位”，由当时的副校长、后来的校长周本宽任主任，机辆所所长金鼎昌、电气化自动化所所长钱清泉任副主任，把我安排成徒有虚名的学术委员会主任，国家重点实验室属于这个中心管辖。把本来可以独立对外的二级学校机构，降为三级单位，实验室不但没有扩大，反而在行政级别上降了一级，这一手实在是高。我没有办法，只能根据科技部的文件力争国家重点实验室可以独立对外，这才保住了原有的运行机制。钱清泉、金鼎昌两位教授对这个安排也不满意。结果，这个中心在 1998 年 1 月 6 日开过一次成立大会之后再没有开过会，学术委员会则一次会也没有开过，“中心”形同虚设。

发展壮大

前面已经说过，我退下来之后，关于实验室主任，也就是实验室的学术带头人，很自然地落在张卫华身上。主要原因有两个：1. 他善于独立思考，有创新精神，这是最主要的一点。前面提到过在设计过程中他在这方面的表现。在实验室学科建设及研究方向上他都有独到见解。交给他筹划的事，他都能拿出考虑比较深入的方案来，比我想得还全面。2. 比较公正，还能为别人着想。现在的年轻人完全不为自己考虑是不可能的，也不能这样去要求他们。他办事时能够想到别人，拿了课题，能组织大家来做，甚至全部交给别的合适的同志去做，自己不拿任何课题费，能做到这点是很不容易的。也就是因为这点，他的同龄人都服他。前已提道，1996年我退下以后，由于张卫华资历还不够，还不能直接任命为实验室主任，但许多实际工作都是张卫华来做。1999 年学术委员会换届，这时才由科技部正式任命张卫华为实验室主任，一直到现在。

张卫华当主任和主持实验室的工作以后，实验室得到不断的发展壮大。首先是能努力完成各制造企业交来的整车大型试验。这是我国铁路科技创新十分活跃的十年，高速重载提到了铁道部的日程，在新型机车车辆制造方面，青岛四方机车车辆厂、长春客车厂、戚墅堰机车车辆、株洲电力机车厂、大同机车厂以及齐齐哈尔、浦镇、眉山等地车辆厂研发新产品的积极性都很高，他们都希望有一种手段能够在他们的新产品投入路试以前，告诉他们结果会怎么样。这十年，试验台的试验任务非常饱满，各厂的试验都要事先排队，有的一两年前就排上号了。大型试验一般要几个月，不仅要给出数据，还要对结果进行分析，与计算机仿真结果进行比较，找出问题，并提出改进方案，有的还要提出多种方案进行优选。除此以外，还要安排试验台上的科研试验，所以试验任务十分繁忙。一种大型试验设备能够有如此饱满的负荷是很少见的。在 2003 年的五年一度的国家评估会议上，专家们的结论是："试验台发挥了不可替代的作用。"总评价是优秀（A），从而获得科技部的金牛奖。这种评估很严格，一般只有百分之十得 A，另有百分之十左右为不及格（C）。得 C 的就要取消"国家重点"的称号。这一批全国 50 多个接受评估的实验室中，获得 A 的只有 5 个。5 年以后，即 2008 年在接受评估时，实验室又得到一个 A。连续两次得优秀，连拿两头金牛的，全国很少。

2003 年沈志云在试验台前(左图)；沈志云检查测力轮对(右图)

为了发展重载运输，需要研制新的大功率机车，功率须达到 4000 千瓦甚至 6000 千瓦。为此必须采用六轴式机车，也因此，我们的四轴试验台完全有必要扩展为六轴试验台，而这在国际上还是一个空白。经过多次向铁道部领导申请，株洲电力机车厂和四方机车车辆厂也多次向铁道部汇报，提出要研制自己的大功率机车，非常需要整车功率模拟试验，从另一个角度力促六轴试验台上马。终于在 1998 年 3 月 12 日，铁道部同意研制六轴试验台，拨款2000万元，学校也从211计划中拨出1300万元，扩建试验台。张卫华决定新设计制造4个轮对单元，轨距可调，从米轨车到宽轨车都能上台做试验。驱动电机更新，功率由800千瓦加大到1200千瓦，实际上是对四轴试验台的一次更新。做六轴机车试验时，则用上原有的两台轮轨单元。另外，张卫华还提出，借此机会扩建厂房。主跨加长20米，以便建造整车参数测试台。计算机仿真，建模很重要，但建模后，参数是否准确就是决定计算精度的关键。有了整车参数测试台，被试车辆先上此台测试全部实有参数，所得参数输入计算机进行仿真计算，车辆则送上滚振台进行动态模拟试验，两种结果相互验证，就能得出应如何改进车辆参数的结论，这样才能构成一个完整的试验流程。试验台改造和厂房扩建用了不到一年就完成了，使试验台上升到世界领先水平。

CRH380B在试验台上试验(左图)；交流传动电力机车DJ号在试验台上试验(右图)

人才队伍的扩大，没有扩建试验台这么容易。我奔走大联合的努力，引出来一个形同虚设的牵引动力中心，已如前述。这个架空的中心，一直延续了好多年。到2006年，钱清泉教授提出，他那电气化自动化研究所要脱离中心，回电气学院。学校提出，牵引动力这一摊也回机械学院算了，还提出来要张卫华去当机械学院院长。我找严隽耄、金鼎昌等老教授碰头，讨论学校这个意见。大家一致反对，都说正是当年机辆所从机工二系分出来，以科研为主，才有今天的发展。现在已经成为独立的国家级科研平台，却要自废武功，降回到一般教学单位，实在不是应走的一步。反之，应当加以扩大，将一些相关联的专业和实验室联合到这个平台上来，才是发展之策。

电机系的回去了，原机辆所的应当都回归到国家重点实验室来。原机辆所除实验室外，还曾分出以周美玉教授为首的司机驾驶模拟装置和以翟婉明教授为首的轮轨研究所。前者虽然已经发展成运达公司，但模拟技术研发部分应当归并过来。后者属于多个学科混杂在一起的工程研究院。尤其翟婉明教授，1997 年我就推荐他申报院士，是很有成就的学术带头人。2005、2006 年我花了两年时间，做工作请他回实验室，包括说服机辆所的

2009 年西南交通大学牵引动力国家重点实验室第六届学术委员会第一次全体会议合影
（左 6 起：蒋葛夫、钟志华、沈志云、刘友梅、温诗铸、钱清泉、周黎、田红旗、丁荣军）

一些同志，要他们抛弃前嫌，团结起来，求得更好的发展。2005 年李芾带严隽耄手下的付茂海、倪文波等年轻人回机械系制动实验室，并扩大为机车车辆系，以本科教学为主，算是另起炉灶了，这样也好。2006 年 1 月 28 日，实验室全体人员，加上原机辆所、轮轨所一共 90 多人在菜根香酒楼聚餐，庆祝春节，团结气氛非常浓厚。2007 年新校长陈春阳教授来校，高温超导的二王教授王家素和王素玉夫妇及 5 位年轻博士、硕士同意加入。实验室的编制一下扩大到 87 人，比原来的 27 人扩大了两倍还多，基本上恢复到原来机车车辆研究所的规模，在体量上也与国家实验室相一致了。

在努力发展的过程中，曾有过一次失败的尝试，也应该说一说。2004 年以后，中国高铁进入一个快速发展的时期。实验室的作用和科研任务迅速增大，课题经费达到每年几千万元。即使实验室体量增加不少，仍嫌人手不够。如何解决这一问题，我主张多收研究生，使研究生成为科研的主力。这是 1980 年代初我在美国麻省理工进修一年多感受最深的一点。但是在研究生招生时却没有生源，学生都知道这个实验室是最忙最苦的地方，都不愿意来报考。机械系的保送研究生也只许留在本系，不往实验室推荐。1999 年我申请实验室自己办大学本科，设想是本硕连读，或本硕博连读。当年招了“载运工具运用工程”本科第一班，60 人，开学时我亲自做动员报告，鼓励他们献身科学，刻苦学习。我自己还每年拿出两万元设立创新奖，鼓励研究生在实验中积极创新。但是，由于这是一个新专业，报名者并不多，很多学生是别的专业调剂过来的，水平和素质都不理想，不说本硕博连读不行，就是本硕连读也不够，而且毕业后想考研究生的也不多。科技部也认为国家重点实验室不应办本科，所以，2005 年以后，还是划归机械学院统一管理。这次尝试之所以失败，从思路上讲就错了。在本科毕业生的范围内面向全国招生，挑选范围大得很，远比从自己培养的 60 多人中挑选要广阔得多。

韩国高速车辆经中国铁路网运来做试验

到2004年实验室发展壮大以后，我提出每年招研究生100人，达到300多人的规模。这个设想，2010年以后就实现了。

实验室的发展壮大，人数增加只是一种表象，实质还要看成果和高水平人才的成长。值得一提的是我们的翟婉明教授，成长很快，他以学术上的成就，一举获得实验室的第二个国家科技进步一等奖。2010年获得长江学者成就奖。2011年他申报中科院院士，顺利通过评选，成为最年轻的中科院院士。现在实验室已获得2项国家科技进步一等奖，有4篇博士论文进入全国百篇最佳博士论文之列，有院士2人（双院士1人，故有院士称号3个），长江学者3人，国家级优秀团队2个，973首席科学家1人。虽然数量都不是很大，但就在全校所占比例而言，是非常突出的。实验室能有如此大的发展，使我感到非常欣慰。这是以张卫华为首的青年集体共同自主创造的。这个集体创造和提升了试验台，使之达到世界领先水平。而这个试验台又凝聚和提升了这个科研集体，使之成为国内先进、国际知名的轨道交通科研集体。有了这样的集体，会出现更多世界一流试验台。有了更多试验台，会培养锻炼出更多高水平人才。这样相辅相成，良性循环，方能永葆科研活力。我从1996年不当主任以后，就不去实验室坐班，很少过问实验室的具体事务。没有我的实验室能够不断发展壮大，这是我最大的心愿。了此心愿，我可以安心退下来养老了。

期待走向国家实验室

国家实验室是比国家重点实验室更高一个层次的国家最高试验研究机构。国家重点实验室全国有200多个，而国家实验室原来只有科技部主管的3个，即：1984年批准成立的北京正负电子对撞机实验室；1984年批准成立的合肥国家同步辐射实验室；1991年批准成立的兰州重离子加速器国家实验室。2000年又批准成立了沈阳材料科学国家（联合）实验室。2003年批准筹建5个国家实验室，即：清华信息科学与技术、武汉光电、北京分子科学、北京凝聚态物理和合肥微尺度物质科学国家实验室，至今仍都带（筹）字，尚没有正式批准。当时还准备再扩大一点，叫作第二批，有30多个实验室申报。组织专家进行评审后，选择在评估得过优秀的国家重点实验室基础上申报的18个报科技部，建议列入筹建名单，后因体制问题，一律作罢了。中南大学的粉末冶金是这18个中的一个，2004年初，我到中南大学讲学，听钟掘院士讲到这些情况。我们已聘钟院士为我们实验室学术委员会委员，我和她讨论，我们是否要申报。她非常赞成，我们约好5月份来我们实验室开会时，请她讲一下国家实验室和如何申报的问题。我还请学校周本宽校长接见她，请她直接向校长详细介绍情况。周校长听后很重视，特地召开全校中层干部会，让我全面介绍国家实验室申报的具体意见。我当时提出“两高一新”，即以高速重载、高速磁浮和新型城市轨道交通为目标，申报“现代轨道交通国家实验室”，集中全校优势科研力量，打造国家最高水平的国家轨道交通研究平台。周校长总结：由牵引动力国家重点实验室牵头，蒋葛夫副校长负责，全校配合，张卫华主任具体起草申报书，开始申报国家实验室的工作。从2004年开始，连续三年向上面写申请书，拜访铁道部、科技部、教育部，做了不少工作，卓有成效。可惜科技部对国家实验室的定位、建制、经费、运作等一系列问题，均无定论。先是取消了已经评审过的30多份申请，后又决定面向工程实际，重新在十大领域试建10个新的国家实验室。2006年12月5日召开会议，提出：海洋、航空航天、人口与健康、核能、新能源、先进制造、量子调控、蛋白质研究、农业和轨道交通十大领域，每个领域选一个试点筹建。很幸运我们申报的现代轨道交通国家实验室被列入这一批的10个备选名单之中。然而，复杂而曲折的国家实验室申报之路，还遥远得很。

通过几次全校性研讨和专门成立的申报小组的努力，申报书越来越完善。主导思想是先搞一期工程，根据铁道部的意见，首期专门针对正在快速发展的高速铁路建设，研究高速列车技术的理论基础和开发高新技术。具体的建设计划张卫华归纳为“两台一线”，即基础研究平台，信息化仿真和安全监控平台，达到时速350公里的高速试验线。要建一个大型试验车间，自主研制十几个世界一流的基础研究试验台，还要建一栋十几层的大楼，用作信息仿真和安全监控。试验线则选在成都与峨眉之间，是我们已有试验台的延伸，滚动振动试验台是真车假路，试验线则是真车真路了。张卫华布置实验室的老师着手设计大型试验台，有的内容还组织了专家论证。修改了十几次的申报书，分别送到科技部、铁道部和教育部，争取领导支持。2006年底科技部能将我们的建议列入备选名单，是做了大量工作的结果。

申报过程中最大的问题来自铁路同行，主要是中国铁道科学研究院和北京交通大学。他们认为这个唯一的轨道交通国家实验室应当三家联合申

2006 年 5 月西南交大 110 周年校庆期间，举行材料科学与工程院院士论坛(前排右 5 沈志云)

报，而以铁科院（中国铁道科学研究院）为主。他们地处北京，接近领导，做了大量公关工作，而我们的校领导却毫无察觉。2006 年 5 月，学校 110 周年大庆，铁科院副院长康熊是校友，他代表铁科院回母校参加校庆，我们请他吃饭。席间他透露给我说，铁道部领导已经同意三家联合申报了。我听了心急如焚，眼看几年的努力都要成为泡影。第二天在国际会议厅召开 300 多名研究生参加的校庆学术报告会，会前在贵宾室等候，学校当时的校长也来了。我把康熊谈的信息告诉他，他漠然置之，说以后再说，别影响校庆气氛。我一听就火了，说："如果你把国家实验室弄丢了，你就是西南交大的罪人。"我们一面吵，一面步入大厅，他还在说"我对国家实验室是重视的"，我说"你重视个屁！"（因为我知道他一年当中 8 次出国，临近校庆期间为了茅以升的女儿在美国一所大学里立了一座茅以升像，他去剪彩，一去就是两周。）我们走到主席台前上台阶时，研究生院副院长蒲云教授等校长上去后拦住我，要我等校长上去后再上去，以免到台上还吵架。我扭头就走，不上主席台了。他们追出来拉我回去，我也不回头。这次会议的主席台上，校长旁边的座位是空着的，只有我的名牌摆在那里。当天，党委书记顾利亚到我家里来看我，什么也没有说，只说别生气，影响健康，叫我一定要注意身体。我也没有检讨，因为我觉得骂得对。以后想起来觉得是有些过分，一校之长，不应当当众骂他，有意见下面可以提的嘛。但是，康熊讲的确实是真的。铁道部决定三家联合申报，要三家派人到铁科开会，由铁道科学研究院主持，西南交大起草的申报书作废，由铁科重新起草申报书。后来他们起草了一份包罗一切的计划，投资达到 100 多亿元。我拒绝参加任何工作，去了美国，住在儿子和女儿家中，由于心情不好，对他们也常发脾气，住了不到三个月，就回国了。

庆幸的是，这份申请报到科技部以后，被退了回来。科技部部长徐冠华反对异地联合报国家实验室，他说，那样只是分钱盖房子，没有什么联

2007 年在美国与儿女团聚

合。铁道部仍然回到支持西南交大申报的立场，并将此事交给当时的高铁负责人、部副总工程师张曙光处理。我亲自找张曙光，主张在申报的同时，先启动建设，由铁道部拨款，开始建厂房和研制新设备。学校为此成立了国家实验室筹建组，由主管科研的副校长蒋葛夫教授负责，同时开展申报和建设工作。蒋副校长花了巨大精力，从铁道部要来 3.5 亿元投资，加上学校自筹 1.5 亿元，用这 5 亿元建厂房，研制大型设备，终于在 2011 年 115 周年校庆之际初步建成。学校准备把启动国家实验室作为校庆的一项活动。关于联合问题，在北京两大家的不断公关下，学校也只能同意联合，打算在已建成并已启动情况下，要求以西南交大为主，通过网络，与两家联合运行。因为没有批文，连带“筹”字的牌子也不能挂，只好简称为“轨道交通实验室”。就是这个不带国字头的实验室，成了 115 周年校庆最大的亮点，在领导和校友中产生了巨大影响。校庆后，党委宣传部特发通知，要求全校各单位分期分批组织参观，以树立信心，激发全校师生奋勇前进的激情。

由于科技部的批文没有下来，国家实验室的体制也不能定下来。在铁道部的批文中有：“牵引动力国家重点实验室成建制转入国家实验室。”学校成立的筹建组目前是独立于牵引动力实验室的，主要负责房建和大型设备研制。但所有这些设备的设计、论证和建成后的使用，都是牵引动力国家重点实验室有关人员的事。筹建组做了大量工作，我对现任组长的蒲云副校长说，你们做出了对国家实验室建设最大的贡献。我说，当年建重点实验室时，只有一个台子和一个小车间，我的腿都跑断了。现在这么大的工程，要是完全交张卫华他们去做，非把他们累死不说，他们手上的科研课题就根本无法完成了。蒲校长很开明，他对我说，把这些基本建设搞完以后，我就把组长交给常务副组长张卫华，一切就看他的了。

2008 年学校把峨眉校区最得力的党委副书记吴柏青同志调来实验室，代替已任全校工会副主席的陈良麒。吴柏青同志任总支书记后，加强了教职工的政治思想工作，加强了 300 多位研究生的管理及思想工作，还主动到常州建立研究院和开办科技公司，为实验室进入长江三角洲开辟途径。2011 年 12 月，在常州召开了实验室全体会议，张卫华主任说，“TPL（Traction power Laboratory）、国室、常州三位一体，我们将步入一个全新的研究开放期”。如果三位一体的体制能如愿建成，则从 1988 年算起，用 25 年时间，就可以造就出一个产学研三结合，理论试验应用三一致，成果人才学风三优异的国家顶级、世界一流的轨道交通国家实验室。

中国的事情，变化莫测，上面一句话，就会引发根本性的改变。2011 年上面讲话提出“协同创新”，教育部首先提出“2011”计划，强调协同。科技部原来坚持的“不能异地联合”作废了，改成“协同创新”，国家实验室如何组建，都要重新考虑了。看来大联合将是必然趋势。不仅前面说的三家一定会联合进来，联合的面还要广泛，可能要提国际联合实验室才能满足要求了。前景如何，就不是这本书所能及的了。

雷天觉老先生对我的工作评价很高，说工程领域出个“理论”不容易，得到国际承认更不容易，而且，本人并未宣扬，是国际有名科学家的科学专著中充分论证了的。

1993年，我被选举为全国人大代表，这是我一生最大的荣誉。每次进入人民大会堂这座人民心中最崇高的殿堂，履行这些神圣权力，投出庄严一票的时候，我心中就有说不出的激动，光荣感和责任感油然而生。

第10章 院士情怀

申报学部委员

中国第一次有院士是1948 年“中央研究院”选举的81 名院士，其中数学物理组28 人，生物组25 人，人文组28 人。1949 年建立中国科学院时，废除了“中研院”原有的院士制度。到1953 年建立专门机构即学部，以学部领导学部委员（1994 年后改称院士），而各有关研究单位则直属院部领导。因属工作称号，而非最高学术荣誉，故称为学部委员。1955 年6 月，遴选233 人为第一批委员，其中61 人为哲学社会科学方面的委员，自然科学和技术方面的委员有172 人。铁道方面除茅以升外，还有铁道部副部长石志仁也当选为学部委员。1957 年又补选钱学森等18 位为学部委员，总数达到190 人，分数学物理、化学、地学、生物学、技术科学等5

个学部。由于职能定位不准确，学部把指导研究工作列入工作范围，使学部委员忙于日常事务，影响他们自己的研究。在反右中有11人定为右派，被清理出科学院。“文革”中有的被当作“反动学术权威”来批判，故很长时间以来，学部委员形同虚设。到1979年，学部委员只剩117人，平均年龄超过73岁。当时方毅任科学院院长，主持1980年的增选。通过已有学部委员的民主选举，有283人当选。我校曹建猷教授、北方交通大学的简水生教授和铁道科学研究院的陈庆国研究员都是这一批当选的。学部委员总人数达到了400人。

1984年初，学部职能转变，学部定位为我国科学技术方面的最高咨询机构，学部委员为我国在科学技术方面的最高学术称号，明确与院部所属单位无工作关系，向纯荣誉的院士靠近了一步。在以后一段时间，强调经济建设主战场，出现体脑倒挂，知识分子待遇不如其他劳动者。社会上有“搞导弹的不如卖鸡蛋的，拿手术刀的不如用剃头刀的”等说法，所以，在差不多10年时间里，没有增选学部委员。到1990年时，学部委员只有322人，平均年龄达到75岁。国务院决定增选，同时决定提高标准，向最高荣誉的院士标准看齐。增选名额定为200人，按推荐—初选—评审—选举四步进行。强调坚持标准，决不凑数。

我们学校1991年初接到文件，组织申报。经过各系推荐，最后学校决定报出7人，除我以外，都是学校知名教授。我感到压力很大，花了许多时间为学校填写申报书，因为科学院不接受个人申请，只能由学校申报。最难填的是成就和贡献。我认真填写了六条主要成就和贡献。

学部委员申报书中有关“成就与贡献”部分①

在科学技术方面的主要成就与贡献：

沈志云教授长期从事车辆系统动力学研究，应用分析力学，系统动力学，滚动接触力学和机械振动力学等的新发展，解决铁路车辆系统动力学的建模及数值分析等具有实际背景的问题。学术上的主要成就首先表现在轮轨相互作用的研究上，对非线性轮轨蠕滑力的计算模型有新的突破，从而解决了机车车辆系统动态分析中的计算方法和参数优化等问题，以此建立了完整的学术体系。在实际应用研究方面，进行了无轮缘磨损的迫导向转向架，轨道润滑，轮轨磨损的动力学预测，低动力作用转向架，高速受电弓－接触网系统的动力性能，减速顶动力性能等课题的研究，与广大机车车辆工作者有密切的联系。近年从事机车车辆动态模拟的计算机仿真（包括键图法应用）和室内试验研究。正在主持研制整车滚动、振动试验台，已立项为国家重点开放研究实验室。沈教授在国际学术交流活动中十分活跃，与 20 多个国家的 120 余名同行专家保持经常联系，建立了长期稳定的国际合作关系。沈教授还不断提出新观点，新思路，为我国铁路现代化献计献策，争取做出更大的贡献。

具体地说，主要成就与贡献可归纳为以下六点：

一、在非线性轮轨蠕滑力计算模型的改进上有所突破；

二、研制成功我国第一台迫导向货车转向架；

三、在车辆系统动力学的研究上达到了国际先进水平；

四、为我国铁路重载、高速技术的发展提出低轮轨动力作用的新

---

① 摘自 1991 年沈志云申报中国科学院学部委员申报书。

观点；

五、负责筹建国家重点开放研究实验室，开展整车动态模拟的研究；

六、建立了本学科长期、稳定、多方位的国际合作关系。

我以为这六条条条过硬，尤其是后面三条，是我的特点。殊不知后来曹教授告诉我，到评审时，介绍材料的先生把后三条统统删掉了。他说，只是提出观点，不算贡献。筹建国家重点实验室不算成果，建成后出了结果才是成果。建立国际合作更只是手段，什么也不是。这是我当选两年多以后，曹教授才向我透露的。评审情况是对外保密的，不能随便外传，尤其在评审阶段，以保证自由评审。

申报材料，学校是 1991 年 3 月 1 日报铁道部的，铁道部组织候选人初选。我们学校只我一人通过，报到科学院作为有效候选人。4 月 10 日，收到荷兰代尔夫特理工大学尤斯特·卡尔克教授寄给我的他出版的新书：《三维弹性体的滚动接触》，主要讲轮轨接触理论，堪称经典著作。前面讲到过卡尔克教授在第 8 届 IAVSD 国际会议上对我关于轮轨接触力模型的评价，认为是最适合车辆系统动力学应用的模型。在他的这本书里，他把我的模型称为“沈 - 赫 - 叶氏理论”（Shen-Hedrick-Elkins Theory），作为第四种理论加以充分论证、推导，并重复他的评价：“最适合车辆动力学应用。”全书有 21 处的论证与此理论相关，其页码都在书尾检索中“沈 - 赫 - 叶氏理论”词条下注明，便于查找。如此国际权威有如此高的评价，使我很感动，也觉得应当通过学校组织部门正式上报，作为我的学部委员申报材料的补充。学校也很重视，办理了上报补充材料的手续，那本原装书也交到科学院去了。

我于 1984 年初回国后，7 年多以来，一直认为我的模型只是对 Vermeulen-Johnson 方法的改进，没有提到“理论”的高度。在 1991 年学部委员申报书中，也是如此，仅提到在国际会议上被各国专家以“沈－赫－叶氏理论”引用。卡尔克这本书，正是此说的正式例证，故要补交。曹教授后来告诉我，委员们十分重视，把卡尔克那本书专门交给一位委员仔细阅读。当时要求对学部委员要提高标准，除国内领先以外，还要看是否在国际上“说得起话”，我补交的这本书，来得正是时候。

学部委员申报书中关于轮轨力模型的一段①

一、在非线性轮轨蠕滑力计算模型的改进上有所突破

1983 年沈教授同美国麻省理工 J. K. Hedrick 教授，美国 AAR 试验研究中心 J. A. Elkins 博士一道，在 Vermeulen-Johnson 方法的基础上，考虑自旋蠕滑而形成新的简化计算方法。沈教授定义了蠕滑因子和自旋比例系数，分别研究在不同自旋蠕滑基础上各种蠕滑力模型的比较，从而得出新的简化方法，适用于车辆动力学计算的结论。从此非线性轮轨力的计算有了一个公认的方法。

这一理论 1983 年在国际学术会议上发表时，轮轨蠕滑理论权威 J. J. Kalker 教授作为 1983 年新发展的标志而加以肯定。在以后的学术会议上多次被当作 Shen-Hedrick-Elkins 理论为各国专家所引用。加拿大皇后大学博士研究生 C. Fortin 在其博士论文中专辟一章讨论这一理论。荷

① 摘自 1991 年沈志云申报中国科学院学部委员申报书。

兰著名车辆系统动力学欧洲学派代表 A. D. de Pater 教授，在讲课中当作 Vermeulen-Johnson 方法的新发展加以介绍，详见所附文章及有关评价（成果目录第 5 页）。

1991 年 7 月开始第一次评审。曹教授回来告诉我，在 800 多名候选人中，留下 400 名。我已进入这 400 名之中，但排序在 200 名以后。第二次评审在 9 月份，400 人中还要刷掉一半多，是否能进入前 160 名，形势很严峻，而且，本学部的最后名额只有 70 名，入选的路还远得很。这次曹教授带回几个问题，叫我写一份补充说明，交给他带上去。我一看，全是卡尔克那本书前面几章讨论的问题。知道是负责看我材料的那位先生，卡尔克那本书他读了一半了。我针对提出的有关问题写了一份补充材料。

9 月份第二次评审，我有幸进入保留下来的 160 名。但是，曹教授告诉我，我的排序中等，不上不下，不能太乐观。这次曹教授又带回几个问题，叫我补充说明。我看到是卡尔克书中靠后几章的内容，知道那位先生已经快把这本书看完了。11 月份是选举。沈大元校长告诉我，曹教授来电话，说我大有希望。最后我以高票通过。过了几年以后，曹教授才对我说了选举的情况。负责主审我的申报书的是德高望重的雷天觉学部委员。他原是机械工业部总工程师，我国第一台万吨水压机就是他设计的。这位老先生做事十分严格认真，他硬是把卡尔克那本书从头至尾一页一页地认真看完了。两次要我回答的问题，都是他提出的。没有看完以前，他不轻易谈看法，故几次排序都不看好。直到最后选举那次，他才读完全书，并有了明确的结论。雷天觉老先生对我的工作评价很高，说工程领域出个“理论”不容易，得到国际承认更不容易，而且，本人并未宣扬，是国际有名科学家的科学专著中充分论证了的。他的这个负责任的评价，得到大家的赞赏，我的得票由此遥遥领先。

这次增补学部委员 210 名，数理学部 38 人，化学学部 35 人，生物学部 34 人，地学部 35 人，技术学部 68 人。选举后经主席团审查通过，报国务院审批。1992 年 1 月 22 日，中科院学部办公室才发出入选通知。学校接到通知，我当选学部委员，大家都很高兴。

3 月 7 日下午，校工会召开庆祝三八节大会，找了 10 个男士上台致贺。事前工会妇女委员会主任刘淑贞来我家动员，叫我把当选学部委员的功劳分一半给夫人姜兵。我说没有问题，我分百分之六十给她。上台的 10 位男士都须发言，我在讲话中说：姜兵，不能说她是伟大的妇女，但她确有妇女的伟大，没有她的无微不至的照顾，我不可能当选。一时这句话迅速在校内传开，老师们见着我都小声说“伟大的妇女，妇女的伟大”。

的确，我能当选，除了学校的培养和同志们的帮助以外，在家里第一个要感谢的人就是姜兵。她从湖北医学院毕业后，在北京市第二人民医院工作，表现很突出。后来在拖拉机厂职工医院，也是很有威望的内科医生。为了照顾我，同意调来学校，当一名校医，在业务上做了很大牺牲。在学校医院工作几十年，她的群众关系极好，弥补了我性情急躁常得罪人的缺点。家里大小事都是她张罗。她这百分之六十的功劳可以说完全是货真价实的。

入选“双院士”

1982 年在中科院技术科学部的学部大会上，侯祥麟学部委员提出建议，成立中国工程技术科学院。1986年和1989年全国政协会议上，茅以升、侯祥麟政协委员先后提出建立中国工程技术科学院。

在我当选学部委员以前，多年以来就一直有成立中国工程技术科学院之类的提议。到1992年4月21日，张光斗、王大珩、师昌绪、张维、侯祥麟、罗沛霖等6位学部委员联名向中央报送建议书《关于早日建立中国工程与技术科学院的建议》，江泽民批示给温家宝副总理研究，宋健、罗干阅后，批给中科院院长周光召主持筹备工作。在1993年10月19日召开的国务院常务委员会上批准通过，正式定名为中国工程院，成员称院士。同时，将中科院学部委员也改称院士。从此，两院并立，两种院士并存。

我在1991年当选学部委员后参加的技术科学部讨论中，差不多每次都热烈发言，力主成立中国工程院。随着改革开放，加快经济建设的进展，工程技术的地位和作用日益提升，技术科学部越来越重要，1991年增选名额就比其他学部多一倍，还有进一步增加的需求。比较多的意见是把技术科学部独立出去，成立工程科学院，以现有技术科学部成员为基础，选举产生新院士，当时曹教授和我就持这种意见。但是，科学院领导层面偏向于保留技术科学部，另外成立工程院。关于两院关系，争论非常激烈。一种意见是将工程院划归中国科学院统一领导，一个学部下并立两个院：科学院和工程院。另一种意见说，这会影响工程院的独立性，应当划出来归国家科委、计委或工业部门领导。至于两院关系可采取加强联系的措施来实现，也可通过两院院士互通来解决。这些议论都没有正式渠道传上去，是江泽民同志看了6位学部委员的建议，批示给温家宝同志，才有了上面说的工程院建立过程。

新成立的工程院没有院士怎么选举？第一批院士只能遴选，名额定为90名，30名由中科院主席团在学部委员中选举产生，60名由中央各部委遴选。由于时间紧，没有下推到地方。各部委大都选了部总工等技术领导。铁道部总工沈之介本来是可以入选的，但他很实在，认为他自己的学识不如铁道科学研究院的周镜，他在遴选会上力举周镜，他自己没有入选。后来才发现作为铁道部的部总，并不比其他部总差，以后才又补申报一次，可惜没有通过。这次各部委遴选了 66 名，加上科学院主席团投票选出的 30 名，首批共 96 名院士，在第二年作为选举人进行了工程院的第一次选举。

据说科学院主席团在选举首批工程院院士时，进行了热烈的讨论。工程院首届院长由国务院任命，已定为朱光亚先生。当时工程院已决定设立机械与运载、信息与电子、化工冶金与材料、能源与矿业、土木水利与建筑、环境与轻纺、农业等 7 个工程学部，每个学部的主任及部分常委都要加以考虑。这样需要考虑的人员，达到 22 人。还应当考虑比较年轻、行业背景比较突出的同志。我当时 65 岁，算比较年轻的，主席团成员张维先生就我高票当选学部委员的情况做了详细的介绍，我因此有幸通过主席团的评审，入选首批工程院院士，在近 600 位学部委员中选 30 人，我能入选，确属很不容易，我自己也没有想到。

1994 年 5 月，校工会给我一个到北戴河疗养两周的机会。出发前就接到参加工程院院士会议的通知，并没有明确讲我已当选工程院院士，所以没有特别在意，反正要去开科学院的会，北戴河休养后直接去北京开会就是。这时姜兵已拿到去美国的签证，疗养后我们一道去北京，她去美国，我去开会，对工程院院士当选的事，我将信将疑，没有放在心上。直到进了北京，铁道部高教司转给我会议通知，住进京西宾馆，拿到工程院会议文件以后，我才确定真的当选为工程院院士了。我当即打电话告诉还住在北京铁路局招待所的姜兵，她还埋怨我不相信她，因为离开成都前接当选工程院院士电话通知的是她，我一直不相信这是真的，怀疑她听错了。

1994 年 6 月 3—8 日，召开了中国工程院成立大会和中国科学院第 7 次院士大会。大会期间，在中南海怀仁堂前面的广场上举行合影。江泽民、李鹏等中央领导出席。我们 30 位双院士先站在工程院一边和领导合影，然后走到科学院这边，再照一次合影照。所以，我拿到的是两张大照片，我都裱起来，挂在我的书房里。以后逢单年选举，两院分开来开，日期都是错开的，而且选举周十分靠近，便于我们双院士参加。双年为院士大会，则两院同时举行，便于请国务院总理等中央领导做报告，但两院代表并不住在一起。我常住在科学院这边，工程院有选举等活动时才到工程院那边去。

双院士首批 30 名，按章程规定，两院院士可以互报。1995 年那次，很多科学院院士报工程院，材料都很过硬，但投票时，由于名额限制，院士们都把有限的选票给了新院士。新院士是入围的问题，老院士只是锦上添花，而且都是最高荣誉，一个与两个没有差别。那次科学院院士申报工程院的，只有严恺一人当选。从此以后，院士互报几乎绝迹。1995 年工程院获批成立医药卫生学部，科学院主席团推荐吴阶平等 3 名中科院院士参加筹备，使双院士达到 34 人，此后再无增加。所以，双院士是历史的产物，其荣誉、待遇等与单院士没有任何差别。我只在科学院领取国家对院士的补贴，四川省和学校的任何补助与单院士完全相同。作为历史资料查询，特将 34 位双院士的情况，列于以下附表。可见截止到 2011 年底，34 人中，已故 11 人，已资深 16 人。当前全国未资深的双院士，仅有 7 人。过了 2013 年只剩 2 人，到 2022 年最后一位也资深了。所以，双院士是历史的产物，从 2023 年起选举院士时再无须考虑双院士两边参选的问题了。

【附表 2】

34 位双院士的情况汇总表①

<table>
<tr><th colspan="2">毕业学校</th><th>NO</th><th>姓名</th><th>出生年月</th><th>专业</th><th>单位</th></tr>
<tr><td rowspan="8">交通大学</td><td>上海校</td><td>1</td><td>钱学森</td><td>1911-12-11—2009-10-31</td><td>控制理论与工程</td><td>解放军总装备部</td></tr>
<tr><td>上海校</td><td>2</td><td>张光斗</td><td>1912-05-01</td><td>水电工程</td><td>清华大学</td></tr>
<tr><td>上海校</td><td>3</td><td>罗沛霖</td><td>1913-12-30—2011-04-17</td><td>电子技术</td><td>工业与信息化部</td></tr>
<tr><td>上海校</td><td>4</td><td>顾诵芬</td><td>1930-02-04</td><td>飞行器设计</td><td>中国航空工业集团公司</td></tr>
<tr><td>上海校</td><td>5</td><td>陈俊亮</td><td>1933-10-10</td><td>通信网络技术</td><td>北京邮电大学</td></tr>
<tr><td>唐山校</td><td>6</td><td>张　维</td><td>1913-05-22—2001-10-04</td><td>固体力学</td><td>清华大学</td></tr>
<tr><td>唐山校</td><td>7</td><td>严　恺</td><td>1912-08-10—2008-05-07</td><td>水利工程</td><td>河海大学</td></tr>
<tr><td>唐山校</td><td>8</td><td>沈志云</td><td>1929-05-28</td><td>机车车辆工程</td><td>西南交通大学</td></tr>
<tr><td colspan="2" rowspan="5">清华大学</td><td>9</td><td>王大珩</td><td>1915-02-26—2011-07-21</td><td>光学工程与技术</td><td>中国科学院高技术研究与发展局</td></tr>
<tr><td>10</td><td>常印佛</td><td>1931-07-06</td><td>矿产地质勘查</td><td>安徽国土资源厅</td></tr>
<tr><td>11</td><td>郑哲敏</td><td>1924-10-02</td><td>工程力学</td><td>中科院力学所</td></tr>
<tr><td>12</td><td>周干峙</td><td>1930-06-28</td><td>城市规划</td><td>住房和城乡建设部</td></tr>
<tr><td>13</td><td>刘永坦</td><td>1936-12-01</td><td>雷达技术</td><td>军械工程学院</td></tr>
</table>

① 根据中国科学院、中国工程院院士通讯录整理。

续表

毕业学校	NO	姓名	出生年月	专业	单位
中央大学	14	吴良镛	1922-05-07	城市规划	清华大学
	15	陆元九	1920-01-09	控制理论与工程	中国航天科技集团公司
	16	闵恩泽	1924-02-08	石油与天然气化工	中国石化集团公司石化研究院
	17	赵仁恺	1923-02-16—2010-07-29	核能工程	中国核工业集团公司
浙江大学	18	潘家铮	1927-11-12	水利水电工程	国家电网公司
	19	邵象华	1913-02-22	钢铁冶金	钢铁研究总院
	20	路甬祥	1942-04-28	机械电子工程	中国科学院
燕京大学	21	严东生	1918-02-10	无机非金属材料	中科院上海硅酸盐研究所
	22	侯祥麟	1912-04-04—2008-12-08	石油与天然气化工	中国石油与天然气集团公司
	23	吴阶平	1917-01-22—2011-03-02	外科学（泌尿外科）	中国医学科学院
北京大学	24	张宗祜	1926-02-19	水位、工程地质	中国地质科学院
	25	王　选	1937-02-05—2006-02-13	计算机应用工程	北京大学方正集团公司
同济大学	26	李国豪	1913-04-13—2005-02-23	桥梁振动理论与工程	同济大学
东南大学	27	闵桂荣	1933-06-02	工程热物理	中国空间技术研究院
军事通信学院	28	王　越	1932-04-01	电子与通信	北京理工大学

续表

毕业学校	NO	姓名	出生年月	专业	单位
西北工业大学	29	师昌绪	1920-11-15	金属学、材料科学	中国科学院，国家自然科学基金委
中国农业大学	30	石元春	1931-02-13	土壤学	中国农业大学
武汉大学	31	李德仁	1939-12-31	航测遥感与地理信息学	武汉大学测绘遥感信息工程国家重点实验室
中南大学	32	王淀佐	1934-03-23	矿物加工工程	中国工程院
西南联大	33	朱光亚	1924-12-25—2011-02-06	原子核物理	解放军总装备部
苏联包曼工学院	34	宋　健	1931-12-29	控制理论与控制工程	中国工程院

科普战士

当选院士以后，我在主业方面没有太大变化，还是以研究高速铁路技术为主。变化最大的是增加不少咨询、科普和其他社会活动，尤其是面对学生和青年人的科普活动增多了。科普方面特别要说的是担任四川省创造学会会长和成都市科协主席两件事。

四川省创造学会是四川青少年创造力开发院院长罗成昌先生负责筹建的。他对推广创造学非常积极认真，做事也很执著，无论如何要我出任创造学会会长，到我家里动员多次，把我深深感动了，只好答应他的要求。

他自己任副会长，还请中国创造学会副会长、我校力学研究所所长高庆教授兼任副会长。在他积极奔走下，拿到了四川省民政厅1994年8月26日关于同意成立四川省创造学会的批文，并同全国发明协会和全国创造学会取得联系。1994年9月14—16日在西南交通大学召开成立大会，应邀代表近百人参加大会。我作为首任会长致开幕词，省人大常委会副主任、省科协主席康振黄教授代表省领导讲话，西南交通大学党委书记李植松教授到会祝贺，西南交通大学副校长白家棣教授致祝词，高庆教授代表中国创造学会致贺词，攀钢（集团）公司赵忠玉总经理代表学会高级顾问讲话，罗成昌副会长代表省创造学会筹备组做筹备工作报告。会上宣读了省民政厅和中国发明协会、中国创造学会等十余个单位的贺信。在充分酝酿的基础上经过与会代表讨论协商，一致通过了学会章程和理事会名单。大家共同认为四川省创造学会的建立，标志着对创造学和陶行知创造教育思维的推广、实践和研究进入了一个崭新的阶段，必将为开发各类专业人才和干部群众的创造力，为加速四川的经济建设步伐，为四川的“两个文明”建设做出新的贡献。

我这个会长一直干了十年，到2005年，我推高庆教授任会长，我只挂名为名誉会长。十年当中，接触的面拓宽了。成都市的重点中学，如一中、四中、七中，都请我去做过报告。四川师范学院去过两次，茂汶师范学院也去讲过一次，那还是地震以前，在原来那个校址。四川省人事厅举办文教干部培训班，连续两届，都把我的报告当作主要学习内容之一。创造学会使我认识到，创造创新很重要，是大科普，要大力宣讲。为此我得从头学起，长了不少知识。

在我科普报告的题目里，出现最多的是创造、创新和知识经济这些概念。我结合自己的经历讲创造性思维，结合高速列车讲技术创新，结合计

2011 年在成都七中讲学，与夫人在校门口（左图）；赠七中题词（右图）

算机技术讲知识经济。各层次的人，包括中小学学生，机关干部到大学学生、老师等都对我的报告感兴趣。在成都市我成了小有名气的科普战士了。

市科协主席

1998 年 10 月，成都市科协召开第五次代表大会。会上选举我为市科协主席。出席这次代表大会的有当时的市委书记陶武先同志（现为四川省政协主席），他在会上发言说："我们有了沈志云院士当主席，只要他把这杆旗高高举起就好办了。" 会下我问他这是什么意思，他对我说，我们知道你很忙，不会叫你做具体事，你当了这个主席就起了大作用了。我领会他的意思，对党委书记兼常务副主席李克俭同志说，我每年只来开两次会，一次常委会，讨论工作总结和下年计划；一次全委会，和全体委员见见面。他没有反对，但还是经常到我家来谈工作，我当然不能拒绝。

2001 年中国科协年会在四川召开(前排右 5 沈志云)

成都市科协工作主要有三块：市级学会、金桥工程和科普基地。成都市全市性学会有 91 个，会员 6 万多人。我参加过几次机械工程学会的活动，他们要选我当主席，我不敢再去了。科协管学会工作的学会部部长叫刘虹，是从铁路局来的人，常到我家来坐坐，自称是我的干女儿，对我及姜兵很好。后来转到专门负责院士的工作，使科协成为赋予院士工作以亲情照顾的单位。本来我和成都市几个老院士关系很好，如电子科大的刘盛纲（当校长 16 年）、陈星弼、李乐民等院士，科分院的林祥棣（原院长）、姜文汉院士，原省科协主席刘保珺院士，四川大学的徐僖院士等，由于多次开会在一起，彼此都很合得来，于是经常组织小活动，轮流坐庄，都带着夫人一起参加。刘盛纲组织的那次，就在他家里，他请了许多学生来表演节目。我坐庄的那次，在蓝色港湾，有室内游泳池，一起下水游泳，也是一个内容。许多活动，都有刘虹参加，她帮忙做许多组织工作。后来干脆由科协出面组织，范围包括在成都的全部院士。院士在一起，当然离不开科技方面的话题，刘盛纲几次都提出发展太赫兹技术，大家出了许多主意，还引起了市科委的注意。我搬到峨眉山养老后，刘虹还几次陪着科协领导到峨眉我家里来看我，并联系峨眉山市科协主席，给我送菌苗和葡萄秧。每年过年都接我们到成都科协总部参加迎春茶话会。这一切使我对成都市科协有一种特别亲切的家的感觉。

最是亲切的成都小型院士聚会(前排右 1 沈志云)

第二块金桥工程，是在 1526 个农业专业技术协会基础上发展起来的企业，上规模的有 100 余家，40 多个达到年产值上亿元。其实，金桥工程也是一种科普，是在农村普及农业新技术的工作，不过同产业化紧密结合起来了。我在每次常委会或全委会上都特别强调其重要意义，建议给予尽可能多的支持。成都市发展了一种“支部加协会”的模式，就某种新技术，由村党支部牵头，专业技术协会操办，广大农户参加，办成规模较大的企业化农场，这种模式很有生命力。科协在这方面做出的成绩，受到市委的表扬。我顺势和书记一起找过市委领导，要求下放一些权力和多拨一些经费。我想要求市委把评科技进步奖的事交给科协来办，市科委不放，但把评选成都市十佳科技人物的事交给科协了。经费上每年拨款也增加了一倍多。

科普是科协的主要业务。成都市科协比较突出的是举办科技工作者之家和组织各区科协举办科技画廊。画廊每月更换，办得很好，书记还拉着我到各区去视察过一次，他们办得真的很认真。组织中小学生到科技工作者之家来和科学家座谈，效果也很好。2005 年被联合国大会命名为世界物理年，纪念爱因斯坦奇迹年 100 周年，也是爱因斯坦逝世 50 周年，市科协组织了规模宏大的纪念报告会，一定要我做主题报告。我被逼得好好学习爱因斯坦。看了不少资料，才知道爱因斯坦不仅是了不起的科学家，而且是一个了不起的思想家、社会学家。1905 年他才 26 岁，大学毕业后才过了 5 年，就利用业余时间发表了 6 篇震惊世界的论文，奠定了狭义相对论的基础，为广义相对论开辟了道路。1666 年牛顿奠定基础力学，也曾被称为奇迹年，但与 1905 年相比，就是小巫见大巫了。爱因斯坦不信宗教，但酷爱和平、自由。他是犹太人，但不主张民族主义，以色列要他去当第二任总统，他以没有行政经验为由拒绝接受。他怕德国纳粹抢先研制成功原子弹，建议罗斯福总统研制，但美国使用原子弹后，他又极力反对使用原子弹。他的成就，他的人品，都是出类拔萃的，不仅为中学生树立了榜样，对我自己也是一种鼓励。他晚年从事统一场论研究的思想，启发我要把车辆系统动力学推广到车辆大系统动力学，统一考虑与列车运行相关的一切因素。当然这只是一种不同学科的联想而已，与统一场论毫无关系。近些年来，燕山大学出了一位教授，反对爱因斯坦的相对论，发给每位院士许多材料，我一看就知道是毫无道理的谬论。所以，科普不只是对听众的工作，对自己也是一种学习，一种自我教育。

2003 年成都市科协换届，我连任主席，书记换了陈嘉泰。他的思路很活，对院士很尊重。知道我们几个老院士有自发的联谊活动时，他提出科协是科技工作者之家，应当由市科协出面组织成都市的全部院士一起活动。每年一次的新年团拜会是必不可少的，平时还组织郊游等很有意义的活动。到 2008 年，我已连任两届成都市科协主席，我提出不能再当下去了。这届大会选了中国科学院成都分院的张景中院士当主席，但还给我挂上名誉主席称号。我同他们建立了亲密的关系，他们也常到我家来做客。十年科协主席，我收获了意想不到的友谊和爱护，感到莫大的安慰。

2012 年成都市科协院士茶话会（前排左 8 沈志云）

全国人大代表

应该与当选院士有关联吧，1993 年，我被选举为全国人大代表，这是我一生中最大的荣誉。每次进入人民大会堂这座人民心中最崇高的殿堂，履行这些神圣权力，投出庄严一票的时候，我心中就有说不出的激动，光荣感和责任感油然而生。每年两周左右的大会，我都是在这种心态中度过的，代表们也都是怀着这种心情度过的。除了认真审议文件，发表意见以外，另一方面的活动就是尽可能把所接触到的群众意见带到会上，形成提案交上去。我一生“官运”不亨通，除学术性职称外，行政职称最高到科长，还是前面提到过的为了从机械系回理论力学教研室而先到教务处过渡，临时安排的教学方法科科长，除一位副科长外没有科员。这次，作为老百姓的代表，进入国家最高政治殿堂，履行最高政治权力，尝到一次参政议政的滋味。虽然发挥作用有限，但自问尽心尽力了。

1997 年当选为第八届全国人大代表

在当选 1993—1997 年这一届全国人大代表的经历中，最使我难忘的是成都代

表间的友情。成都市全国人大代表较多，单编一组活动。九届以后，人数减少，与省直机关合并，不再存在成都代表组。但是，八届全国人大成都市代表组一直存在，代表们每年聚会一次，共叙友情，相互问候和鼓励，2011 年还在坚持这一活动。我们把五年人大看作五年大学，我们这个组就是一个班，我们之间不分长幼，都是校友，都是同班同学。班长也就是当时的组长胡懋洲，1982 到 1988 年任成都市市长。在任市长期间，他经常上街和市民聊天，号称人民市长。这一时期正值我校由峨眉迁成都，现在靠近成都火车站的校址就是他拍板选定的。我和我校另一名代表陈大鹏教授对他感到特别亲切。杨振中代表可以称为副班长，会后近 15 年来所以能坚持活动全靠他张罗。他是国防科委十院十所所长，搞“两弹一星”的，电子信息专家，中国电子科大兼职教授，1996 年获得国家科技进步二等奖，为人开朗活跃，每年都是他同每位代表联系，组织活动，得到省全国人大代表办公室的表扬。

1997 年第八届全国人大会议期间与代表杨振中(左)合影(左图)；同陈大鹏(左)、张其邵(中)在一起(右图)

在小组中我最佩服420厂劳动模范蒋辅臣师傅。他是高级钳工，一个人提出的技术革新项目就有335项，从1981到2000年每年完成的工作量达到7000小时以上，20年完成了72年的工作量。我们代表小组专门组织到420厂参观，由他讲解，给我很深刻的印象。

小组中还有一位是张安居教授，他是成都大熊猫基地濒危动物繁殖保护与遗传重点实验室主任。成都代表小组专门在他那里组织过一次活动，听他讲熊猫繁殖的成果和经验。还有一位全国三八红旗手傅师亭医师，小儿神经疾病专家，专长小儿脑瘫，是中国小儿脑瘫专业委员会理事，华西医科大学兼职教授。她1963年湖北医学院毕业，我夫人1956年也是该校毕业，是先后同学，所以我和她很谈得来。

我们小组还有泰国归侨卢道猜工程师，他是量具刃具厂刀具专家，省侨联主席，省致公党副主委。他为人和善，没有一点架子。另一位架子大一点，但非常热情，就是西南民族学院院长苏克明。他是彝族人，70多岁还坚持游泳，我至今坚持游泳，就是向他学习的。女中豪杰有张山，1992年巴塞罗那奥运会女子双向飞碟冠军。还有国家一级演员川剧演员刘芸，成都人民商场总经理周仙兰，国家一级教师李都等。教授还有川大中国语言学大师张永言，电子科大教授张其邵、李乐民，以及李振邦、徐僖、陈大鹏等教授。其中徐僖、李乐民和我是院士。成都市委书记黄寅逵也在我们这个小组，后来他到了省里当领导，但以后我们小组活动时他仍然来参加，他是清华大学毕业生，和我们称兄道弟，不像省里大领导。

就是这样一个人才荟萃的小组，不仅在开会的五年中，畅所欲言，热烈讨论，成绩斐然，而且会后十几年，这份友谊并没有被时光冲淡，我们每年聚首，继续无所不谈，共叙友情。把我们联系在一起的是什么，是世界上最珍贵的友情。由一种纯政治性活动，产生并保持了如此深厚的友情，真的很少见，值得我终身怀念。

保卫交通运输学科

当选院士后，我对于整个学科的关注度必然增加。1991 年当选中科院院士以后，曹建猷教授交给我的第一个任务是接替他担任国务院学位委员会铁路、公路、水运学科评议组组长，他改任顾问。学科评议组权力很大，负责评审本学科博士、硕士学位点，评审博士生导师资格，评选最佳博士论文，然后送国务院学位委员会最后审定。铁路、公路、水运为一个一级学科，铁路部分包括铁道工程、机车车辆运用工程、通信信号及控制和运输规划及管理工程。我校最早拥有一级及所有二级学科学位点，一直是组长单位，曹教授是组长。第二届改选时，曹教授退为顾问，推我当组长，副组长是西安公路学院院长张登良教授，组员有大连海运学院院长陈祖慰教授，哈尔滨船舶工程学院杨士莪教授，北京交通大学秦作睿教授，上海交大秦士元教授，同济大学石洞教授。

从“铁公水”到“交通运输工程”

1992 年 5 月 7 日开了第一次会议。1993 年又在西安公路学院开会。当时，我们头上阴云密布，眼看我们这个一级学科要被改革掉，可谓“危在旦夕”了。

我们一级学科叫作“铁路、公路、水运”，是 1990 年国家教委、国务院学位委员会第二次审定的学科专业目录中的一个，带有明显的行业特点。1993 年 3 月 31 日国家教委发文《关于学位与研究生教育改革和发展的若干意见》，要求适应现代化建设需要，积极研究，合理设置和调整培养研究生和授予学位的学科、专业，促进新兴学科和交叉学科的成长，拓宽培养的口径，全面调整学科设置。要按“科学、规范、拓宽”的原则，使学科设置符合学科体系。要改变那些按行业部门设置的学科。改变二级学科划分过细，学科面偏窄的现象，对具有相近学科基础的二级学科，进行较大幅度的归并和调整。一级学科要有明确的研究对象和相对自成体系的理论基础。曹建猷教授对我说，看来这次我们“铁公水”这个一级学科怕是难逃厄运，要被取消，分别并入相关一级学科去了。从我校情况来看，四个二级学科分属土木、机械、电气和运输管理学院，非常符合上面要加以归并的条件。但是，从东南大学、同济大学来看，他们这几个二级学科都在运输学院，是不好拆分的。西安公路学院也有与铁路相类似的情况，有道路工程、汽车维修、交通控制等行业性很强的二级学科，都是经济建设和社会发展所急需的专业，只能加强，不能削弱。水运方面也有相同的情况。所以在每次评议组开会时，除完成一般评议任务外，就是讨论如何改革的问题。有些委员明确提出“保卫一级学科”的口号，问题是如何来保卫？大家都在冥思苦想。

“三一”学科建设计划

1995 年 11 月，我召集全体评委到我校开会，专门讨论学科改革问题。经过一年多酝酿，大家认识空前统一，主要看法是如下两点：

1. 交通运输是一门新兴的交叉学科，具有共同的学科基础，即：交通运输工程学。它有明确的研究对象，就是在经济建设和社会发展中处于关键地位的综合交通运输体系。自有人类社会以来，就离不开交通，交通发展的水平标志着社会文明发展的程度。在新世纪第三产业上升到主位的前提下，交通运输的重要性更是与日俱增。一级学科原名“铁路、公路、水运”不准确，不全面，应更改为“交通运输工程”，除铁路、公路、水运外，还应包括民航和管道运输，统称综合交通运输体系。

2. 二级学科要规范，要根据学科内涵来决定，涵盖面要拓宽，内容应包括五种运输方式。经过多次酝酿，提出四个新的二级学科名称，原有二级学科一律向这四个学科归并。它们是：

道路与铁道工程，

载运工具运用工程，

交通信息工程及控制，

交通运输规划与管理。

各校可根据自己的特点，在每个二级学科内容上有所侧重。如载运工具运用工程，铁路可侧重机车车辆，公路可侧重汽车，民航侧重飞机，船舶则主要是船舶的维修养护了。

有了这个意见后，主要工作是写学科说明和写上报的建议书。一级学科说明书中，为了说明交通运输是一个学科，我们将古今中外的资料都查阅了。最后形成的上报材料也修改多次。虽然很辛苦，但都很高兴，很兴奋。大家摩拳擦掌，一定要保住交通运输这个新学科。我当时提出，为了体现共同学科基础，一定要设一门硕士生的共同必修课，叫作“交通运输工程学”，五种交通方式的硕士生都必须选修。为此，要编一本相应的教材，我们评议组就是这本教材的编委会。为了促进人才培养，还要办一种学术期刊，叫作“交通运输工程学报”，涵盖五种交通方式，办成本一级学科的最高学术阵地。西安公路交通大学校长陈荫三教授提出由他们主办，他们有 6 种全国发行的期刊，拿出一种，换个名称就不需另外申报了。大家越议论，情绪越高，对如何落实这个“一门课、一本书、一种期刊”的“三一”学科建设计划，纷纷出谋献策，提了很多好主意。大家表示，我们学科组不仅要建议设立这个学科，还应努力建设好这个学科。决定等建议批准后，要专门开会，研究落实这三个一。自发地组织学科建设工作，这在其他评议组是从来没有过的事。

我们关于学科改革的意见报到国务院学位委员会审议的时候，获得的评价很高，我们的方案几乎一字不改地获得通过。1997 年国家教委和国务院学位委员会正式公布新的学科、专业目录。与 1990 年公布的旧目录相比，一级学科由 72 个增加到 88 个，但二级学科，则由 654 个减少到 381 个。“交通运输工程”一级学科取代原来的“铁路、公路、水运”，仍属工学类，编号为 0823。二级学科有道路与铁道工程（082301），交通信息工程及控制（082302），交通运输规划与管理（082303），载运工具运用工程（082304），均一字不差地列入目录当中。申报工作取得完满成功，学科建设可以全速展开了。

1997 年 12 月，经过换届的评议组开会，评议组 11 人全部到齐，他们是：沈志云（组长），邓学钧（副组长，东南大学），陈荫三（西安公路交通大学，后更名为长安大学），谈振辉（北京交大），许志鸿（同济大学），周劲南（武汉水运），高德平（南京航空），杨兆升（吉林工大），张一军（铁科院），金长江（北京航空），吴兆麟（大连海运）。会议的主要任务就是成立《交通运输工程学》这本书的编审委员会和确定编写大纲及分工。评议组就是编审组，我任主编，邓学钧任副主编，其他 9 人为编审委员。全书分 7 篇，第一篇是综合运输体系，讲这个体系的结构、布局、配置和智能化。中间按铁路、公路、水运、民航分 4 篇讲这四大运输领域的问题。最后还要加多式联运与城市交通运输系统及其发展。教材既讲基本问题，也要讲发展方向，使所有本一级学科的硕士研究生都能了解

沈志云主编的《交通运输工程学》

交通运输的全貌，以便跨行业、跨学科选择自己的研究方向。编写除各位委员亲自动笔外，还可推荐本领域知名教授参加编写。我、谈振辉和铁道科研院张一军共同推荐了西南交大杜文、高士廉，北京交大季常煦教授参加。各校参加编写的达到 20 人，加上 11 名评委，共 31 人成为这本书的作者。由于大家认识一致，一定要建设好交通运输这个新学科的决心很大，加上开出硕士研究生这门必修课的需求很迫切，编审进展顺利，1998 年底即完成了 56 万字的书稿。1999 年 1 月 14 日召开书稿审定会议，立即交人民交通出版社出版。当年 7 月第一版印了3000册，10 月又加印 3000 册，满足了开课的需要。这本书不仅是本一级学科研究生的统编教材，而且是综合运输体系方面最具权威的著作，出版后多次再版，至今不衰。

1999 年教科书出版后，开始张罗那本期刊。编辑委员会还是全体评议组成员，我任编委会主任，陈荫三校长任主编。但是，要办好期刊远比出书复杂。申报及取得出版许可还比较容易，长安大学取消《汽车维修》，改为《交通运输工程学报》，利用旧刊号申请改名，很容易就办好了。但办刊起步的确很难，主要是稿源和订户两大难题。长安大学每年拨款 15 万元，印 1000 份，全部赠阅。我们评议组则分头组织学术性强、质量较好的论文，主动投稿，还在《铁道学报》、《公路学报》及各运输名校的学报刊登征文启事。我自己也写了一篇关于高速铁路的文章，用来发表。2000 年底，第一期的稿件终于准备妥当，第二期的稿件也有储备，于是决定2001年创刊，定为双月刊，定位为交通运输领域高水平的中文核心刊物，是我国交通运输领域学术交流的园地，体验综合交通格局，繁荣大交通科技研究，促进交通运输科技成果转化，为交通运输工程一级学科建设服务，为发现和培养交通运输领域科技人才服务，为促进我国交通运输学术研究和国际交流服务。报道范围涵盖铁路、公路、水运、航空、管道五大运输方式，包含道路与铁道工程、载运工具运用工程、交通运输规划与管理、交通信息工程及控制四个二级学科，面向国内外征稿。

功夫不负有心人，由于稿件质量高，定位准确，具有特色，很快成为国内著名学术期刊。2005年进入EiCompendex数据库；2004年被《中文

《交通运输工程学报》(左)及沈志云撰写的创刊词(右)

繁荣交通运输科技研究　促进交通运输科技成果转化

写在《交通运输工程学报》创刊之际

改革开放以来，中国的国民经济建设进入了飞速发展时期，取得了令世人瞩目的成绩。中国的交通运输事业也随之不断壮大，呈现快速发展之势：铁路运输网络进一步完善，运输大动脉已经历了三次大提速，正在发展时速300 km以上的高速铁路；高速公路从无发展到现在的超10 000 km，公路运输三纵六横主骨架已初步形成；航空运输在各种运输方式中所占比重在逐年上升；水运已进入世界航运大国的行列；随着"西气东输"工程的实施，管道运输在国民经济中的重要地位也日益显现。虽然交通运输事业取得了很大的成绩，但我们仍应清醒地认识到，相对国民经济的快速发展来讲，交通运输事业的发展仍显落后，瓶颈制约尚未消除。这种制约的形成虽然有资金等因素的影响，但在科学技术已成为第一生产力的今天，交通运输科技发展及成果转化的制约已成为其中一项重要的制约因素，如何繁荣交通运输科技研究，促进交通运输科技成果转化已成为摆在广大交通运输科技工作者面前的一项重要课题。值此之时，经过多方努力，经过国家新闻出版署和国家科技部批准，《交通运输工程学报》在进入新世纪的第一年，正式创刊并出版发行，这对我国的交通运输事业，对广大交通运输科技工作者，对我国交通运输工程一级学科建设来说无疑是一大喜讯，必将为繁荣交通运输科技研究，促进交通运输科技成果转化起到重要作用。

核心期刊要目总览》（第四版）鉴定为中国综合性交通运输类核心期刊；根据《中国学术期刊综合引证年度报告（2004）》，《交通运输工程学报》影响因子为 0.4317，总被引频次为 101，基金论文比例超过 60%；2004 年在全国高校优秀科技期刊评比中，荣获 A 类学报“优秀编辑出版质量奖”，2006 年荣获“首届中国高校优秀科技期刊”奖，2007 年荣获“中国百种杰出学术期刊”称号，2008 年被评为“2008 年度中国精品科技期刊”。根据《中国科学评价网》发表 2011—2012 年度期刊分类评价报告，全国交通运输类学术期刊有 159 种，排名前 7 名的是：1. 《上海交通大学学报》；2. 《交通运输工程学报》；3. 《公路学报》；4. 《武汉理工大学学报》；5. 《铁道学报》；6. 《西南交通大学学报》；7. 《中国铁道科学与技术》。后起之秀，在如此众多期刊中，超过许多历史悠久的著名期刊，站到第二名的高位，的确是一件很不容易的事，我对此也深感欣慰。

交通运输领域青年学术会议

与学科建设密切相关的，还有一个青年学术带头人的培养问题。1993 年在西安开学科评议组会议时，曹建猷教授建议同时召开青年学术带头人报告会，以提高本学科研究生的培养质量。这次会有 30 多位青年学者参加，一个个后来都成为骨干。如重庆大学张湘伟，武汉交通科技大学严新平，华东交大雷晓燕等，后来都当上了校长。我校翟婉明，2011 年当选中科院院士。这些骨干受到我们评议组的感染，都有很强的一定要建设好“交通运输工程”这个新的一级学科的意识，而且他们青年人精力充沛，活动能力强。他们团结一致，硬是把这种小型的学术会议扩大化、制度化，一直坚持到现在。1996 年 1 月，由张湘伟牵头，取得教育部、铁道部、交通部和自然基金委和四川省的支持，由国家教委科技委主办，重庆大学、西南交大、北方交大、上海铁道学院、武汉交通科技大学、上海海运学院等6所大学承办，在重庆举行第一届交通运输领域青年学术会议。收集论文500多篇，参加人数达到400多人，由交通运输工程学科评议组担任大会指导委员会。开会的同时，举行评议组会议，推动学科建设的各项工作。会议开得很成功，在国内影响很大。会上决定第二届学术会议到上海铁道学院去开，由曹学勇筹办。1997年10月，以相同的规模开了第二届会议。我在这次会的开幕式上也做了简短的发言。

第三届会议于1999年举行，由武汉理工大学校长严新平主持。本次会议由武汉理工大学与中国交通运输协会青年技术工作委员会联合举办，而且使之规范化，决定两年开一次会，在几种运输方式中轮流举办。两家还与教育部、人事部、交通部、铁道部、民航总局、国家自然基金委员会

1996年重庆第一届交通运输领域青年学术会议(前排右3沈志云)

联系，都邀请参加进来作为举办单位，协办单位则是三十几所有交通运输一级学科的院校。每届都有交通运输工程学科评议组成员在指导委员会里面，到会并同时举行评议组会议。这次会议的主题定为 21 世纪中国交通研究与探讨，以后每届都有自己的主题。这次规模最大，收到论文 600 多篇，会议文集厚厚一大本，收录 400 多篇，蔚为交通运输领域的学术大观。以后各届都按此规格进行。

第四届，2001 年在南京航空航天大学召开。第五届，2003 年在长沙交通学院召开。第六届，2005 年在大连海事大学召开。第七届，2007 年在天津民航大学召开。第八届，2009 年在上海海事大学（原上海海运学院）召开。每一届都开得有声有色，我常去参加。2011 年 9 月 27—28 日，由华东交大雷晓燕校长主持，在南昌开第九届交通领域青年学术会议，我正好想要有个舞台发表我对当时高速铁路所处恶境的看法，当雷校长邀请

2011 年南昌第九届交通领域青年学术会议上做学术报告（中站者沈志云）

交通运输工程学科组先后三届组长：沈志云（左）、邓学钧（中）、谈振辉（右）

我时，我主动要求做一次报告，题目就是“退一步进两步——论中国高铁的后发优势”，到会300多人，我讲了一个半小时，反应很热烈，提问不断，最后因为时间原因只好强迫终止。很多媒体，包括微博上都报道了，拥护的多，反对的也有。会议论文有400多篇，像个很有权威的交通领域学术讨论会。想不到1993年一个30多人的学术会议，竟能一直坚持了18年，而且还要继续下去，的确成了培育交通运输领域青年学者的摇篮。

一门课、一本书、一种刊、一个会，这是交通运输工程学科评议组在学科建设上精心耕耘的园地。这不是评议组的工作，却胜似评议组的工作，使这个一级学科不仅没有被取消，而且得到蓬勃的发展。设有交通运输学科的学校由原来的二十几所增加到68所，所出版的期刊增加到159种。学位点不断增加，全国最佳博士论文、长江学者成就奖甚至新的中科院院士等都不时出现。这一切，不断推动我国铁路、公路、水路、航空、管道运输的快速发展，适应了我国交通运输发展的时代需求。这一场保卫一级学科的“战斗”，取得了圆满的成功。

后继有人

培养青年学术带头人非常重要，一直是我关注的中心。前面我详细介绍过实验室团队的成长。从科研实践中培养高水平人才，这是最正确的道路。牵引动力国家重点实验室由二十几个人发展成七八十人的团队，研究生达到300多人，纵向科研经费全校排名第一，横向科研经费仅次于土木学院排名第二，人均仍排名第一。全校取得的全国百篇最佳博士论文一共只有6篇，5篇出自本实验室。

1997年4月28日，我以排名第一获得国家级教学成果一等奖。教育部还授予我优秀博士生指导教师水晶奖杯。我认为，这是对我培养学术人才工作的肯定。

而我说过，实验室后继有人，是我一生最大的安慰。

国家级教学成果一等奖证书(左图)；颁奖现场(右图，前排左5沈志云)

国家级教学成果奖
获奖证书
获奖成果：在科研实战中培养机车车辆跨世纪优秀人才
获　奖　者：沈志云　严隽耄　金鼎昌　刘应清　周美玉
获奖等级：一等奖
证　书　号：1997-1-044-3
中华人民共和国国家教育委员会主任　朱开轩
一九九七年十月二十四日

谈到接班人，仅有上述成绩是不够的，还应当有顶尖人才，要有院士才行。校领导常同我开玩笑说，你是双院士，至少要培养出两名院士，才算完成任务。这个难度比培养研究生大多了，而且越来越难。我从1990年代初就开始努力物色最有希望的人才加以重点培养。

最早发现的是翟婉明。他是我校机械系毕业生，念热工学的硕士，被孙翔教授选中，要过来当博士生，让他参加重载技术的研究。他在列车纵向力计算中，把Newmark算法改为显式，大大提高了计算速度。在计算轮轨垂向力中，他建立了车轨耦合模型，很有独创性。论文答辩时我当主席，对他的科研能力印象很深。1993年，教育部评选首批跨世纪优秀人才，我是评委，会上极力推荐他，结果当选为教育部78名首批跨世纪优秀人才之一。以后他对车－线耦合动力学又有发展。1996年下半年，学校要报院士，我就提了他。可惜他太年轻（当时刚满33岁），铁道部预选就没有通过。他几乎每年都有新成果，1998年他的专著《车辆线路耦合动力学》获得国家图书奖。2005年耦合动力学获得国家科技进步一等奖。2006年通过激烈的讨论，他获得科技含量很高的长江学者成就奖，在评审会议上有评委问，车辆和轨道要同时考虑，法国阿尔斯通公司就是这么做的，翟婉明的车线耦合，能算首创吗？我回答说，车线同时考虑从有铁路开始就是这样的，不然为什么会在道路上铺上铁轨呢。但是，同时考虑是一回事，用一个模型来计算是另一回事。翟婉明把车辆和轨道一道，建立了一个统一的模型，列进一个方程式，进行仿真计算、统一优化和全局控制，形成一门新的学科。这一理论和方法，阿尔斯通没有，别的国家都没有。评委们听了都同意他的耦合动力学的确是一种创新。2007年他申报中科院院士，已进入第二轮候选人。2009年他听从我的建议，停报一次。终于在2011年以高票当选中科院院士。从1996年算起，经过了15

2011 年同翟婉明(左)一道接待 IAVSD 主席 Hans True(中)

年的努力才成功当选。以前说十年寒窗，他光申报就经历 15 年，真是不容易。

翟婉明是实验室的副主任，他成为中科院院士，我的任务完成了一半。还应当有一个工程院院士才算圆满，我确定的对象就是第 9 章中说过的主任张卫华。2007、2009 两届我都要他申报。我所在的机械与运载工程学部分三个小组：机械电机、运载兵器和航空航天。第二组中铁路方面有院士三人：钱清泉、刘友梅和我。主要候选人两名：田红旗、张卫华。田红旗可以说也是我的学生。1994 年，长沙铁道学院院长谷士文，科研处处长胡湘陵到实验室来参观访问，征求我的意见。我建议他们搞列车空气动力学。我说，我们搞车辆动力学，主攻转向架，你们搞空气动力学，主攻车体，我们两家相辅相成，优势互补，联合起来为中国高速铁路技术发展服务。谷院长十分赞成我的意见，回去说，就按西南交大的模式办，并把仅有的500万元基建经费全部给了田红旗，要她筹建高速列车动模实验室，派她到我校机车车辆研究所（我是所长）当孙翔教授的在职博士生，主攻空气动力学。1996年在上海开会，她问我专业方向和实验室建设方面的问题。我连年在国外开会，就我所知谈了我的看法，建议她同时搞车体碰撞设备，研究能够吸收碰撞能的车体变刚度结构。我们一直谈到深夜，她以后就按这两个方向展开研究，取得很大进展。这次田红旗进入第二轮，但最后没有通过。

到2009年这次，两个人又都报了名，都进入第二轮。但因得票分散，两人都没有通过。到2011年这次选举，形势更加严峻了。两院选举办法都规定，连报三次的候选人必须停报一次。如果两人都再报，还将是票数分散，仍然都通不过，到2013年两人都得停报。我于是建议我校让张卫华停报一次，以保留2013年起可再连报三次的机会。

2011年工程院院士评审有点意外，株洲电力机车研究所的丁荣军所长异军突起，排到田红旗的前面，而且最终通过了。丁荣军早就是交流传动国家工程研究中心主任，从事交-直-交传动技术研究，卓有成效。2011年我去他那里参观，印象极为深刻。全部高速列车的心脏——电气驱动装置，都是他们研制的，实际使用很成功。他以驱动装置为核心，向上研制IGBT芯片，研制成功耐压6500伏的大型芯片。我国用了两个五年计划，用863项目研制1500伏芯片，至今没有投产。他们收购了英国一个能生产3500伏IGBT芯片的工厂，用其资源，一同研究6500伏芯片获得成功并在他们所里投产，在这个领域达到国际领先水平。向下他们应用他们的驱动装置，研制电动公共汽车和大型风电设备，都已投放市场，取得很好销路。他们所7个工厂的年产值达到260亿元，目标是400亿元。他在2009年也报过院士，由于获奖级别不高，很早出局。这次，他凭着在工程实践中取得的突出成果，得到院士们的肯定，一举超过田红旗而当选院士。

从我亲历所见，院士评选的严格是一般人所不能想象的。两年一次的增选，总名额只有 60 名，分到 9 个学部，每个学部不到 7 名，最后需 2/3 院士同意，往往还选不到应有的名额。我们学部分三个小组，每小组只有 2 个多一点名额，铁路、公路加在一起，只占小组的 1/3 还不到，整个铁路界能有一人入选，就已经挤占了公路和汽车的名额了。当时，张卫华真的紧张起来了。还有两年，到 2013 年又是选举年，机遇与挑战并存。从机遇来说，竞争对手少了，自己成果也出来了，轨道交通国家实验室的建成，将在他的科研道路上画上一笔重彩。但是，挑战也是严峻的。新院士年龄 2011 届 60 岁以下占到 84% 以上，也就是说竞争主要是在 60 后和 70 后之间展开，全国杰出中青年知多少！其次，我们为之服务的主战场——高速铁路目前正处于紧缩期，社会对高速铁路的认识和信心需要重建，要在两年之内做出重大成绩谈何容易。这次申报又遭失败，也是意料中事。然而，正如张卫华自己所说，是金子总会发光的，他的自信建立在他的优势上面，相信他在以后申报中一定会取得成功。

“院士楼”

关于院士的待遇，我一直坚持单一化。我是西南交大的人，只拿西南交大的工资。其他任何兼职，先决条件就是只兼职，不兼薪，否则免谈。至于评审费、审稿费等，当然不算兼薪。这本来是件小事，很容易处理的，但在长沙铁道学院，却发生了一件有趣的事情。

我是湖南长沙人，父母兄姐都在湖南，在老家还有原来住的房子。几十年来一直有个心愿，想调回长沙工作，长沙铁道学院就是我最想去的单位，那里有机械系和铁道车辆专业，他们也一直欢迎我回去。但是，努力几次都没有成功。1991 年当上院士以后，他们要求更迫切了，我也常去访问，联系很密切。上述高速铁路实验室主任田红旗教授，与我过从更密，她和我家来往也很多，戏称是我干女儿。不等我提出，他们差不多每次都要求我到他们学校兼职。待遇很高，搬家费一次补贴 30 万元，工资每月 1 万元，湖南省还有每月 1 万元，科研启动费 200 万元。2000 年，他们在家属院内建了几栋别墅，称为院士楼，要分给我一套。我已年过 70，对回老家养老，和我姐姐、我夫人的妹妹及相关亲人住在一起，走完人生最后一程这个问题考虑很多，因此对长院的这栋院士楼很感兴趣，想花钱买下来，搬到长沙去住。所有亲戚，姐姐姐夫，妹妹妹夫，侄儿外甥等等，无不举双手赞成。我所犹豫的是，要到长院兼职，会增加许多压力，对健康不利。他们说，不要你做任何事，只要出出主意，指导指导就可以了。

我正好要去邵阳看望我的老哥哥，向他谈起这件事，他坚决反对。他说，你在原单位养老，工作几十年，有成就有贡献，年纪大了不做任何事，也没有人说你。到新单位，人家虽然对你很尊重，你自己心里总会感到对不住人家。拿了人家的钱不干事，日子长了，群众会有看法，你心里会觉得不安，于养老不利。如果想回长沙养老，自己买一套房子就是。我从来听哥哥的话，这次更认为他站得高，看得远，说得很有道理，当即决定打消来长沙兼职的念头。只兼实验室学术委员会委员等虚职，不取任何报酬。

说到买房，不久妹夫皮希骥带我到长沙的华盛集团公司去看一下情况。他手中正好拿了一份刊有关于我的报道的《湖南日报》，他展示给推销员看，开玩笑地说，你们小区业主中如有院士入住，会提高小区的品位。不想推销员还当真了，要借报纸带回去给经理看，叫我们第二天再来。第二天我们一去，他就问我最高能出多少钱。算下来是 35 万余元，我希望用 27 万买下来。没有想到他回答是 26.5 万元。我很奇怪，还有这样做生意的，而且价格相当的便宜。这时他才说，他们经理说了，请沈先生先开价，我们以他开的价再减少 5000 元，这样，第一，沈先生一定会买；第二，他一定买得很高兴。我从心里佩服这位经理的水平，他的经营思路真是超世界水平的了。21 层电梯公寓，19 层 125.5 平方米的一套房，只要 26.5 万元，折扣低于 74%，真是太便宜了。最好的关系户他们最高也只给到九五折，可见社会上对院士是何等重视。

这套房子后来以 40 万元低价卖掉了。有人说，过一年就可卖到 100 万元。我也不后悔，反正我也是低价买的，加上装修及家具家电，够本钱就行。只是感到有点对不住那位那么慷慨的经理。

关于院士住房，我反对学校盖院士楼，我一直住在分配的福利房里。并不是说我安居陋室，乐于清贫。有钱买好房，为什么不住。但总住在公家的房子里，实在没有道理。学校找过我，说为了鼓励青年上进，应当善待院士，想同许多院校一样，盖院士楼。我感谢学校的好意，也理解学校的考虑，但在照顾方式上，我建议采取上海交大的办法，他们对每位院士补助 50 万元购房款，交院士本人，爱买什么房就买什么房。我们可比照成都的房价，确定补助金额。学校觉得这种模式很好，便于操作，以后如果有新院士，不用盖房，发补助金就是。后来学校定了 25 万元，并发给了我和钱清泉。所以，我们买什么样的房来住，都与学校无关，也不再享受其他照顾。峨眉校区建新的教职工宿舍，照顾我买了一栋别墅，单价虽比其他楼房贵了近 3 倍，但当时总价也只有 105 万元，完全是标准商品房，两证俱全，产权属于本人，与学校无关。不过，我住进来以后，大家仍然叫院士楼，我也不好纠正，其实与产权属于学校的院士楼完全不同。

两所母校

前面我说过，我的六年中学都是在国师附中度过的。但是，当选院士以后，有两所学校要我认为母校，以鼓励学生上进，这两所学校是湖南师范大学和衡东一中。

我读过六年书的国师附中是抗日战争期间国民政府在湘西创办的一所师范学院的教育系办的附中，作为学生的实习基地，附中校长就是教育系主任。所以，附中与国师在编制上是一个整体。解放后，师范学院并入湖南大学，在长沙岳麓山下安家。1953 年湖南大学撤销，分为师范学院和中南矿冶学院，到 1959 年才又恢复湖南大学。但师范学院仍独立存在，1984 年合并几所师范院校后更名为湖南师范大学。湖南师范大学现在有院士两人，校友中的院士只有解放后毕业的三人，即：夏家辉、陈星白和孙家钟。解放前师范学院毕业生中没有院士，但附中毕业生中却有三位：高一班的龙驭球、高二班的刘新垣和高七班的我。湖南师范大学一直想和我们联系，让我们加入到他们的院士校友行列中来。2008 年，湖南大学校长钟志华院士邀我访问该校，就便拜访了在湖南师范大学任教的国师附中同班同学王治来。他非常高兴，带我去见校领导，到校史室参观，还要我题字。我写了“仁爱精勤”这个国师附中及国师的校训，这样就算师大的校友了。他们还要联系另外两位，一再说明那时附中同师院是一体，我们应当算师大的校友。

但是，2005 年当选中科院院士的赵淳生教授告诉我，解放后国师附中并入衡东一中，档案都在那里，我应当算他们的校友，约我一道回去认祖归宗。原来国师附中解放后与位于衡山市两路口的省立十二中合并，称为省立衡山中学。1953 年改属衡山市，称为衡山二中。1961 年升为衡山一中。1966 年衡山县一分为二，湘江东侧为衡东县。衡山一中迁入衡东城关，改名为衡东一中。赵院士是 1956 年在衡山二中毕业的，衡东一中领导对他比较熟悉，特邀他回母校省亲。赵院士向他们介绍我是国师附中的，也应是他们的校友。他们于是也正式邀请我一同前往。

国师附中档案中的一页

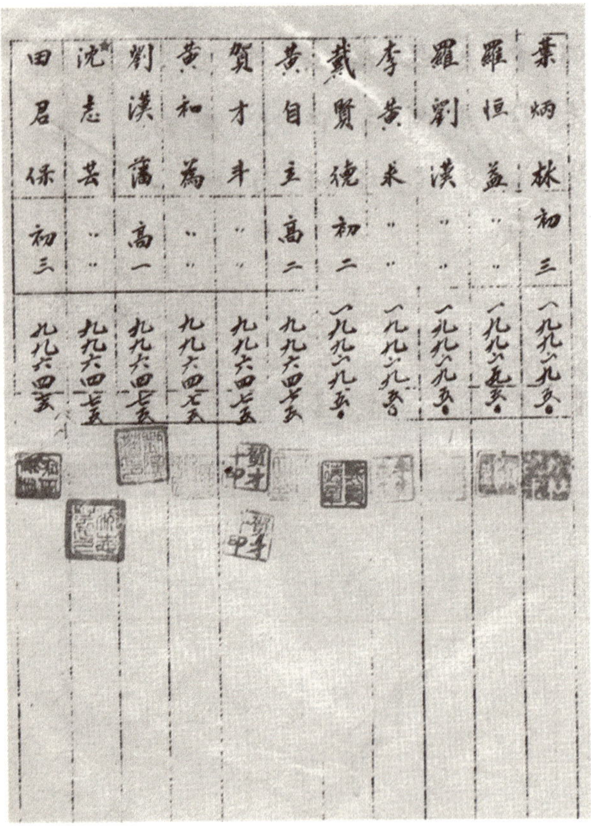

2006 年 6 月，我和赵院士先后到达衡东一中。满校园横幅和放大的照片，欢迎我们两人返回母校。在大礼堂和同学们见面，我和赵院士都讲了话，勉励同学们好好学习。出来到校史展览室的路上，两边都挤满了人，后面还自发地跟着一大串学生，我一生都没有受过如此隆重的欢迎，真有“荣归故里”的感觉。在校史展览室看到了国师附中旧档案，在一份学生名单中找到了我自己的名字（见左图）。

参观后要我题词，我的字写得实在不好，但应母校的要求，也只好提笔写了下面一首打油诗：

六亩塘前初戏水，
祠堂赵氏苦耕耘；
大庙东廊读书声，
落到衡东猷入韵。

2010年，衡东一中建校70周年庆典，我同赵院士又去参加。他们真厉害，竟然找到了另外两位院士校友。刘新垣先生来了，清华大学的龙驭球先生因健康原因没有来。国师附中从建校到改名才短短10年，能有三名毕业生入选院士，也是一件不容易的事。

衡东一中70周年校庆标志(1940—2010)

20年院士生涯，给我的生活增添无限光彩和乐趣，对我的工作影响尤其深刻。这20年的科学研究工作，主要围绕高速铁路而展开。这是我科学道路上的最重要的一程，值得专门叙述。

1989年全力投入450公里/时试验台研制以后，我就坠入高速铁路的“情网”而不可自拔。无独有偶，试验台的建设，恰逢我国高速铁路起步，从准高速到高速，从提速到建高速，蓬蓬勃勃，风风雨雨，多少欢乐，多少曲折，这一切构成我后半生的特点——情系高速铁路。

第11章

情系高速铁路

钟情高铁

我说过这样的话："什么是世界前沿？搞铁路这一行，只能是高速铁路技术。"这是我在 1988 年发出的呼声。当 1981 年我继 50 年代以后再次走出国门到英国访问的时候，在英国德比铁路技术研究所看到他们 160 公里时速城郊快铁自动驾驶成功运行，听到高速列车系统动力学的学术报告，坐了他们磁浮试验车的试运行以后，我的心情久久不能平静，我当时非常明确地认识到：中国一定要有高速铁路。日本、法国、德国的研究，更在我面前展现出高速铁路美丽的图景。我心里暗下决心，研究高速列车就是我这一辈子在科研上的归宿了。所以，在听到申报国家重点实验室必须考虑世界前沿方向的要求时，我立刻十分明确地亮出了这个观点，而且主张研制 450 公里时速的试验台。当时，铁道部忙于当前的客货运输无暇顾及，幸好国家科委的评审专家看得远，给了高分，使我们的申请顺利通

2008 年 9 月高速铁路摩擦磨损研讨会(前排左 5 谢友柏、左 6 沈志云、左 7 刘友梅)

过。从此，高速铁路这份情结，不只在我心里生根，而且主导了我后半生的学术生涯。

启动先期研究

中国要发展高速铁路的第一个信息来自小平同志访问日本。1978 年 10 月 26 日，小平同志在日本乘坐了新干线 S－100 系的光 B1 号高速列车，速度是每小时 230 公里。小平同志说："我感觉快，就像推着我们跑一样，我们现在正适合坐这样的车。"改革开放初期，百废待兴，高速铁路一时难于提上议事日程，但国家计委、科技部高层早就注意这个方向了，我 1988 年申报 450 公里时速试验台能够得到批准，得益于领导层有这样的看法。

建设 450 公里时速试验台这件事，在国内产生了很大影响。1990 年，思想敏锐的铁道部屠由瑞总工提出要抓两手，重中之重当然是重载运输，以大秦线为目标，要搞万吨列车试验。同时要抓高速铁路，提出以修建京沪高速铁路为目标，还完成了研究报告《京沪高速铁路方案构想报告》，提交全国人民代表大会讨论。1991 年 8 月 21—28 日，铁道部召开高速铁路工作会议，研究修建京沪高速铁路的可行性。孙翔教授研究重载列车，他知道这个消息后，推荐我去参加高速铁路研究会议。我在会上提出，建设高铁必须同时研制自己的高速列车，主张着手研制 250 公里时速的高速列车转向架。因不是会议重点，我这个意见会上并未受到重视。回校向沈大元校长汇报，他很重视，筹备在校内召开高速研讨会，叫我们准备意见。

1992 年 3 月 12 日，沈大元校长召开高速铁路研讨会，孙翔、严隽耄和我是主要发言人，万复光教授主要讲高速铁路土建工程问题，诸昌钤教授讲信息技术及控制问题，高士廉教授讲运输管理及城市轨道交通。我和孙翔的发言分 10 个部分，主要讲高速列车的关键技术，当时提出的有下列这些内容：

1. 高速列车关键技术：高速列车动力学关键技术研究，高速列车控制技术，交－直－交传动技术，故障诊断技术，碰撞保护技术，远程瞭望技术，司机室人机工程研究，计算机模拟司机培训装置等。

2. 高速车辆关键技术：车体转向架结构及参数优化，车体结构轻量化技术，密接式车钩，风挡技术，车体密封技术，空调与采暖技术，现代集便器技术，车内设备轻量化技术等。

3. 高速列车弓网关系研究：弓网动力学研究，弓网系统计算机仿真，接触网吊挂形式研究，受电弓技术等。

4. 高速列车控制、检测与诊断研究。

5. 高速列车旅客信息系统研究。

6. 高速列车移动通信系统研究。

7. 高速列车地面检测及诊断系统。

8. 高速列车试验系统及试验研究：线路试验系统，地面试验系统，滚动振动试验台及试验技术研究。

9. 高速列车环境保护技术。

10. 高速列车供电系统及控制。

这些内容，加上上述几位教授的意见，构成西南交大对发展我国高速铁路的意见，并形成文字报给了铁道部科技司，希望在铁道部制定规划时予以考虑。校内则布置各个学院开始组织先期研究。这都是沈大元校长和继任孙翔校长的努力。

1993 年参加高速交通国际学术研讨会(左 3 沈志云)

第一台自主研制的高速转向架

我在筹建牵引动力国家重点实验室的同时，开始着手高速课题的研究，主要内容是找长春客车厂联合研究 250 公里时速的高速转向架。长春厂一直没有自己型号的转向架，他们从英国引进三辆 160 公里时速的客车用作样板，由金莲珠工程师负责，研制新转向架 BT10。金工是我校毕业生，一次他找我到他们厂去提点意见。我看了他们的转向架之后，不客气地提了否定意见。我告诉他们，英国转向架比较落后，不是高速转向架的发展方向。我建议他们研制三无结构的新转向架。所谓三无，即没有传统结构的心盘、摇枕和摇动台，枕簧用空气弹簧，直接坐在构架侧梁上。一系悬挂则采用转臂式定位，弹簧直接装在轴箱上面。主持会议的工厂总工程师关明全听了十分赞成，决定马上召开扩大研讨会，研讨自主研制 250 公里时速高速转向架问题。

1992 年 4 月 1 日，扩大的高速讨论会在长春举行。除了我校毛家驯、严隽耄和我以外，有铁道科学院的吴光勇、李金森，上海铁道学院沈培德，四方车辆研究所郭荣生和北方交大的代表。厂里是关明全、张鑫鑫等同志。当年 7 月 13 日又召开会议，讨论方案及分工。决定采用三无结构和转臂式定位，以 250 公里时速为目标。工厂在设计处成立以张鑫鑫工程师为首的五人小组，脱产专职研究设计高速转向架。我校负责动力学计算和台架试验，我们称为抓两头，即前期的设计计算和后期的成品试验。铁科院负责车体与转向架连接的牵引装置研制。我国第一台自主研制的高速转向架，从此起步了。

关明全主持的这个脱产研制 250 公里时速的高速转向架的小组，以张鑫鑫为组长，一直坚持工作了 5 年，到 1996 年终于完成。1997 年 4 月，送我们实验室做试验。正如前面所说的那样，张鑫鑫工程师在实验室待了 4 个多月，和我们一道边试验，边改进，终于成功地使临界时速达到 350 公里以上。从此长春厂有了自己的主型转向架。以后出的车，都用这种转向架，包括高速列车和准高速客车。速度不同，只是车轴上安装的制动盘数量不同而已。长春厂250公里/时高速转向架的自主研制成功，是我国第一次掌握高速技术最完整的尝试，是产学研最完美的结合，是第一个真正独立自主创新研制的成果。实验室展示的作用大大鼓舞我们前进。我想起曹建猷教授最初的提醒："你们是把脑袋别在裤腰带上在干活"，现在终于可以说，这种危险过去了。

国家"九五"规划与高铁

铁道部修建高速铁路的第一个行动是改造广深线，使之成为160公里/时的准高速铁路。立项报告1991年获国家计委批准。1994年5月在广州召开可行性报告评审会，我前去参加。我当时提了两点意见，一条是必须进行电气化改造。当时未引起重视，到1997年才开始考虑电气化。另一条是预留250公里/时试验线，后来落实了20公里直线段，可以进行这一速度的试验。1998年5月，广深线改造完成，成为当时全国唯一的高速车试验场。X-200、"蓝箭"号、"先锋"号等都到这条线上来做过试验。

1994年国家计委组织编写国家"九五"发展计划，在科技进步方面提出三个方向：长江流域综合治理、高速铁路和信息高速公路。把高速铁路与其他大项目并提，成为三大方向之一，这在历史上还是第一次。铁道部科技司1995年召开会议，研究申报"九五"重点科技攻关项目问题。准备投资1亿元，研制一列高速列车。要自己搞，要具有中国特色。我参加了这次会，听了很受鼓舞。我们在"八五"攻关中有一个项目：高速动力车转向架关键部件研究，是孙翔争取来的。在此基础上申报"九五"项目，更加扩大到8个子项目，即：转向架，设备轻量化，铝合金车体，车体密封，密接式车钩，空调，集便器和故障诊断及维修。各路局和工厂纷纷提出研制新型高速和准高速列车，都列入相应项目中，使我们有更多机会与他们联合，搞我们的“两头”，即设计计算和台架试验。

在此规划推动下，“九五”期间，在我国出现了一个研制高速列车的高潮，出现了很多高速列车型号。我们实验室也遇到了最繁忙的时期。虽然绝大多数型号都夭折了，但是摸索了经验，培养了人才，充实了基地，为以后的快速发展打下了基础。这一段的发展在中国高速铁路发展史中是功不可没的，历史会记下一笔的。

2002 年 1 月中国铁路提速工程技术与装备成果鉴定会（前排右 1 沈志云）

研制“中华之星”

中国新建的第一条高速铁路应该是秦沈客运专线，从秦皇岛到沈阳，全长 404 公里，于 1999 年 8 月 16 日全面开工建设，总投资约 150 亿元人民币，2003 年 10 月 12 日正式开通运营。全线设计时速达到 200 公里或以上，并预留 250 公里/时的提速条件。山海关至绥中北站之间的线路条件更有能力进行 300 公里/时的试验。所用列车准备采用“中华之星”和“先锋”号高速列车。这是正式由铁道部出面组织攻关的两个项目：前者是动力集中方式，后者为动力分散方式。无论从线路建设或列车研制上，都是为京沪高速铁路提前摸索经验，培养干部做准备的。线路成为中国第一条高速铁路，但列车则为“和谐”号动车组所代替。移动设备本来就应当与时俱进，不断更新，这是高速铁路的发展规律。

铁道部2001年4月下达“250公里/时高速列车设计任务书”，开始研制“中华之星”。由株洲电力机车厂总工程师刘友梅院士任总设计师，动力集中式，两动九拖。“中华之星”项目集中了当时国内铁路机车车辆制造和研发的核心力量进行联合攻关，包括四大工厂（株洲电力机车厂、大同机车厂、长春客车厂、青岛四方机车车辆厂），四大科研院所（中国铁道科学研究院、株洲电力机车研究所、四方车辆研究所、戚墅堰机车车辆工艺研究所）和两个高等院校（西南交通大学、中南大学）。其中，株洲电力机车厂和大同机车厂分别负责各研制1台动力车，长春客车厂负责研制4节拖车，四方机车车辆厂负责研制5节拖车。

“中华之星”前身是行驶在广深铁路的“蓝箭号”，是以欧洲高速铁路技术模式为基础研制的。2000年，中国通过技贸结合和国际合作，引进国外核心技术部件——GTO - VVVF牵引变流器，完成了200公里/时速度级的“蓝箭”电动车组。“中华之星”沿用“蓝箭”号的驱动系统，转向架则根据德国ICE转向架的图纸进行设计。我们机辆所派出以张红军教授等组成的设计组赴株洲和大同厂参加设计。拖车转向架长客厂用前述张鑫鑫小组刚研制成功的CKK

“中华之星”号高速列车

型高速转向架，这是“中华之星”列车中唯一完全自主创新研制的转向架。四方厂基本仿照日本 S－300 型转向架设计。我们负责动力学计算及参数选择。轴承、减振器等重要配件仍引进国外成熟产品。

2001 年 8 月，“中华之星”项目通过了技术设计审查，开始进入试制阶段。在随后一年多的试制阶段，四个主机厂制造的动力车和拖车分别在我校牵引动力国家重点实验室的滚动振动试验台上通过了 330 公里/时、400 公里/时速度的模拟动力学试验。2002 年 9 月，“中华之星”动车组集结在位于北京东郊的中国铁道科学研究院环行铁道试验基地，开始进行列车编组调试。2002 年 11 月，在秦沈试验段的试验达到 321.5 公里的最高时速。2002 年 11 月 28 日时任铁道部部长的傅志寰①同志视察并计划试乘“中华之星”，列车在先进行的空车试验中，驶回基地前出现 A 级重大故障：因进口部件（车辆轴承）温度高达 109 摄氏度触动了车载轴温报警系统，于是决定停止试验。从 2003 年 1 月起，“中华之星”开始在秦沈客运专线上进行线路运行考核，2003 年 4 月载客试运营，截止到 2004 年 12 月，“中华之星”在秦沈客运专线累计运行 53.6 万公里。2005 年初，2 节动力车和 9 节拖车分别返厂进行“解体拆检”，拆检后没有发现重大问题，可以确认整车和零部件状态良好。“中华之星”于 2005 年 8 月 1 日正式投入服务，来往于沈阳至山海关之间，运营临时准高速班次，配属沈阳铁路局。列车营运最高速度限制在 160 公里/时，全程 400 公里用时 3 小时。2006 年 8 月 2 日，“中华之星”完成了最后一次营运任务，车辆已停驶。

---

① 傅志寰（1938.4.11—），中国工程院院士（2011），铁路运输管理、铁路机车车辆专家。1961 年毕业于莫斯科铁道学院。曾任国家科技进步奖评委会组长，铁道部副部长、部长，全国人大财经委员会主任委员，俄罗斯运输科学院院士。是我国电力机车领域的开创者之一。多次组织我国铁路高速试验并获得成功，领导组织了铁路四次大提速，取得了明显的经济和社会效益，是我国铁路大提速的主要推动者和决策者之一。

至于“中华之星”为什么停止使用，这是我国高铁发展过程中一个争论不休的问题。前已提及，“九五”期间，在我国出现了一个研制高速列车的高潮。进入2004年执行国务院通过的《中长期铁路网规划》，贯彻国务院指示的“引进消化吸收再创新”方针，高速列车的发展走上一条全新的路子，这是全局性的改变，功过是非还要仔细评说。这里谈到的只是从这个大背景下来看，“中华之星”的命运，不过是在产品更新换代中被淘汰的一系列新研制产品中的一个，是高铁发展中的正常现象。

攻关“先锋”号

“九五”期间，第二个列入攻关计划的高速列车是“先锋”号，由南京浦镇车辆厂负责研制。1997年立项，我们是主要协作单位，工厂总工王维胜特邀我们到工厂共商大计。设计处楚永萍工程师具体负责这项课题。确定的方案是动力分散，两动一拖为一组，第一列为两组，吸收日本新干线300系的技术，采用无摇枕转向架，轴重仅15吨。列车最高运营速度定为200公里/时，按最高速度250公里/时设计。“先锋”号在2000年完成组装并通过了铁道部验收，2001年5月出厂。2001年10月26日至11月16日期间在广深线进行试验，创出当时中国国内最高试验速度249.6公里/时。2002年9月10日在秦沈客运专线进行的测试中，又创出最高时速292.8公里的纪

“先锋”号高速列车

录，当时，铁道部部长傅志寰、副部长蔡庆华都在列车上添乘。2004年10月，“先锋”号动车组完成50万公里运行考核试验。以后配属成都铁路局重庆北车辆段（成局渝段），在成渝线上运行，最高营运速度降至160公里/时。第七次提速，成渝线改用CRH1，“先锋”号改配成都局贵阳段，在贵阳都匀间运营，最高速度140公里/时，比原来的60～80公里/时提速很多。2010年10月，因故障不断，返厂维修至今。“先锋”号在与“和谐”号动车组的竞争中退役，也属于正常的更新换代。

这样的实例还有很多。“中华之星”前身“蓝箭”号从广深线退下后，2008年改配成都局，在成都至重庆间运营，2009年改为成都至达县。后者在当年9月也改用“和谐”号了。“九五”规划中高速铁路列为国家重点攻关项目，各工厂闻风而动，新型号的高速列车如雨后春笋般从地下冒出来，除铁道部抓的项目外，各厂自发研制的不少。著名的有“神州”号、“晋龙”号、“新曙光”号、“中原之星”号、“春城”号、“北海”号、“长白山”号，“大白鲨”号、“北亚”号、“早露”号、“天安”号、“庐山”号、“天驰”号、“和谐长城”号等。还有一列铰接式的，由四方厂、四方研究所、同济大学主持，我们和北方交大、铁科、戚墅堰研究所等参加，也是“九五”重点攻关项目，只生产一列，还未取名就终止了，因为把车体铰接在一起，实在不符合我国国情。但是在动力学建模和计算上倒有不少特点，结合这列车，同济大学的教授们发表了几篇很好的文

“神州”号

“晋龙”号

“新曙光”号

“中原之星”号

“大白鲨”号

章。在台架试验方面，至少要有 3 辆车铰接在一起，同时上试验台。我们承当试验任务，特将试验台的另一端延长到室外，可以放 3 辆车进行中间车的试验。幸好当初设计试验台时，我们把试验台台面降到和地面一样平，成就了一个“世界唯一”：唯一能进行 3 辆铰接车滚动振动试验的试验台。

这一时期牵引动力实验室特别忙。尤其到“九五”后期，各种高速车都需要来做试验。从第 9 章附表 1 可以看出，2000 到 2002 年准高速车的试验排得特别满。当时任部长的傅志寰对我们的台子十分重视，1996 年

2008 年 11 月在华东铁路建设项目成果图片展上揭幕致辞

他到我校参加100周年建校纪念活动，开完庆祝大会后，他叫我陪他一个人到实验室看台子，我带他钻到试验台底下向他介绍试验台原理及结构，一直待了一个多小时。校办主任到处找不到部长，急得要命。傅志寰2001年申报工程院管理学部院士时，在投票的关键时刻，请我去介绍情况，我就讲了这个故事，说一个部长如此深入基层很不容易，院士们听了很受感动。

1989年全力投入450公里/时试验台研制以后，我就坠入高速铁路的“情网”而不可自拔。无独有偶，试验台的建设，恰逢我国高速铁路起步，从准高速到高速，从提速到建高速，蓬蓬勃勃，风风雨雨，多少欢乐，多少曲折，这一切构成我后半生的特点——情系高速铁路。以上所述，还只不过是序曲，主旋律还在后面的快速发展，快速发展的核心就是京沪高速铁路，这是中国人民的梦想，是中国高铁发展的里程碑，是值得大书特书的史实。

京沪高速

北京和上海分别是我国首都和全国最大经济中心城市，而京沪高速铁路位于中国华北和华东地区，两端连接环渤海和长三角经济圈两个经济区域，全线纵贯北京、天津、上海三大直辖市和河北、山东、安徽、江苏四省。所经区域面积占国土面积的6.5%，人口占全国的26.7%，人口100万以上城市11个，国内生产总值占全国的43.3%，是中国经济发展最活跃和最具潜力的地区，也是中国客货运输最繁忙、增长潜力巨大的交通走廊。京沪线平均客运密度每公里4782万人、货运密度达到每公里6277万吨，分别为全国铁路平均密度的5.2倍和2.1倍，已处于极度饱和状态，迅速加强这条交通干道已是燃眉之急。无论从哪个角度来看，最适合也是最急需的是修建京沪高速铁路。中国要发展高铁，首先考虑的就是这条生命线，正如日本首先考虑东京至大阪间的东海道新干线一样。

然而，1300多公里的高速铁路毕竟不是一般的工程，需要慎重行事。1990年12月，铁道部拿出来提交七届全国人大三次会议讨论的《京沪高速铁路线路方案构想报告》，只是一种构想。但在国内反映强烈，高层也表示支持。1993年4月，铁道部和当时的国家科委、国家计委、国家经济贸易委员会和国家经济体制改革委员会（简称“四委一部”）联合成立了“京沪高速铁路前期研究课题组”。1994年12月，国务院批准开展京沪高速铁路预可行性研究。我们受到鼓舞，在各种会议上积极发言，论证京沪高铁的重要意义。《人民铁道》报的记者杨新采访曹建猷、程庆国、卢肇君和我4名院士后发表我们的联名文章：《修建京沪高速铁路势在必行》。次年《人民日报》也发表我的文章，论证其必要性和可行性。

对于修建京沪高铁是有不同意见的，反对建京沪高速铁路的也不少。有代表性的是铁道部专业设计院原副院长姚佐周和上海铁路局原总工程师华允璋。他们认为当时我们对铁路运输的运量估高了，运能估低了，只要对旧线进行电气化改造或采用摆式列车提速，就可解决运输紧张的问题。领导层可能也有不同看法。1995年4月5日李鹏在《建设全国统一的综合交通运输网络体系》的报告中指出，“京沪高速铁路在‘九五’期间只能做前期准备工作”。1996年3月，经国务院建议、全国人大批准的《国民经济和社会发展“九五”计划和2010年远景目标纲要》中明确表示，“下个世纪前10年，集中力量建设一批对国民经济和社会发展具有全局性、关键性作用的工程。……着手建京沪高速铁路，形成大客运量的现代化运输通道。”京沪高速铁路的动工计划正式被推迟到 21 世纪。

然而，铁道部关于京沪高铁可行性的研究一点也没有放松。1994 年成立预可行性研究办公室，由沈之介总工领导，在铁道科学研究院办公，我们参加了不少研究工作，结合京沪高铁推进实验室的研究工作。1995 年 3 月，我在北京参加完全国人大三次会议后，赶到上海，参加铁道部高速办在上海召开的大型会议，会议主题是讨论京沪高铁所用高速列车参数问题。沈之介总工主持，副总工周翊民做报告，上海铁路局局长张龙当会议副主席。到会 70 多人，我校由校长孙翔和我两人参加，长沙铁道学院代表为田红旗教授。26 日开会，我在 27、28 日两次发言，力举以 300 公里/时为目标速度。周翊民做总结时，肯定了我的意见。

1996 年初，铁道部完成《京沪高速铁路预可行性研究报告（送审稿）》，决定在上报前于 4 月 23—25 日在京西宾馆召开大型会议听取意见，学校通知我去参加这次会议。我 4 月中旬正好在北京参加工程院机械运载工程学部常委会，住在京友饭店，距铁道部比较近。我到部里找沈之介总工，周翊民副总，科技司傅小日处长，机辆局李忠浩处长，李绍光处长等了解情况，修改补充我已写好的 4000 字论文《论修建京沪高速铁路势在必行》。此文一稿三用：交工程院李仁涵同志，投《科技导报》和在这次大会的发言。此文后来刊登在《科技导报》1996 年第 8 期，网上可以查阅。

这次大会沈总请了部内反对派姚佐周、华允璋，让他们充分发表意见。大会 23 日开始，傅志寰部长，孙永福、国林、蔡庆华副部长，总工华茂昆、沈之介、周翊民等都在座。院士有何祚庥、余国栋、程庆国、卢肇君和我。周翊民做报告，题目是：“21 世纪全面发展中国的轨道交通——我国交通运输发展战略的理性选择”，从更高层面阐述建设京沪高速铁路的必要性和重大意义。第二天讨论，沈总掌握会场，请姚、华畅所欲言。姚佐周讲了 2 小时，华允璋讲了 1 小时 15 分。他们除强调数据不准，高估了运量，低估了运能以外，说到了国外新建高速铁路大部分都是亏损多、盈利少，目前的运能紧张可用提速、扩能等方式解决。我在会议第三天发言，讲了半小时，影响不小。我主要讲三点：1. 发展高速铁路是国际共同趋势，日本新干线是盈利的，东海道 7 年就归还了建设成本；2. 京沪运量没有高估，运能严重不足，修建高速铁路势在必行；3. 最后提了几点具体建议，强调要尽早动工，和姚、华的意见针锋相对。何祚庥院士在这次会议上发表的意见是充分赞成修建高速铁路的。沈总在总结时充分肯定我的发言，说大多数意见均为同意建设京沪高速铁路，决定向上报送预可行性研究报告。

会后铁道部正式向国务院报送了预可行性研究报告，1997 年 4 月又上报“补充报告”及“项目建议书”。11 月国务院召开办公会议，讨论这些文件。会上一致同意尽早建设京沪高速铁路。会后下发了办公会议纪要，列有总理及各位副总理的谈话要点。我没有看到原文，只听了传达，总的意见是争取本届政府立项，下届政府开工，把预可行性研究办公室上升为可行性办公室，着手编制可行性报告报国务院。据说温家宝副总理讲了四点修建京沪高速铁路的理由，其他委员多数发言赞成。为什么要拖到下届政府开工，主要是李鹏总理听了许多反对的意见后，拿不定主意。京沪高速铁路在“九五”期间只能做前期准备工作。京沪高速铁路的动工计划正式被推迟到 21 世纪。但是，可行性报告，甚至初步设计都在紧锣密鼓声中加速进行。

轮轨磁浮之争

大家都以为很快就会迎来京沪高铁开工的喜讯，殊不知风云突变，意想不到的争论，把京沪高速铁路的开工整整推迟了10年。1998年6月2日，中科院、工程院两院院士开会，照例请当届国务院总理做时事报告。新上任的朱镕基总理，提出一个非常具体的技术问题。他问，京沪高速铁路为什么要用30年前就有了的轮轨技术，不采用最先进的磁浮列车？我当时听蒙了，磁浮列车还在试验之中，世界上还没有哪个国家运用过。况且，是常导还是超导，是低速还是高速，还正在争论之中，尚无定论。朱总理在说这些话时，充满激情，十分肯定，信心十足。很多院士和我一样听得一头雾水，下来议论纷纷。

朱镕基后来在任总理期间所推行的经济体制改革和国务院体制改革，实施了新中国成立以来最大幅度的机构精简。他采取了积极的财政政策，通过政府举债促进经济的成长、增加公务员薪金等方法，使得中国经济能够在软着陆后再度步入高速发展的轨道。朱总理在任内还大力打击贪污腐败与走私活动。这些施政措施，深得国民拥护。不过关于高铁的这一番讲话，却让院士们十分迷惑。但是，毕竟是总理，一言九鼎，总有人会跟进的。这次院士大会后，一些院士分别表态支持。对科学和社会问题一贯关心的某院士，更表态说，京广之间如果运行700公里时速的磁浮列车，5小时可以到达。一位研究超导技术的院士，更是积极主张上磁浮。1994年开院士大会时，我同他住在一间房里，我向他介绍过磁浮列车，并偏向于日本的超导技术，他很感兴趣，会后组织了一次香山科学研讨会，提出京沪高铁应当上超导磁浮技术。我和铁道部沈之介总工都持反对意见。4年之后的此刻，他更是一门心思倡导磁浮京沪。总理的讲话像一颗明亮的信号弹，迅速在全国掀起一股磁悬浮的旋风。

正好在总理讲话之后第二天，即6月4日，《人民日报》在第7版的“院士园地”里发表了我写的文章《迎接高速铁路发展新高潮》。我讲了世界高速铁路发展情况和高速铁路具有高速度、高技术、高安全、高服务、高效益以后，总结说：“如何加快发展高速铁路技术，迎接世界高速铁路发展新高潮，是摆在我们面前的紧迫课题。我国已经决定修建时速250～300公里的京沪高速客运专线，已着手研制摆式列车，也已开始进行超导磁浮列车的研究。西南交通大学牵引动力国家重点实验室，经过十年努力，建成了世界一流的高速机车车辆试验研究装置。所有这一切都有理由相信，到21世纪，我国将以具有自己特色的高速技术屹立于世界高速铁路之林！”来开会的许多院士朋友看了这篇文章以后，都对我说，“总理提出的问题与你的观点是针锋相对的，你们的日子不好过了，但是我们同意你的观点，应当组织调研，进一步说明看法，才是负责任的态度”。我认为我们院士要站出来说话，尽可能讲清道理，争取京沪高速铁路早日开工。

院士大会以后我去美国我女儿家住了几个月，到9月份才回来。回来后积极向工程院机械与运载学部建议，设立京沪高速铁路咨询课题，组织有关院士们参加调研，尽早拿出我们的看法和建议。常委会批准了这一建议，由我主持，由常委刘大响指导。邀请何祚庥、严陆光、徐冠华三位磁浮派院士参加，国防科技大学常闻森教授，西南交大连级三教授等磁浮学者，超导磁浮列车专家王家素、王素玉教授，以及对京沪高铁持不同意见的姚佐周、华允璋先生等都在邀请之列。业内沈之介、周翊民、周宏业、范钦海、孙国杰、李平等当然都邀请了。

会议10月21到24日在成都举行。华允璋夫妇20日到成都。20日下午我召开实验室全体会议，进行会议接待工作动员，口号是：振作精神，迎接挑战。院士还请了刘大响、顾国标。徐冠华秘书李雄告诉我徐部长太忙，不能来。22日开幕式，刘大响宣布工程院咨询组名单，讲了要发扬

1998年10月工程院京沪高铁采用轮轨或磁浮技术咨询会第一次会议在成都举行（前排左起：周翊民、姚佐周、华允璋、沈志云、刘大响，后排左2钱清泉、左4连级三、左5常闻森、右2王家素）

民主，充分讨论，形成咨询报告。明确这是第一次会，第二次会11月15日结合参观X－2000摆式列车，在深圳大学举行。然后12月底到北京开最后一次会。第一天连级三教授做了磁浮列车技术的报告，参观牵引动力国家重点实验室及高温超导磁浮列车中心。然后就是激烈的讨论，整整持续了两天。

在第一次会上，严陆光院士表现理性。他除充分说明磁浮技术是发展方向外，说到京沪高铁上的应用，他估计技术还不成熟，真正运用是10到15年以后的事。目前还是要以发展中低速磁浮为主。会后他要我陪他到青神山参观连级三教授的低速磁浮车，孙国杰高工也一同去了。华允璋开始认识到京沪运输紧张，主张客货分流，建客运专线。姚佐周则强调轮轨与磁浮都要考虑，不要互相排斥。他们两位都强调磁浮应以西南交大为基地。常闻森教授着重介绍他们对中低速磁浮车的研究。总的来说，气氛比较缓和，没有出现明确反对京沪上轮轨技术的意见，对磁浮只是强调加强研究。这与我们的观点比较接近，为北京会议打下了较好基础。

11 月中旬的第二次会主要结合广深准高速铁路采用 X－2000 摆式列车，研究在京沪线上运用的可能性。我 15 日到达深圳大学，16 日大家乘 X－2000 去广州往返，下午起开始讨论，到 18 日结束。沈之介总工介绍背景情况，铁四院的陈应星、林焕章介绍准高速方案，铁科院钱立新介绍摆式列车。讨论中管德院士极力反对在京沪高速线上采用摆式列车，我、刘大响、钱清泉和李仁涵等青年同志也都反对。深圳会议否定了京沪采用摆式列车提速，也算一种进展。

关键是第三次会议。12 月 27—30 日在北京大观园酒店召开，到会代表 30 多位，咨询组除徐冠华部长未到之外，几乎全来了。12 月中旬，李仁涵和铁道部京沪高速办的范钦海两同志专门到成都和我一道，在前两次会议基础上准备咨询报告初稿。会前，我还请铁道部计划司曹箐司长、沈总和周总分别找何祚庥、严陆光、姚佐周等教授交流，说明京沪高铁的情况和特点，希望支持尽快上马。可是 28 日上午一开始讨论，意见分歧就很大。主要讨论两个问题：要不要上京沪高铁和要不要采用磁浮车。华允璋没有来，姚佐周代表他们两人坚决反对上高速。何祚庥和严陆光则坚决主张采用磁浮列车。可以说争得面红耳赤。晚上，大家冷静下来了一点，个别交换意见，寻找共同点。29 日上午何祚庥的发言，态度折中许多。在要上京沪高铁上，取得了较好的共识。在采用磁浮技术上，严院士也承认目前条件不成熟，仍在加强研究阶段。这样，和我们准备的初稿在大局上就很接近了。刘大响出面，请李仁涵谈了初步意见，决定下午开始讨论初稿。

下午的讨论，对于我起草的轮轨列车那部分，意见不大，但对于磁浮列车，争论仍然很多。最后决定请严陆光、常闻森、连级三负责修改定稿。关于绪论部分，意见也很多，决定由顾国标院士负责修改，因为他是常委中负责咨询工作的。会议结束前，我宣布：请李仁涵同志负责最后定稿。定稿后，发给每位咨询组成员签名。有三种选择，不同意的，可以不签名；同意的请签名；同意但仍有保留意见的，可以签名，但在保留意见栏中，填写保留意见，上报时，连同保留意见，一起报上去。对于这种处理方式，大家都很满意。

1999 年 1 月 4 日，李仁涵打电话给我，说何祚庥要求对报告做最后修改。我告诉他说，一切听何院士的。7 日，顾国标院士电话通知我，何院士把报告改得面目全非，问我怎么办。我请他把报告传来，由我修改。9 日接到报告后，我仔细看了何院士修改的地方，主要是前言部分，打破了我的底线。我们几个铁道部来的人坚持的是两点：1. 京沪线是高铁首选，要尽早启动，扩能及摆式列车都不行；2. 京沪当前只能上轮轨，不能上磁浮，至少 10 ~ 15 年内不行。何祚庥的基调是同意朱总理提议京沪上磁浮，不上轮轨。我除守住两条底线以外，在对磁浮优缺点的不实提法和对磁浮试验线建议的不妥之处，均保留他们的原文，还建议在报告末尾由每个人写上自己的保留意见。我的修改稿返回给何先生后，何先生完全同意，并答应说服严陆光和徐冠华在报告上签字。铁道部沈之介、周翊民总工先看了我最后的修改稿，在听到何先生反馈的意见后，感到十分惊讶，说没有想到何院士会同意我的修改稿。这以后就是文字工作了，都是李仁涵同志完成的。他起草了向国务院的报告，征求了 23 份签名，把每人所附的意见寄给我处理，能接受的都接受，不能接受的仍附在后面并注明“未采纳”。到1月25日，全部报告就绪，我最后签字。2月份，学部常委会讨论同意后，提交工程院主席团讨论通过，3月31日以工程院“中工发〔1999〕026号”文，正式报送国务院。

这份报告一共17页，分四个部分：前言，3页；磁浮技术，4页；轮轨技术，9页；结论，1页。前言实际上是给领导看的本报告的减缩版。除讲这次咨询简况外，说了两点结论：1. 关于中国是否应修建京沪高速铁路问题；2. 关于中国如何掌握高速铁路技术问题。前者明确给出一个结论，“中国应大力发展高速铁路，京沪高速铁路是首先的选择”。关于何时修建，摆出了两种意见：一是2000年起就启动修建；另一看法是推到10～15年以后再修建，这主要是何祚庥、严陆光的想法。但在何先生修改稿中，却大量引用姚佐周和华允璋的说法，说近年京沪线运量下降，建议暂不修建，等十几年再说。我最后修改时只强调必要性，何时启动，“不是本咨询组力所能及的事，建议国务院召集有关人员，另行研究决定”。对这样修改，何先生当然同意。

关于第二点，“专家们一致认为，不论何时修建京沪高速铁路，都必须尽快引进轮轨高速列车技术和磁悬浮高速列车技术，并在引进的基础上组织消化吸收，直到发展、创新”。可能温家宝副总理对这一点的印象较深，因为2003年他当总理后，提出“引进、消化、吸收、再创新”，与此提法十分相近。具体建议则主张由铁道部领导建一条上海至南京间的轮轨高速铁路试验线，由科技部领导建一条北京机场和天津机场间的磁浮铁路试验线，把两个机场连为一体。这样，轮轨派和磁浮派都得到满足，铁道部也满意，讨论酝酿多年的京沪高速铁路终于可以开始修建了。

其他几个部分的论证，是下了功夫的。我只负责轮轨技术的论证。主要是对那句“为什么京沪高速铁路要用30年前就有了的轮轨陈旧技术”

表述不同意见。论证用了比较多的篇幅，引用国外资料，反复说明轮轨高速技术仍处于不断发展的阶段，是当今高新技术的一支。我国要完全掌握，还需要引进、消化、吸收和发展创新。文中回避了同磁浮列车在经济上的比较，也就容易为磁浮派专家所接受。

磁浮列车部分，我交给严陆光先生负责，由我校连级三和国防科大常闻森教授参加。我只控制一条，要写上目前还没有工程化实例，京沪线要使用是10到15年以后的事。这是事实，无法反对的。在完稿以后交严先生签字时，他仍建议去掉“15年”，只提“10年”以后。我考虑再三，对李仁涵同志说，就按严先生的意见改为10年吧。

所以，这份报告是求同存异，经过艰苦讨论后获得的共同结论。有23位专家签名，都附上了自己的保留意见。实质性的成果是京沪高速铁路应当上和先马上开始用轮轨技术修建上海至南京段。难怪铁道部总工沈之介、周翊民听说何先生、严先生同意我最后修改的文稿时，十分惊诧，认为是不可思议的事。另外，在正式咨询报告后面附有专家保留意见的做法，也开创了以前没有过的先例。

这份经过几十名专家反复讨论，最后达成共识的咨询报告，经正式渠道上报国务院以后，有如石沉大海，其命运与1996年我当全国人大代表时亲手面交总理的建议书一样，没有任何反应。与此形成对比的是严陆光以个人名义写给国务院的建议书。第一封是他于1999年4月写的，由他和何祚庥、徐冠华署名。内容是说他们虽然在工程院咨询报告上签了名，但那是违心的。他们原本是彻底反对轮轨技术，坚决主张只上磁浮技术的。对于这样一封信，总理马上明确批给铁道部和科技部，请部长出面和他们三位详谈。我后来问严陆光，是通过什么渠道找到朱总理的。他说，很简单，写封信丢在邮筒里，一个星期后就收到回信了。

听说傅志寰部长为此找过严陆光。严陆光、何祚庥很快组织去德国参观磁悬浮，定在当年（1999 年）7 月 10—15 日，还邀我参加。我因要陪宋健去日本参观而没有同去。严陆光回来后，又向朱总理写了第二封信，明确建议京沪上磁浮。他为此还去铁道科学研究院好几天，收集有关资料。对于这封信朱总理做了很详细的批示，转给铁道部、科技部、国家计委、国家经委、工程院、科学院等阅读，并要求铁道部组织大型专家讨论会研究可行性。

铁道部立即于 9 月 12—16 日举行讨论会，上述各方面都派人参加，参加工程院咨询组的院士专家大都请来了。

对于这个要彻底否定工程院咨询报告的研讨会，工程院十分重视，指定学部常委关桥前一天晚上在宾馆找我们工程院参加咨询的人开会，研究如何发言。到会 6 人，我和关桥，还有顾国标、黄崇祺、乐嘉陵和钱清泉。12 日开会，由铁道部副部长屠由瑞主持，上午先由严陆光发言，他讲了两小时，都是要马上在京沪全线上磁浮技术的内容。接着，沈之介总工讲了一个半小时，反复说明为什么不能马上在京沪线上磁浮。下午，关桥讲了工程院的意见，也就是咨询报告的结论。接着由我宣读咨询报告，主要读了前言和结论。然后，由顾国标讲咨询报告修改过程，主要说明严、何所附保留意见及逐条如何处理的情况和理由，一听就是反驳他们所谓“违心签字”的说法。

第二天讨论。上午由姚佐周和华允璋包场，还是批评“高估运量，低估运能”那些观点。但华允璋的观点有些奇怪，他反对上高速，却主张上磁浮，即先稳住十年不动，积极引进磁浮，等十年后，京沪全线上磁浮列车。下午，华先生还意犹未尽，又讲了半小时，然后大家才发言。发言中最激烈的要算国防科技大学的一位教授，他痛心疾首地说，“轮轨是万恶之源，我们搞高速决不能轮轨与磁浮并立，两者之中只能取其一”。在以后三天讨论中，几乎所有专家都发了言，多数都持我们咨询报告的观点。我主要针对这位教授的话，讲轮轨不是万恶之源，而是万利之本。轨道交通之所以是绿色的，就在于轮轨接触。秦始皇就知道用车轮，1825 年就有铁路，早于汽车。轮轨高速铁路技术方兴未艾，正在向更高技术发展。在这种气氛下，这位教授第二次发言不提两者对立了，改为两者兼顾。但严先生第二次发言，还是老调。最后，9 月 16 日下午闭会前，屠由瑞副部长做总结，基调就是肯定工程院的咨询报告，说两者都要研究，但京沪目前不能上磁浮，应先在沪宁段搞轮轨高速铁路试点。这次研讨会报上去以后，结果如何，不得而知。但实际效果很明显，京沪高铁可行性研究停止了，铁道部只能暗地里支持轮轨高速铁路发展，而磁浮列车则迈出了德国人也没有想到的一步。这种形势一直持续到 2003 年政府换届。

轮轨与磁浮的争论于 1999 年 9 月大辩论之后，进入不对称发展时期。虽然结论有利于轮轨，但国务院却只支持磁浮，不对称的大头在磁浮一边。10 月 22 日，严陆光第三次上书朱镕基总理，朱批给傅志寰、路甬祥、朱丽兰及国家计委办理。推进的第一步是选址建试验线。北京、上海和广州为备选城市。后确定引进德国常导磁浮试验线，根据德国人建议，选在上海浦东机场。上海市长徐匡迪于 2000 年 6 月 30 日和德国磁浮铁路国际公司总经理瓦尔先生在德国签署了《中华人民共和国上海市和德意志联邦共和国磁浮国际公司（TRI）共同开展上海市磁浮列车示范运营线可行性研究协议书》。8 月上海申通集团有限公司联合申能（集团）有限公司、上海国际集团有限公司、上海宝钢集团公司、上海汽车工业（集团）总公司、上海电气（集团）总公司等 6 家公司共同出资 20 亿元人民币（后又增加上海浦东发展（集团）有限公司，增资为 30 亿元人民币），注册成立上海磁浮交通发展有限公司。8 月 24 日国家计委经国务院批准，批复了上海市磁浮列车示范运营线工程项目建议书。10 月上海市委、市政府批准设立上海市磁浮快速列车工程指挥部，并任命原上海浦东国际机场建设指挥部总指挥吴祥明担任总指挥，使项目启动得到有力的组织保障。11 月 20 日中德双方如期合作编制完成《上海市磁浮列车示范运营线工程可行性研究报告》，并经市计委上报国家计委审批。12 月 17—31 日中国国际工程咨询公司组织专家对工程可行性报告进行评审。2001 年 1 月 23 日公司与德国西门子公司、蒂森公司和磁浮国际公司组成的联合体签署了《上海磁浮快速列车项目设备供货及服务合同》，合同总金额为 12. 93 亿德国马克。科技部徐冠华副部长、徐匡迪市长等领导参加签字仪式。2 月 28 日国务院办公会议审议批准了项目的工程可行性报告和开工报告；随后，市计委、建委批准了工程扩大初步设计。3 月 1 日上海磁浮列车示范运营线工程举行开工仪式。中共中央政治局委员、市委书记黄菊按动开工电钮，徐匡迪市长等领导参加仪式。11 月 2 日上海磁浮列车示范运营线首根轨道梁启运仪式在制梁基地隆重举行。朱镕基总理和德国施罗德总理偕夫人参加仪式，并亲自为轨道梁启运揭幕。2002 年 12 月 31 日上海磁浮列车举行隆重的通车典礼，德国施罗德总理和我国朱镕基总理亲临磁浮龙阳路车站为上海磁浮列车首次通车剪彩。这里抄录的日程表说明，从筹建公司到开工不到一年，开工不到一年半就建成通车。这条“世界唯一的磁浮运营线”的建设速度，是史无前例的。

我很佩服傅志寰部长，在上头如此不支持轮轨高速的条件下，依然坚持不懈地发展高速技术。他当时提出“多干少说，只干不说”，京沪不让干，就上秦沈线；高铁叫不了，就叫客运专线；高速搞不了，就搞提速，并发动各厂研发高速列车。当时秦沈客运专线已获批准并于这次研讨会前就已开工。秦沈这条线叫客运专线，运营时速 200 公里，设计时速 250 公里，山海关到绥中 60 多公里区间，最高时速 300 公里，最高可达 350 公里。“中华之星”在此区间试验最高时速达到 321.5 公里，实际上就是高速试验线。2001 年 4 月，铁道部下达 250 公里时速高速列车设计任务书，这就是后来的“中华之星”。前已谈到，这一时期出现的高速列车研制高潮，使我们实验室的高速试验台应接不暇。可惜所有这些努力，都不能挽救京沪高速铁路。我们在咨询报告中争取到一句话：“磁浮技术在 10～15 年内不能用于京沪高速铁路”，以为这是为应当尽早开工的京沪线采用轮轨技术开辟道路，却被磁浮派接受为京沪坐等 10～15 年，等磁浮“示范”好了再上磁浮技术。

在傅志寰部长领导下，高速铁路技术的研发并没有中断，反而加大了力度。除上述直接与高速铁路技术有关的修客运专线和研发高速列车之外，另一项全国性的工作就是既有线提速。关于六次大提速的情况，我整理了一个简表（见附表 3）。傅志寰搞提速以 160 公里时速为限，着重开发大马力高速机车，如电力机车韶山 8 和韶山 9，内燃机车东风 11 等，设计时速可达 240 公里。刘志军在这个问题上进行了突破，把既有线提速作为发展高速铁路的前奏，最高时速提到 200 公里，甚至 250 公里。在技术上，超过 200 公里时速就进入高速铁路范畴，可按高速铁路统计了。但采用“和谐”号动车组，票价也进入市场机制，涨了许多，引起社会不满。这一点就不如傅志寰，他提速不提价，受到社会欢迎。

我受傅志寰精神的影响，觉得也应该为轮轨高速做点事。我不在铁道部工作，不受“只干不说”的限制，可以站出来行使话语权。1998 至 2003 朱镕基任总理的五年，我到外地一共做了 25 场报告，主要是到铁路工厂和铁路有关院校鼓舞士气，呼吁埋头苦干，努力发展轮轨高速铁路

【附表3】

六次铁路大提速情况表

次数	日期	部长	最高时速(km/h)	总里程(km)	全国平均旅行速度(km/h)
第一次	1997-04-01	韩杼滨	140	4626	54.9
第二次	1998-10-01	傅志寰	160	7562	55.2
第三次	2000-10-21	傅志寰	160	9581	60.3
第四次	2001-10-21	傅志寰	160	13 000	61.6
第五次	2004-04-18	刘志军	200	16 500	65.7
第六次	2007-04-18	刘志军	250	22 000	70.18

技术，一定要在中国建成以京沪高速铁路为代表的世界先进的高速铁路网。

社会上对磁浮列车的认识陷入了两个误区，一是以为磁浮列车的优势在高速，二是以为德国常导磁浮列车最先进。这是直接导致上海浦东磁浮示范线的两个原因。给谁示范？就是为京沪线上450公里/时磁浮列车做示范。理由是磁浮没有轮轨机械接触，因之没有振动，没有噪音。殊不知超过300公里/时以后，气动阻力和气动噪声均占90%以上，机械阻力和轮轨噪声只占百分之几。我极力主张地面稠密大气层中行车，最高速度不要超过400公里/时。高速下要对付的主要是稠密大气，浮不浮起来，没有差别，磁浮振动小、噪声低的特点，根本显示不出来。只有在低速之下，当机械振动和轮轨噪声占主导时，磁浮的这一特点才能凸显出来。用低速下磁浮的特性，谈高速下磁浮的优势，是不科学的。

关于德国磁浮技术，从悬浮原理上说是落后的，它只适合低速下使用。德国用常导技术，利用异性磁极间的吸引力来悬浮车辆。悬浮高度越小，吸力越大，直到相互贴靠，终结悬浮。所以，它在本质上是一个不稳定系统，必须采用主动控制技术，当悬浮高度变小时，立即削弱磁场，减少吸引力，以恢复悬浮高度。常导磁浮的悬浮高度只有10毫米，实时维持这个高度是很困难的。任何主动控制都有时迟，因为从获得信息，到削弱磁场，到检测达到的高度，是一个复杂的操作过程，是需要时间的，这个时间就是实时控制的时迟。随着前进速度的提高，能给予控制系统的时迟也越短。所以，德国在开发常导技术的初期，最大前进速度只定为280公里/时，西门子公司力主常导，就是想通过这项研究来提高自动控制技术的水平。应当说，这个目的他们是达到了，把前进速度提高到了450公里/时，的确达到了世界先进水平。但是，常导磁浮需要如此高水平的控制技术，正说明其不稳定特性带来的问题。相比日本采用超导技术，利用磁浮斥力来悬浮，悬浮高度变小时，斥力加大，使悬浮高度增加，直到与重力相平衡。所以它本质上是一个自稳定系统，无需任何控制就能自动达到平衡，悬浮高度可以达到100毫米。十分明显，从悬浮原理来说，自稳定系统当然更先进，它不需要这么先进的控制系统。一个在原理上就不先进的系统，即使某一分系统是最先进的，也不能称为先进系统。当然，日本超导磁浮列车虽然原理是先进的，但还有许多实际问题没有解决，1999年我去试坐过，超过300公里时速就有很强烈的振动，而且振动问题迄今没有很好解决。目前，虽然最高试验速度达到584公里/时，也仍然不能用于工程化。我国引进德国车，主要取其可以工程化，但却不能认为它就是最先进的，而且，对于450公里/时以上的超高速，它是无能为力的。

走出上面这两个认识上的误区，就能得到如下的结论：在开敞大气中，只有低中速磁浮列车对轮轨列车有竞争优势。在120公里/时以下，磁浮低噪声、少振动的特点突出，是一般城市轨道交通工具所不及的。所以，低速下采用常导磁浮技术是可行的。对于200～350公里/时高速列车，与轮轨列车相比，磁浮列车振动小、噪声低的优点不突出，而成本高一倍，运量低一半，维修运行费用高一倍，故票价也高一倍。因此不可能同轮轨高速列车相竞争。在400公里/时以上的超高速技术方面，必须采用低压管道屏蔽，才能保证经济合理运行。在此条件下，400～600公里/时范围内，仍然是轮轨技术的适用领域。磁浮不能与轮轨高速铁路网兼容，故不可能进入高速市场。只有在600公里/时以上，轮轨黏着可能失效，才不得不采用磁浮列车，但这时唯一可采用的是超导磁浮技术。结论很清楚：常导磁浮只能用于低中速，超导磁浮只能用于600公里/时以上的超高速。在200～600公里/时范围内，不可能有磁浮列车的立足之地。

这么简单的结论，这么清楚的道理，有些人就是听不进去。不是宣传常导可达400公里/时以上的所谓优越性，就是强调低压管道只能采用磁浮列车。严陆光先生13次上书总理，13次都得到总理的批复，就是主张在京沪线上采用德国常导磁浮列车，跑450公里/时。他原是搞超导的，1994年我向他介绍的也是超导磁浮技术，他后来改为主张常导技术。他把13封信及朱总理的批示集成一本书，已经正式出版，所以我才公开提这本书作者的名字。

尽管既有铁路一直在提速，京沪高铁建设的进程却完全停止了，直到2003年3月以后才有了转机。2004年的《中长期铁路网规划》和2007年9月京沪高铁可行性批准，终于敲定京沪修建轮轨型高速铁路。围绕京沪高铁的磁浮、轮轨之争，持续十年，才又回到原点，可以上报京沪高铁工程可行性研究报告了。十年就是一代人的时间，什么原因让我们浪费了十年？谁应当对此负责？就像十年“文化大革命”那样，宜粗不宜细，不必深究。但是应当认真总结一下经验教训。一点是政府领导部门的作用是决定性的，行政力量的推动有时比专家的作用更大，产学研的结合没有政府统筹不行，政产学研相结合，才能办成大事。另一方面，凡事都有两个方面，利与弊是可以转化的。十年不是白白浪费的十年，是休养生息、是多干少说、是埋头科研的十年。十年中世界在进步，科技在发展，作为科技人员，还是可以有所作为的。试想早十年就开始建京沪高速铁路，能有今天这样达到世界领先水平的京沪高速铁路吗？正是这两个要素造就了2004—2010年中国高速铁路快速发展的辉煌。

八年腾飞

2003年3月，政府换届，温家宝代替了朱镕基，刘志军代替了傅志寰。反映在对工程院咨询报告的理解上，磁浮派的解读让位给轮轨派的解读。前者的解读是：京沪高铁停建十年，等待磁浮技术的发展，十年后京沪线上磁浮列车。而后者的解读却是：京沪高铁应当马上开工，引进国外先进的轮轨高速技术，消化吸收，再发展和创新。温家宝看到的是后者，他提出“引进、消化、吸收、再创新”，与我们咨询报告的提法如出一辙。咨询报告中的这段话是我写的，有幸同温总理后来的提法相吻合，这也是一桩难得的美事。

刘志军一上台，先烧了三把小火：既有线提速最高到200公里/时，大秦线开行2万吨重载列车，改造线路实行双层集装箱运输。对于这三点我都不甚理解，认为他没有抓到点子上。2003 年 12 月 19 日，科技部召开国家交通运输发展中长期规划顾问会议，通知我去参加。会议由科技部副部长马德秀同志主持，到了交通运输领域不少专家院士。我做了长篇发言，主要讲 4 点：1. 关于速度，要讲经济速度，水运不能超过 50 节，轨道交通不能超过 400 公里/时，航空不能超过 1000 公里/时。2. 关于磁浮列车，不能作为主导方向，我们的徐部长在上海搞德国常导磁浮车，没有优势，悬浮原理也是落后的。你们当官的几年就下去了，留下这个赔钱的烂摊子，造成极大浪费，贻害子孙后代，真不该上德国这艘“贼船”啊（情不自禁地激动起来）。3. 电动汽车问题，可以研究，但工程化进入市场至少还得 30 年。4. 要上高速铁路，既有线改造不解决问题。提速到 200 公里/时，开行 2 万吨重载列车和实行双层集装箱运输，从技术层面看都存在问题。我在这里既反对徐冠华，又反对刘志军，而且态度激动。散会时我问马德秀副部长，我的发言是否不妥，如有冒犯请原谅。她说，提意见是可以的，但不要带情绪。我说：“为国家着想我的确很着急，控制不住自己的激动。”

2004 年 1 月，公布了铁道部制定的《中长期铁路网规划》，使我大吃一惊。我是从网上读到的，当时不禁高呼：“好大的胆子！”一条京沪高速，论证了十年还没有能够批得下来，这一下就要修 1.3 万公里轮轨高速铁路，构成四纵四横的一张高速铁路网，下这样的决心，谈何容易！

这个铁路网规划仔细读过后，使我不得不折服。本届政府换届还不到一年就批准了这个划时代的中长期规划，可见新领导其实早就有此打算了。根据 2008 年修订过的规划图，目标是要建设 1.6 万公里的客运专线，速度等级都在 200 公里/时以上，称为客运专线，其实就是高速铁路。

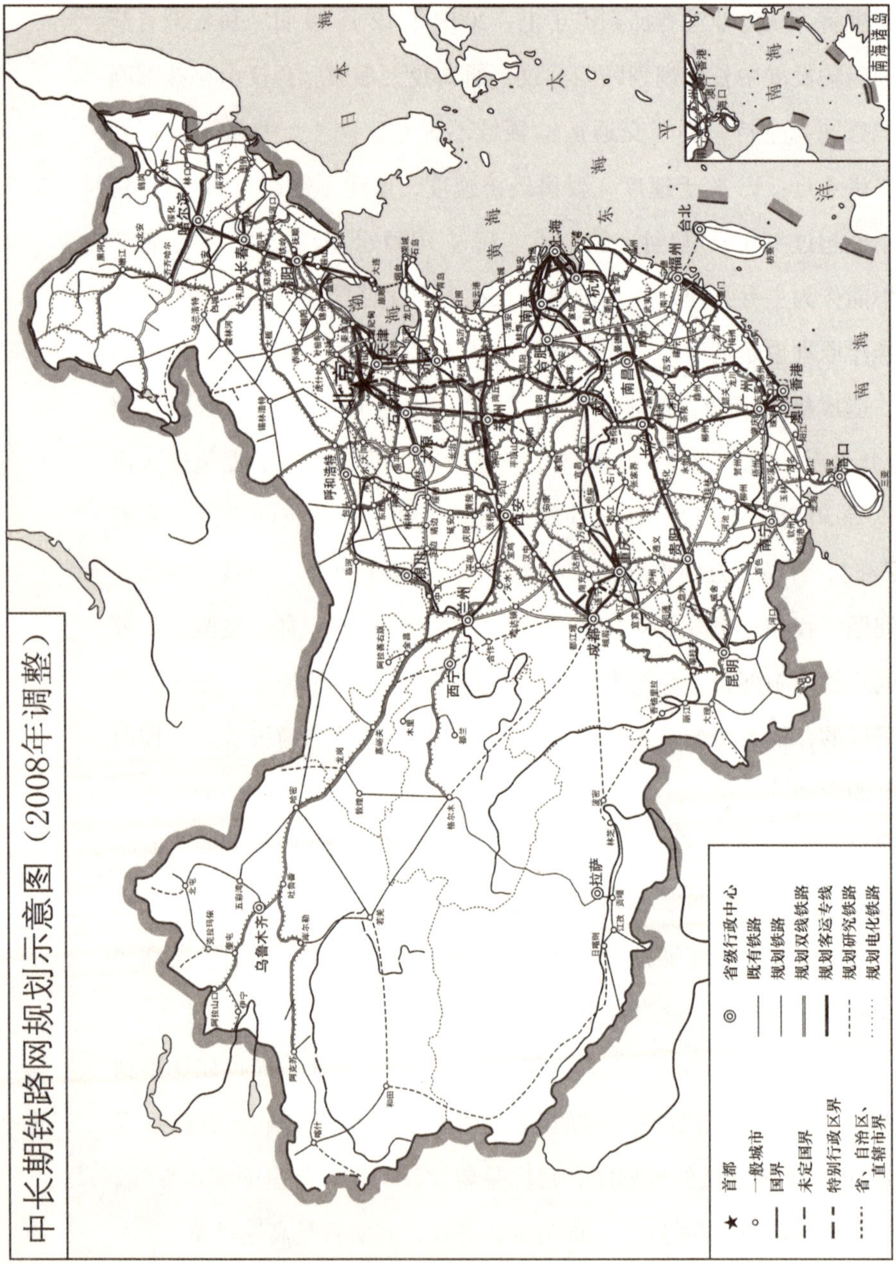

中长期铁路网规划示意图（根据2008年8月修订公布的规划图修编）

【附表4】

四纵四横——1.3 万公里高速铁路网①

序号		区间	里程	直达时分	全线建成时间
四纵	1	北京—上海	1300 公里	4 小时	2011 年
	2	北京—广州	2200 公里	7 小时	2012 年
	3	北京—哈尔滨	1700 公里	5 小时	2012 年
	4	杭州—深圳	1700 公里	5 小时	2012 年
四横	1	徐州—兰州	1400 公里	5 小时	2012 年
	2	上海—昆明	2000 公里	7 小时	2012 年
	3	青岛—太原	800 公里	3 小时	2012 年
	4	南京—成都	1900 公里	6 小时	2012 年

为了认识这个规划的意义，我从国内、国际两方面做了一些分析。由下图可以看出，近 30 多年来，我国 GDP 和城市人口激增，运输需求迅猛增加。如货运，远远不能满足市场需求，不得已货运大量流入公路，造成物流成本奇高，占到 GDP 的 18%，通过物价转变成为国民负担。国外一般只有一位数，如美国物流成本仅为 GDP 的 7%。高速公路也是从 1988 年才开始修建，由于融资渠道畅通，发展很快，到 2010 年已达 74 000 公里。高速铁路每公里造价与高速公路相当，总里程不过 8358 公里，新建者不到一半，仅及高速公路的尾数。如此以往，必会走上美国发展交通运

① 据国家《中长期铁路网规划》2008 年修订版。

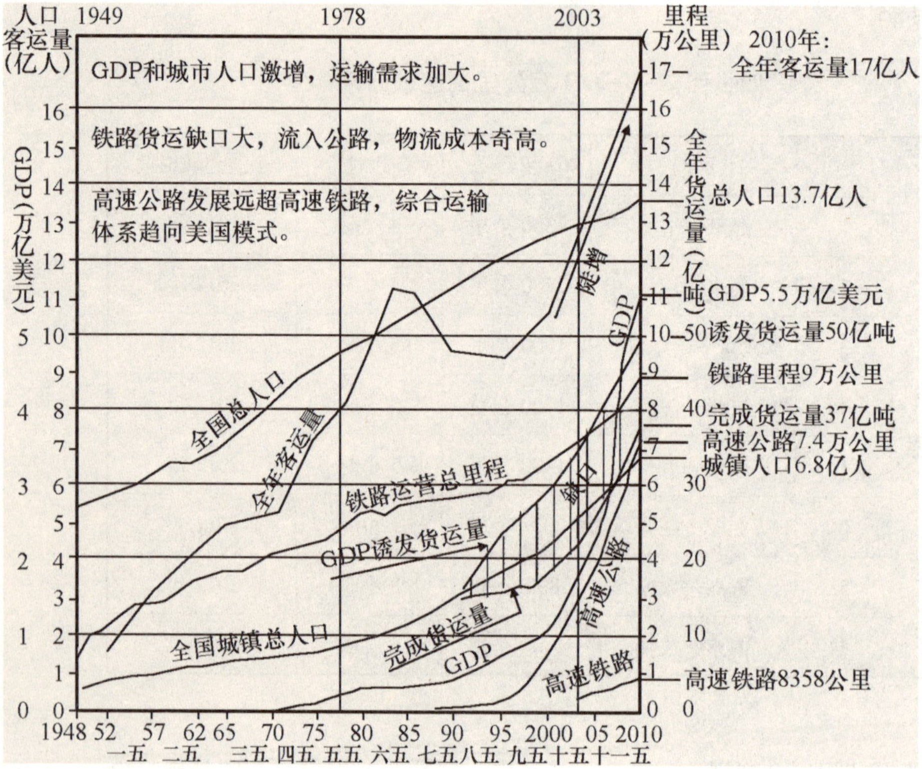

高速铁路现状不适应我国经济社会的发展①

输的老路。美国20世纪40年代以后拼命发展民航和高速公路，铁路只承担货运，铁路客运份额只占0.4%。进入21世纪，能源、环保问题十分突出，他们才发现这条道路是错误的。奥巴马提出在美国要发展高速铁路，就反映了世界高速铁路发展的当前趋势。由世界高速铁路发展趋势图可以看出，进入21世纪以后世界高速铁路发展速度加快，尤其在2008年以

① 引自：Li Zhou，Zhiyun Shen. Progress in high-speed rain technology around the world. *Journal of Modern Transportation*, March，2011，19（1）：1～6.

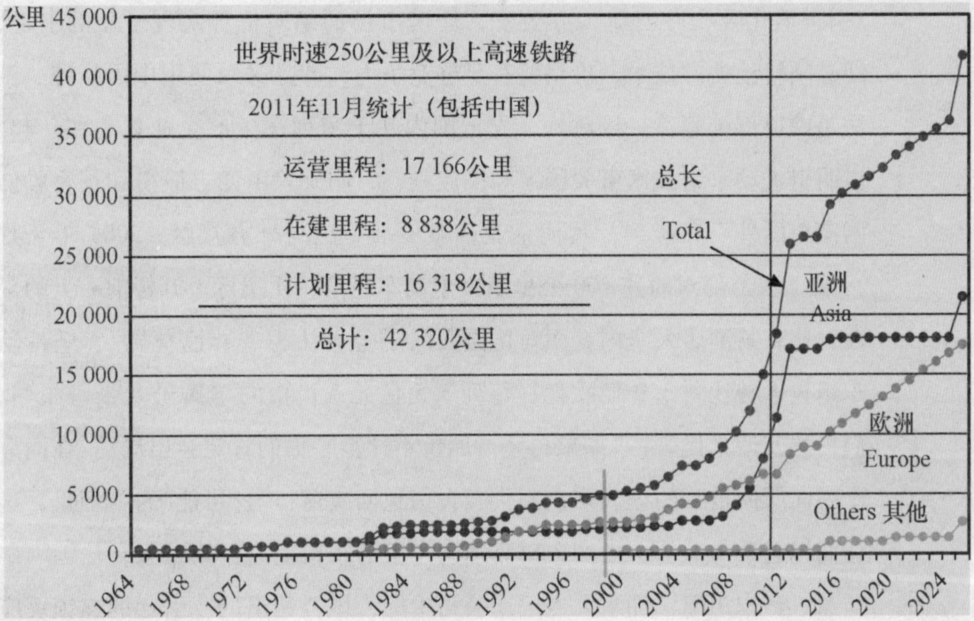

世界高速铁路发展趋势图[①]

后，更是直线上升，到 2011 年，运营总里程要达到 17 166 公里，加上计划项目，总里程在 4 万公里以上。

我国政府刚刚换届就决定和发布包括高速铁路网的中长期规划，从上述国内外发展趋势看，是完全正确的，是具有战略眼光的。高铁八年腾飞是国家的战略决策，是千百万人共同努力的结果，绝不是刘志军个人“头脑膨胀”所致。随着经济和社会的发展，这个规划的意义和重要作用将日益凸显，任何挫折和困难都不能阻挡高速铁路快速发展的潮流。

国务院办公会指出要走“引进—消化—吸收—再创新的道路”，提出“引进先进技术，联合设计制造，打造中国品牌”的方针。铁道部成立了

① 摘引自 UIC 客运部主任 I. 巴龙 2011 年 11 月 25 日的报告。

“引进消化吸收再创新”办公室，凭借市场的绝对优势实现全新的引进，即必须转让关键技术，价格要有足够竞争力，产品必须使用中国品牌。做法是铁道部统筹，一致对外。先把国内几十家列车生产企业召集在一起，讲明引进动车组技术事关国家和民族利益，明确只由四方股份和长客股份两家与国外厂商谈判，其他企业一概不准单独与外方接触。2004年7月28日，铁道部对时速200公里及以上动车组第一次招标。开标前一天的深夜，北京某酒店大堂内，面对德国西门子公司认为“非己莫属”、坚持动车组技术转让费3.9亿欧元、每列3.5亿元人民币的“狮子大张口”，我们提醒其谈判代表：“如果再坚持原价不让步，你们肯定会出局!”在商海中一向所向披靡的该公司谈判代表自信地回应道：“这可能吗?”但是，这位商场老手却低估了中国人对高速动车组的掌控能力！第二天，法国阿尔斯通、日本川崎、加拿大庞巴迪公司中标，该公司出局。引起的连锁反应是西门子公司在欧洲的股票狂跌，总裁引咎辞职。第二年招标60列300公里时速高速列车，西门子在中国的新总裁又来投标，态度变得非常诚恳。我们协助他找到北车的唐山工厂作为他的合作伙伴联合投标。最终，他们以技术转让费8000万欧元、每列车造价2.5亿元人民币这样从未有过的价格与我们成交。仅此一个项目，算下来节约了近90亿元采购费。执行过程中，唐山厂派去德国的工程师、车间主任、工班长等人员先后达到1000多人，德方派来唐山厂的相关人员也有300多人，这种交流使唐山工厂从管理理念到质量保证系统发生了根本性的转变，一举实现了企业现代化。

在这个高速铁路大发展的时期，2004、2005两年铁道部主要搞引进，忙于领导生产企业的“联合设计制造”，科研院所及高等学校参与不多，我们实验室仍同以前一样，只参加四方、长春、唐山等厂设计处的仿真计算和参数优化等课题的工作，试验上则新引进车还未出厂，不到试验阶段。原有高速车的研制，因不合动车组规范，基本上都停止了。试验台的任务一下中断，变得非常冷清。我们虽然在引进车对中国线路适应性方面做了不少工作，在引进车的参数优化方面，承担了理论分析和优选的任务，但在全局上参与不多。加之，我对刘志军上台后提出的那三条都不以为然，对他的思路十分不理解，因此对铁道部新领导班子并不看好，认为只晓得引进别人的技术，不重视自主开发和科技创新。

2005 年 5 月工程院开第一轮院士评选会议时同刘友梅院士谈起来，他的情绪比我还大。我们共同开发的“中华之星”遇冷，刘志军要引进动力分散型高速列车，而“中华之星”是动力集中型的，因此被否定，停止了实验研究。傅志寰和刘友梅对此十分不满，他们发起院士签名，建议重视“中华之星”的研究开发，事实上就是反对刘志军只搞引进这一套。傅、刘他们征集了 50 多位院士签名，我当然也签了名，由工程院递了上去。工程院院长徐匡迪是主张磁悬浮的，主席团有前任部长傅志寰，不支持刘志军的引进，我们学部刘友梅是常委，学部工作局的李仁涵副局长是铁道部来的，观点与傅志寰相同，是反对刘志军的，所以，工程院总的倾向是不同意刘志军从引进开始来发展高速铁路的。倒是科学院很快站到支持高铁的最前沿，活动很频繁，同工程院的沉默形成明显对比。我此刻的思想状态与工程院的差不多。

2005 年 7 月 13 日在校长主持下，学校召开了“轨道交通关键技术研讨会”，从土、机、电等，甚至人文方面都提出了许多想法，张卫华汇总这些提议，写成了厚厚一本轨道交通国家实验室申报书，分别报送给科技部和铁道部。我当时对铁道部抱的希望不大，这个看法直到见过刘志军以后，才彻底改变。

2006年2月13日，学校与铁道部部长办公室主任王志国多次联系，终于安排部长接见了西南交大代表。这次接见，学校除顾书记和周校长外，还有我和钱清泉两名院士及张卫华教授。部里以刘志军为主，有陆东福副部长，何华武部总工，张曙光部副总兼运输局长。周校长汇报学校情况后，让我汇报轨道交通国家实验室的筹备工作。我强调引进必须注重消化吸收再创新，要求把引进车的一台转向架交给我们试验，以分析其参数和性能。当时负责引进的张曙光立刻即席表态，“给两台，一台是引进的，一台是自己生产的，请你们进行比较研究”。我还详细汇报了轨道交通国家实验室的设想。这个设想事先曾上报了书面材料，我猜刘志军看都没有看过。不想他在系统谈了铁道部2004年以来的工作思路及取得的成就后，对我们上报的国家实验室方案，系统地谈了四点很中肯的意见，从指导思想到具体研究方向，都提出了和我们相同的构思和设想，而且提出当前要以高速铁路为主要方向，为当前铁路的快速发展提供基础研究成果和关键高新技术。看得出他对我们的报告是做了认真思考的。接见后他还个别找我谈话，问我对于当前工作还有什么建议。我提出引进后的消化吸收，要打破铁道部的局限，广泛吸收全国相关科技力量的参与。建议成立专家组，设立相关课题，当作部科研项目，吸收路内外有关专家都来参加研究。他立刻表态同意，对我说，你的建议很好，但有一个条件，就是你必须担任这个专家组的组长。我当然同意，并答应推荐路外有关院士参加。这件事他当面交给张曙光落实，张曙光从此同我们联系较多，使我校和牵引动力国家重点实验室重新步入快速发展的轨道。

这次会见，使我认识到刘志军当部长后执行的是一条全新的路线，即在引进高速铁路最新技术基础上，消化吸收、加以发展后，用于再创新。我在1998年工程院咨询报告中说的就是这个思路。温家宝总理在

1997年作为副总理时对京沪高速铁路的可行性说的四点意见，就是引进消化吸收再创新这一思路，在换届后首先批复的《中长期铁路网规划》中讲的也是这个思路。这是完全正确的方针，以后的发展也证明了这个方针的正确性。包括刘志军刚上任的“三把火”，即200公里/时提速，2万吨重载和双层集装箱运输，也是适应时代发展的。2007年我在美国儿女家住，读了《纽约时报》上的一篇论文，讲北美铁路公司花了100亿美元，改造28个隧道，使其能开行双层集装箱货车，以适应铁路货运由散装为主改为集装箱为主的潮流。回国后我见到刘志军时，向他说了这件事，说他思路特别超前，美国现在才想起要办的事，他在2004年就开始办了。

刘志军有严重贪污腐败等问题，国家会依法处理，对他的不轨行为应当唾弃，人格上和作风上的问题自有法律与道德对他制裁和批判。但他在发展我国高铁的思路上及他为此而做的努力，我认为还是应当充分肯定的。如果因为他而说这几年的发展是“刘疯子”或“刘跃进”所为，则更不符合事实了。有人说，他三分之一的时间都在司机室添乘（在铁路线上奔跑），属不属实我们不知道。但是2010年京沪先导段上CRH380A创造486.1公里/时运营列车试验速度世界纪录时，他就在司机室添乘。我在2006年以后支持刘志军的态度，曾招致前任部长追随者们的讽刺，说沈某人“哪位部长在台上，就说哪位部长好”。可惜这种讽刺包括不了2004、2005这两年我的态度。

铁道部另一位已经落马的大人物就是张曙光，他和刘志军差不多同时因贪污被双规。他也是那次部长接见后我才认识的部领导。同刘志军一样，我认为也应当把他犯的罪行同他所做的工作区分开来。我不知道他贪财的一面，我所接触的是他工作的一面。他受刘志军委托，专门负责高速列车的引进消化吸收再创新。我同他在部长接见时认识后第3天，即2月15日，他即按照刘部长的口头指示，请我去参加成立专家组的会，他领导下的工作班子都来了。我第一次知道这个强有力的工作班子，一个个都精明能干，意气风发，团结一致，一心扑在工作上，并曾发誓一定埋头苦干，把中国高速列车技术搞上去。

在张曙光召集的这次会议上，正式成立了引进消化吸收再创新工作组，成员主要是有关单位的技术负责人，他自己任工作组组长。另外成立专家组，起顾问组的作用，由我推荐几位院士参加，相当于院士工作站。专家组有清华大学的潘际銮、朱静，哈尔滨焊接研究所林尚扬，北京航空制造研究所关桥，解放军装甲兵学院徐滨士，浙江大学朱位秋，沈阳金属所李依依，航空第一集团公司刘大响和我校钱清泉及我自己，由我任组长。引进消化吸收再创新工作组分总成、车体、转向架、牵引变流、牵引变压、牵引电机、牵引控制、列车网络和制动系统等九个小组，对应九项关键技术。针对九大技术，以负责引进的企业为主，分别设立课题，在引进款项中拨专款支持。国家引进款项从来只能用于引进，可以拨款支持科研课题，这还是第一次，属于体制创新。3月25日又召开全体会议，几个主机厂的人都来了。6月11日又在株洲厂开专家组全体会议，周翊民、王麟书、宋风书也来参加，讨论电气设备项目的落实，由株洲电力机车研究所承担动车组电力驱动装置的自主研发。7月2日在北京召开项目启动会，举行各个项目合同的签字仪式，要我这个组长致辞。我说了成立工作组和落实具体项目的重大意义，并提高到这是我国投资体制上的突破的高度。8月10—12日，又召开了更大规模的专家组全体会议，推动各个项目组工作的进行。如此密集的活动，以及以这种作风抓科技开发，以前是不多见的。

我第一次同张曙光通电话是2006年3月6日，在引进消化吸收再创新专家组成立之后。他听我讲了高速铁路大系统要统一考虑，认为很有道理，想来兼职念我的博士学位。我对官员来念学位从来不感兴趣，但他说想学习用大系统动力学观点来发展中国高铁。我知道他有能力贯彻落实，希望我们实验室发展的大系统动力学能够通过他得到实际应用，故答应他入学，并将整个实验室的学术思路及发展战略向他和盘托出，他十分赞赏，说要在工作中实施。

牵引动力国家重点实验室经过20年的实践，逐步形成一个学派，即铁路大系统动力学学派。关于高速列车大系统动力学新理论的来由、形成过程及其发展，我在后面还要详细讲解。这里只想谈铁道部是如何接受这个理论并付诸实施的。起关键作用的应该说还是张曙光。虽然他是已被双规的贪官，但他工作中对高铁的推进，不能一概否定。

我同张曙光谈了这个新理论，他很赞同，而且说要付诸实施，让实践成果来说话。当时他掌握统筹高速铁路技术的权力，又身负快速发展我国高速铁路技术的重任。他结合引进项目，应用我们提出的大系统动力学，确立了车路统一考虑的理念，认可大系统动力学对高速铁路技术科学基础的作用；并应用大系统动力学作为科学的计算工具，通过刘志军，在铁道部搭建起勘测设计、基础工程、装备制造、通信信号、系统集成、运营管理六个技术平台，按大系统动力学进行系统优化，制定围绕速度目标的一体化的技术标准体系，分别落实。在他集中统筹下，铁道部成功地在2007年第六次提速中，实现了140列动车组的安全运行。应当说任何成功都不是哪一个人单独努力的结果，尤其像高速铁路这样的大工程更是如此。但个人的作用也是不可低估的，尤其有指挥权的领导作用。动车组投入第六次提速，有6003公里能跑到200~250公里/时，司机遇到问题都可以直接打电话给张曙光，他可以根据问题告诉司机，将哪个手把如何动一下就能解决问题。他是车辆专业出身，对实际工作的了解，是其他领导所不能及的。

引进第一代

2004年为第六次提速引进了四个型号，统称为CRH和谐号动车组，基本情况如下：

CRH1——中国南车集团四方机车车辆股份有限公司与加拿大庞巴迪的合资公司——青岛四方－庞巴迪铁路运输设备有限公司（BST）生产。原型车以庞巴迪为瑞典ABB提供的Regaina C2008为基础，CRH1A为8节车厢编组座车动车组，200公里级别（营运速度200公里/时，最高速度250公里/时）。CRH1B为16节大编组座车动车组。CRH1E为16节车厢的大编组卧铺动车组。

CRH2——中国南车集团四方机车车辆股份有限公司联合日本川崎重工，引进川崎重工的新干线E2－1000型动车组技术，南车四方机车车辆股份有限公司负责国内生产。CRH2A为8节车厢编组座车动车组，200公里级别（营运速度200公里/时，最高速度250公里/时）。CRH2B为16节大编组座车动车组。CRH2E为16节大编组卧铺动车组。

CRH3——中国北车集团唐山轨道客车有限责任公司联合德国西门子公司，引进西门子ICE3（Velaro）技术，由北车唐山轨道客车有限责任公司负责国内生产。CRH3C为8节车厢编组座车动车组，300公里级别（营运速度330公里/时，最高速度380公里/时），作为京津高速铁路的用车。CRH3D为16节车厢的大编组座车动车组。

CRH5——中国北车集团长春轨道客车股份有限公司联合法国阿尔斯

通，引进法国阿尔斯通的 Pendolino 宽体摆式列车技术，取消了装设的摆式功能，车体以法国阿尔斯通为芬兰国铁提供的 SM3 动车组为原型，由北车长春轨道客车股份有限公司负责国内生产。CRH5A 为 8 节车厢编组座车动车组，200 公里级别（营运速度 200 公里/时，最高速度 250 公里/时）。

这些动车组都委托我们实验室进行参数优化和改造设计。上述四方机车车辆股份有限公司和长春轨道客车股份有限公司给的课题，一是应用大系统动力学进行动力学参数优化设计，二是进行台架试验，以验证设计和提出改进，主要目标是解决引进车对我国线路的适应性问题。这些车都成功地应用在 2007 年 4 月 18 日开始的第六次提速当中。6000 多公里既有线达到 200 公里/时，其中 800 多公里达到 250 公里/时。使用的都是引进的 140 列动车组。超过 200 公里/时就可以称为高速铁路，这是中国第一次有了自己的高速铁路。我到这时才认识到要提速到 200 公里/时，其实就是上高速铁路的第一步，先以引进为主，进入第一代高速列车时代，为发展第二代车打基础。

发展第二代

正如名为提速的引进实为走向高速第一步一样，引进 200 公里/时第一代高速列车技术的目的是为了发展第二代。

我们如果把 250 公里/时左右、300 公里/时左右和 350 公里/时以上的列车分别叫作第一代、第二代、第三代高速列车，则世界高速列车发展过程中的代表性产品可以列为一表（见附表 5）。我国高速铁路从零开始，以引进为主，到 2007 年第六次提速后，达到 200 公里/时以上，这就是前面所说的引进第一代。

【附表5】

世界高速列车技术发展比较表①

分代	日本	法国	德国	中国
第一代 250 km/h 左右	S-100, 270 km/h 1975 E2, 275 km/h 1997	TGV-PSE, 280 km/h 1981 TGV-A, 300 km/h 1996	ICE-1, 250 km/h 1991 ICE-2, 280 km/h 1996	CRH1, 200 km/h CRH2, 200 km/h CRH5, 200 km/h 2007
第二代 300 km/h 左右	S-500, 300 km/h 1998	TGV-地中海线 320 km/h, 2001 TGV-东部线 320 km/h, 2007	ICE-3, 300 km/h 2002	CRH2C, 300 km/h CRH3, 300 km/h 2008
第三代 350 km/h 及以上	Fastech360 1998—2009 未实现360 E5 300 km/h, 2011 320 km/h, 2012	AGV360 350 km/h 2008 未运营	ICE350E 350 km/h, 2006 未运营	CRH380-A CRH380-B 350~380 km/h 2010 已投入商业运营

从2006年起，成立引进消化吸收再创新工作组，以企业为主体，按9大关键技术分别设立课题，着手研发300公里/时及以上高速列车。四方工厂以CRH2A型设计作为基础，进行修改，发展CRH2C型动车组。包括把动车数量增至8节（6M2T），使用DSA350型高速受电弓，以及在受电

① 引自：Li Zhou, Zhiyun Shen. Progress in high-speed rain technology around the world. *Journal of Modern Transportation*, March, 2011, 19 (1): 1~6.

弓两旁加装挡板等。列车速度级别属第二代（标称时速300公里），最高运营时速为350公里，用于新建的高速客运专线，如京津、武广和郑西线。发展第二代车从引进之初就开始了，但从体制上建立国家技术创新体系，落实研发项目及资金，则是从2006年初启动的。总体上讲，理论基础是全面启用我们提出的高速列车耦合大系统动力学，进行仿真计算，通过全局优化调整参数，从系统控制出发，协调统筹土、机、电各方面的技术标准体系。另一方面是加强试验环节，一切通过试验，仿真参数由现场实测得来。在我们实验室建立了整车参数测试平台，弹簧、阻尼等悬挂参数必须在安装状态下测得。工程设计阶段，进行了260余项试验研究；零部件研究开发中，进行了650余项试验研究；新头型研究、试验了20多个方案；武广、郑西高速线上，做了20类279项试验研究；沪杭线上，最高试验速度达到416.6公里/时，京沪先导段最高试验速度达到486.1公里/时。自主发展的CRH2C型动车，上线前专门运送到我们实验室，最高速度试验达到410公里/时（见右图）。在联调联试的同时加入科研型试验，是一项新创造，投入运营后坚持跟踪试验，又是以前所没有的。这两项试验吸收了高铁国家技术创新体系

“和谐”号高速列车在牵引动力国家重点实验室的试验台上进行高速运行模拟试验，最高试验速度达到410公里/时

中的广大科技人员参与新型高速列车研发，这样既能占有大量原始数据，又能够在试验研究中培养人才。

2008 年 8 月 1 日，京津城际铁路建成通车，列车最高运行速度达到 350 公里/时，北京至天津间 120 公里半小时到达，使这两大城市实现了同城化，为北京奥运会增添了一道风景线。这是我国第一条新建的高速铁路，运行的在引进基础上自主研发的 CRH2C 及 CRH3－300 动车组，标志着中国高速列车技术进入世界第二代。

京津城际高速铁路

创新第三代

2007 年 5 月，新任科技部部长万钢陪同国务院领导到天津滨海新区考察，正在建设的时速 350 公里的京津城际铁路引起领导层高度关注。面对正在起步建设的中国高速铁路发展背景，一个思路在万部长脑海里诞生，科技部可否与铁道部联合，在高铁技术再创新上做一些工作？这将是一个科技体制改革的崭新路径。用科技项目来支撑刚刚兴起的中国高铁事业，将会对中国高铁技术的可持续发展起到巨大的推动作用。这一思路旋即得到了急需科技支持的铁道部的热烈响应。

2008 年 2 月 26 日，在北京钓鱼台，科技部与铁道部共同签署了《中国高速列车自主创新联合行动计划》；2008 年 8 月，经过充分的科学论证，3 个“十一五”计划项目相继得到批准，它们分别是支撑计划“高速轮轨铁路引进消化吸收与创新”和“中国高速列车关键技术研究及装备研制”；863 计划“高速铁路用车轮材料及关键技术的研究”和“最高试验时速 400 公里高速检测列车关键技术研究与装备研制”；973 计划“高速列车安全服役关键基础问题研究”。共投入科技经费 10 亿元，铁道部配套资金 20 亿元。铁道部为此成立 226 办公室，专门负责这个大型项目的管理。

226 办公室的负责人是铁道部运输局知识产权处处长周力。周力是从上海铁路局调来协助抓高铁技术的。他是大连铁道学院机械系毕业生，特别聪明，领悟力极高。2006 年我和他一道去四方厂，在由青岛去济南的

2007 年 10 月铁路领域第一个 973 项目启动（前排右 6 沈志云，右 7 陈春阳，左 5 张卫华）

火车上，我向他介绍国家实验室的构想，讲我的想法：发展成高速列车国家技术创新体系，他听进去了。2008 年，张曙光自认为难以完成我要求的博士生的学习任务，退学不念我的博士生了。周力却提出要来报名，而且被正式录取。他对此很有诚意，2009 年 3 月 26 日，他专程到成都，找来十几位我的博士毕业生，要举行拜师典礼。他当着众师兄的面，向我磕了三个响头。我按他的安排，送他三样礼品：桂圆、大葱、芹菜，表示圆满、聪明、勤快。不知道他从哪里学来这套礼节，却也表示了他的一片诚心。他还表示决心，要使自己写出的博士论文入选全国百篇最佳论文。2010 年他在处级干部岗位上任满五年，组织部门提升他为副局级干部，任命为技术部副主任。他对我们高速列车大系统动力学的领悟也比较深，而且能贯彻到政产学研用五结合当中来。在他的极力推动下，通过科技部、国家发改委，不仅使我们最高层次的国家实验室有了眉目，而且成立了十几个国家级别的实验室。他还积极与中科院、清华、浙大等联系，成立了许多新的省部级研究试验单位。通过这些努力，以企业为主体的国家

2010 年 9 月 226 办公室全体人员合影（前排左起：钱清泉、沈志云、周力）

技术创新体系初步形成，在研制新一代高速列车中发挥了很好的作用。后来，他在四方工厂调研时，突发心脏病，做了安装支架手术后，需要疗养。另外，226 办公室也被取消，职能并入铁道部科技司，按通常体制运作。他于是申请调回上海铁路局。组织上安排他担任上海铁路局副局长，但暂时以养病为主，没有太多具体事务。他在身体稍有恢复后，两次来成都，和师兄们切磋学问。他说，要利用这种难得的机遇，坐下来好好读点书，充实自己，以便为我国高速列车技术的发展，继续做贡献。对于这位关门弟子，我很欣赏，也很有信心，相信他定能把我们的大系统动力学向前推进一步。

两部联合行动计划在 226 办公室专职管理下，进展顺利。首先是要全面总结京津城际 300～350 公里/时实际运营的经验，改进提高后，拿到武广、郑西和沪杭线上去试用，再次总结提高后，才是最后可上京沪线的 CRH380 车。这是锻造第三代车的几个步骤：试用试验—再设计制造—再试用试验—再设计制造—创新出自己的新一代。

2010 年与关门弟子周力(右)摄于家中

2008 年 6—7 月，牵引动力实验室派出 40 多人的试验队伍，在铁道科学研究院主持的联调联试之外，另外加入科研型试验，对车上车下的动力性能包括会车及地面振

动，噪声分布场等，进行全面测试和分析，得出需要如何改进的结论，交四方厂再设计制造时参考。他们吃住都在野外，跟车测试更辛苦。目标虽然是为8月1日正式通车做准备，但更大的目标则是为创造新一代动车服务。7月24日，专家组齐集青岛，召开高速动车组综合性能试验评审会，由我任组长，铁科首席研究员黄强任副组长，有参加试验的各方报告测试结果及分析意见。通过两天讨论，对发展到300～350公里/时的第二代车CRH2C－300和CRH3－300的动力性能及改造经验做了全面总结，决定由四方厂以最后一列CRH2－150C改造成新一代动车CRH380的样车，投入武广高铁继续进行试验。京津城际8月1日正式投入运营后，我们又建议立项进行跟踪试验，观察测试运营车性能及参数变化的规律，为进一步改进积累资料。西门子等国外公司都想上车测试，都被铁道部拒绝了。高速动车运行的原始资料，只能为我国所用，外国人可望而不可即。

2008年12月18日在青岛组织了庞大的设计审查会，评审新一代（世

2008年1月高速动车组整车试验规范评审会议（前排左6沈志云）

界第三代）动车组 CRH380 的设计。有 13 名院士出席，评审专家达到 50 人，由我担任组长。张曙光做总体设计报告，四方厂分别做个别部件的分报告。转向架设计主要用了我们的参数和试验数据，车体结构改型设计也是用了我们在车体模态方面的试验和计算结果，但主设计师都是工厂的人，所以都由工厂做报告。只有受电弓，设计负责人是我们的张卫华教授，所以这一部分由他报告。在武广尤其是京沪线上，要采用长编组的动车，使定员在 1000 人以上。这种车必须用双弓受流。两弓之间的距离如何计算？张卫华经过仿真计算和试验研究，第一次提出一个计算公式。按此公式确定的距离设置受电弓位置，在武广线上运行时取得非常好的效果。他在报告中讲述了计算原理和设计细节，给专家们留下了深刻印象。

2009 年 6 月 4 日，院士及专家们又汇集四方厂开研讨会。全体代表仔细参观了改造后的四方工厂，一致赞扬工厂现代化的进程，其水平比日本川崎重工还要先进。还特别参观了即将下线的 CRH380 样车。研讨会由我主持，专家们一致认为在总结京津线实际运营经验基础上，创新发展的新一代样车，具有鲜明的特点。我在会上发表了三点意见：1. 一点体会——引进消化吸收再创新的战略是绝对正确的。2. 两点评价：一是好，在吸收世界所有最新技术基础上有所创新；二是快，引进不到五年，发展第二代不到两年，通过设计不到一年就研制出全新的样车。3. 三点希望：注意质量确保安全，建立全寿命制造系统和加强国家创新体系的建设。在返回北京的路上，我们坐动车组到济南游泰山，到达泰山顶峰时，内心深处还真有“会当凌绝顶，一览众山小”的意境。我同姜兵每人买了一根龙头拐棍，带回峨眉，用作养老助手。

高速动车有一个非常重要的问题是头型，对于减阻降噪，头型起着很大作用。我向周力建议，要借用飞机、导弹的经验，吸收航空航天方面的专家参加研究。他找了中科院力学所、航空航天二九基地、清华大学等单位，聘请刘宝镛、刘竹生等院士做顾问。动车头型还应具有中国特色，有自己的艺术风格，我推荐我校艺术传播学院副院长徐伯初教授参加研究。他的专业是绘画，他从美术角度提了许多方案，然后再从空气的力学方面进行工程化。四方厂组织了一个很大的团队，历时一年多，广集人才，开展研究。用了 32 个设计变量进行模拟仿真，通过 200 多次模型优化，提出 20 多种头型，做成模型，送到二九基地做风洞试验，最后选定 5 种备用。2010 年 4 月 11—12 日，专家组又在青岛开会，专门审定 380 头型。会议我为组长，来了 20 多位专家，包括王崇愚、刘宝镛、刘竹生、杨叔子、钱清泉等院士。考察新一代动车时，上车要穿鞋套，我第一次用上他们的穿鞋套机，脚一踩下去，鞋套就套在你鞋上了，回来后我也买了一台，但没有他们的好用。专家们详细讨论了 380 的最后技术，认为充分吸取了京津、武广、郑西、沪杭等高铁实际运用的经验，大有创新，是我国自己成功创造的世界第三代车。

CRH380B 在试验台上

武广高铁全长 1065 公里，2006 年开工修建，2009 年建成，这年年底要做鉴定，以便正式投入运营。12 月 22 日，在北京召开联调联试验收会。我任专家组组长，随即南下武汉，坐动车到广州北站，

只用了3小时，最高时速显示350公里，一路运行非常平稳。到北站后，赶往番禺星河湾酒店，参加武广客运专线全面验收会议，由何华武部总任组长，我和杨叔子院士任副组长，24日开了一整天，圆满通过验收。26日，就投入运营。这条高铁很受欢迎，尤其在我的老家长沙，到武汉1小时，到广州2小时，比以前方便多了。也有不好的反映，主要是两点：一是票价高，相对几十年没有调价的绿皮车，票价高了许多。二是停开了十几趟慢车，故有“被高速”之说。我看重的是全球一次建成的最长高铁（京沪高铁建成后这个“全球一次建成的最长高铁”要让位），不仅安全全程运行我国自己生产的高速列车，还为发展新一代动车提供了试验及商业运营的机会。在我们的建议下，铁道部立项，指定三列动车组进行为期三年的跟踪试验，以积累原始数据，为进一步发展高速列车技术服务。

2009年12月参加武广高铁验收会

创新第三代的主要战场，当然还是京沪高铁。经过2007年两部联合计划立项，2008年226办公室组建，设立课题，成立专家组，以企业为主体，凝聚全国科技力量，不到两年，CRH380研制成功。2010年5月，第一辆新头型的CRH380下线，送上海世博会展览。9月，批量生产的380动车下线，改名CRH380A，送上海局在沪宁、沪杭线上运营，9月30日、10月1日、10月7日三天在沪宁线上第一次实现载客运行。在沪杭线上

2010 年沈志云与世博会上的 CRH380A

做试验时，最高时速达到 394 公里。10 月 20—21 日，结合沪杭线验收，在杭州召开新一代高速列车研制阶段性成果评审会，有 29 位专家参加，会上宣布由我任组长，张泽和王淀佐两位院士任副组长。先乘 CRH380A 由杭州去上海虹桥站往返一趟，实地考察该车的性能。单边只用了 44 分钟，杭州新站建成后，还可节省 8 分钟，共需 36 分钟。记得在同“磁浮”论战中，他们说沪杭线用磁浮只需 28 分钟。只有 8 分钟之差，建设成本却要高一倍多，运量不到一半，票价则要高一倍以上。沪杭间轮轨与磁浮同时列入中长期规划，轮轨已建成，而磁浮尚在讨论之中。讨论会上一致认为创新开发新一代列车取得了很大成功，同意投入商业运营。

这次会议在杭州黄龙酒店召开，与我们亲家，永红公公家的曙光新村紧紧相邻。姜兵也同去了，不仅由上海铁路局接待参观了上海世博会，还到亲家家里做客。杭州之行，收获巨大。

2010 年下半年，CRH380A 动车组率先在京沪高铁枣庄到徐州之间的先导段做了近三个月的试验。12 月 26 日，创下时速 486.1 公里的世界最高运营试验速度，各项参数表现十分优秀。

2010 年 10 月验收组到达上海车站(左图，前排中沈志云)；添乘 CRH380 司机室(右图)

与此同时，北车集团研发的 CRH380BL 也在京沪先导段做试验，于 2011 年 1 月创造了 487.0 公里/时的世界新纪录。他们也是在引进德国西门子公司技术基础上，自主创新，研究开发了世界运营速度最高的高速列车。我虽参与不多，但也知道他们同样经历了十分复杂的研究过程。两个世界纪录相差不多，都是难能可贵的，可以说双双中的，同登金榜。

我们可以列出一系列指标和参数说明我们创新的 380 车是世界领先的，但再多的数据也难于使人信服，怎么能几年就跃居世界第一。检验真理的唯一标准是实践。是马是骡子拉出来遛一遛就知道。380 出来后，第一批就配备沪杭线，接着上武广线和海南东环线。它的主战场是 1318 公里的京沪线。这是比武广线更长的又一条一次建成的最高标准的高速铁路，更是我们 380 车一显身手的主战场。为了迎接 2011 年 6 月底通车，京沪高铁刚一通车，就用 380 车做联调联试，取得圆满成功。5 月 25—26 日，组织大规模的检查验收，为 6 月 30 日将这条具有历史意义的京沪高铁投入商业运营做准备。

刘志军已于 2011 年 2 月 11 日双规，张曙光也于 2 月 25 日落马。新上任的盛光祖部长并没有阻止京沪高铁上马，他支持开这次会，但要把专家队伍扩大，包括以前持反对态度的专家。

这次会议的全称是：京沪高速铁路工程专家检查评估会。到会专家30人，工程院院士10人，科学院院士仅我一人，副部长卢春房到会，部总工何华武院士当组长，下分两个组，固定设备组，组长为周镜院士，我担任移动设备组组长。三个老部总沈之介、华茂昆、王麟书都来了。一直反对引进的三位：刘友梅院士、北京交大赵坚教授、同济大学孙章教授都是评审专家，他们都是第一次参加高速评估活动，都在我主持的移动设备组。

多年的梦想终成现实！5月25日，我随专家评估组于上午8点30分乘CRH380AL自北京南下，以时速300公里，沿京沪线飞驰，姜兵和我一道，坐在公务车厢，尽情领会这费尽千辛万苦创新研制的世界第三代高速列车的风采。我心里想，这一切是要载入史册的。到达马海尔隧道时，下车考察线路。这是京沪线最长的隧道，长2.8公里，100平方米截面面积。我们走到隧道缓冲出口考察，看了关于线路结构及沉降处理的说明，照了

2011年5月京沪高铁验收组考察线路工程(左图，右2沈志云)；
和卢春房(左)、张卫华(右)一起考察隧道口结构(右图)

京沪高速铁路的雄姿

好几张相片。列车在南京大胜关大桥上停车，站在40米宽有6股道的桥面上，仰望80米高的弓形结构，犹如置身钢铁树林中，从内心发出对这座世界第一桥的惊叹。下午2点30分到达上海虹桥车站，参观了世界最高水平的枢纽站，与虹桥机场连为一体，与市内地铁及公共交通零公里对接，还为将来可能有的磁浮列车留了一股道。这样高标准的高速铁路，1318公里长，一次建成，真的是世界第一。

下午3点30分由虹桥站发车，按350公里/时设计速度运行，考察“和谐”号动车的质量。我们实验室接到跟踪试验的任务，林建辉教授带领测试组正好在车上测试，专家们询问了测试情况，他们说，噪声在65分贝以下，平稳性指标低于2.5的标准。要知道这是在350公里/时高速运行下的结果，安全平稳的商业运营，国外没有哪一个国家做到了。我问了各位专家的感受，都说比去程的300公里/时还舒服。列车系统是按350公里/时优化的，当然跑350公里/时效果最好。不到7点30分就到了北京，中间还有一段因为施工降速通过。千里江山一日还，在北京开会，坐车到上海考察，一日往返，这在以前是怎么也想象不到的。

第二天参观北京动车段，段长是我校工程力学班毕业的学生，他说听

2011 年 5 月牵引动力实验室在验收组列车上测试运行情况(左图，右沈志云)；在工地热烈讨论(右图，前排右2何华武，右3沈志云)

过我用英语讲的系统动力学，还上过我开的专业英语课。那还是 20 世纪 80 年代初的事，亏他还放在心上。坐下来讨论时就更热闹了，尤其在我主持的这一组，争论很大。刘友梅不同意在结论中提京沪铁路及动车达到了国际先进水平，我说就去掉这句话吧。三位老部总不干了，说这么高的水平为什么不能提？双方争执不下。这时一直反对建高速铁路的赵坚教授说话了，他说，他坐过日本、法国和德国的高速列车，水平都没有京沪线这么高，所以提达到世界先进水平是合适的。我看大家不再争了，连忙总结说：就把这句话写上。到大组会上，刘友梅院士也没有反对，只提了一些应注意科学发展之类的话，故最后结论还是肯定达到世界先进水平。倒是同济大学的孙章教授，说了一些怪话。他说这次找他来，对他是第一次，他引用了孔夫子的话，说“子曰，君子同而不和，小人和而不同”。先前没有请他就是“小人”，现在请他了都变成“君子”，于情于理都不对。

总结创新第三代车，最主要是用事实说话。到 2010 年，包括 2011 年上半年，CRH380 商业运营已达 1 亿多公里，运送 2 亿多人次，没有发生人身事故，最高时速达到 350 公里。这种业绩，从前述世界高速列车技术发展比较表可以看出，除中国外，没有哪个国家有过。这种业绩是客观存在，在世界高速铁路发展史上谁也无法抹杀，不管发生过什么事，不管用什么理由，都不可能否定这一历史事实。

国家技术创新体系

四个创新

2010 年 9 月 27 日，万钢部长在与铁道部商谈进一步深化合作推进高速铁路自主创新相关事宜时，认为两部联合行动计划充分体现了科技管理体制改革的方向，在四个方面实现了创新。一是创新部企合作机制，将科技进步与行业发展需求紧密结合，有效发挥了科技对经济社会发展的促进作用。二是构建以政府为主导、企业为主体、市场为导向、产学研用紧密结合的技术创新体系，将全国优势科技资源集成起来，为开展高铁自主创新提供了强大支撑。三是通过开展国际合作，以引进世界最先进的技术为基础，在高起点上推进我国高铁原始创新、集成创新和引进消化吸收再创新，走出了一条具有中国特色的铁路自主创新成功之路。四是建立具有我国自主知识产权的高速列车技术标准体系，显著增强了我国铁路先进装备制造业的软实力。

“从引进 200 公里时速技术到自主创新建设时速 350 公里高速铁路，这不仅是技术的提升，而是一个知识的逾越。”万钢把这种政产学研用深度融合的组织方式比喻成一个“变形金刚”——集中各方资源，根据各种需求，进行千变万化的组合。“产业变革中的知识逾越，更需要外力的推进和机制的创新。”

下图以图表方式表示了高速列车国家技术创新体系的组成。技术创新的主体是企业，以四方、长春、唐山 3 个主机厂的现代化为龙头，30 个配套厂为骨干，500 多家相关企业组成的高速列车生产链是创新的强大基础。3 个主机厂通过引进消化吸收再创新，基本上实现了现代化，这是制造新一代高速列车的主体。为这个主体服务的有全国国家级、省部级和企业内部相关实验室、研究所和研发部。在政府统筹下，按国家规定，建立课题，开展研究，并组织实施。这个体系把科技力量组织成为一个整体，

高速列车国家技术创新体系

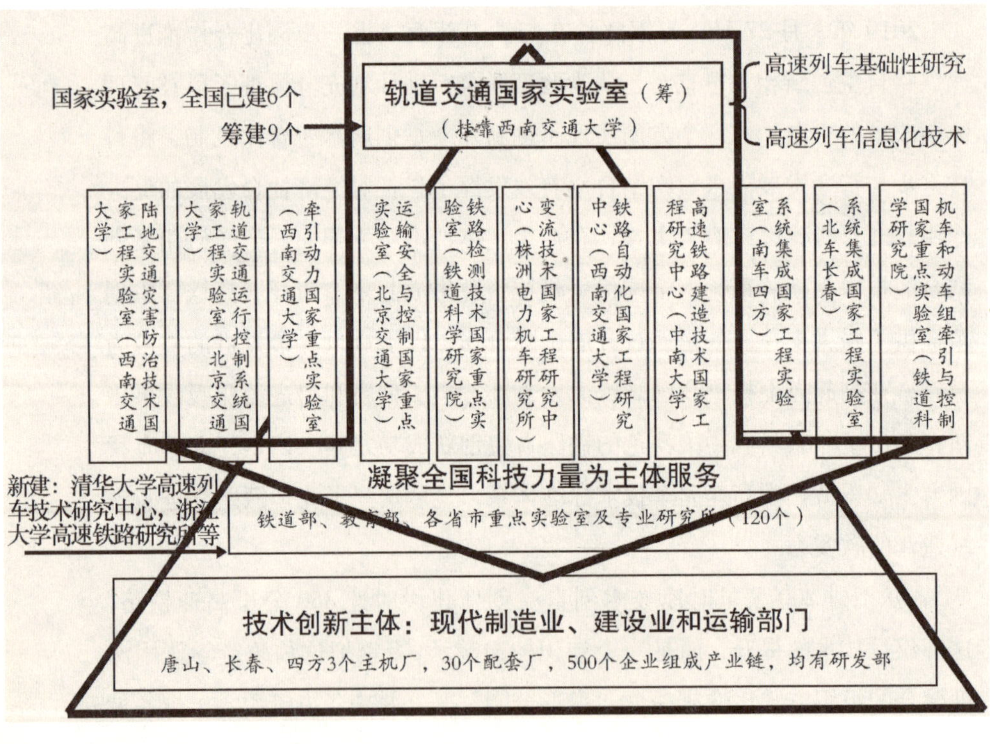

倾全国之力共同奋斗，才出现了高速铁路技术后来居上的局面。

这个体系凝聚着全国有关科技力量为高速铁路技术服务。除设立在西南交通大学的在轨道交通方面的国家实验室（筹）、国家重点实验室、国家工程实验室、工程研究中心以外，还有遍布全国的国家级、省部级和企业的研究单位，以及同济大学、清华大学、浙江大学、中国科学院力学研究所、中国科学院金属研究所等120多个省部级重点实验室及研究单位，在科技部、教育部、铁道部、国家发展和改革委员会等的统筹下，联合成为一个整体，共同为高速铁路企业服务。这样的政府统筹下产学研结合的国家技术创新体系，是我国独有的模式。

在完善这个国家技术创新体系方面，不可不提到周力所做的努力。他作为226办公室负责人，与科技部和国家发改委保持着良好联系。在他推动下，近年来新建立起8个国家级试验研究机构。多年来铁路系统只有我们的牵引动力国家重点实验室和株洲电力机车研究所的变流技术国家工程研究中心。17年后到2006年才增加北京交大的运输安全与控制国家重点实验室。2006年以后，在两个主机厂各增加一个系统集成国家工程实验室。四方工厂的那个，一年就建成，人员达到299人，还给我这个学委会副主任留了一间办公室。铁道科学院原来一直没有国家级研究机构，在周力推动下，建立了机车和动车组牵引与控制及铁路检测技术两个国家重点实验室。还在我校增加铁路自动化国家工程研究中心和陆地交通灾害防治技术国家工程实验室，在北京交大增加轨道交通运行控制系统国家工程实验室，在中南大学新建高速铁路建造技术国家工程研究中心。使铁路系统的国家级试验研究机构总数达到11个。

最显著的是促成轨道交通国家实验室的建设。前面已经详细谈了这个国家实验室的建设过程，这里要谈的是周力的贡献。他力促部领导拨款3

亿元启动实质性的建设。2010 年 9 月 14 日，他要我主持国家实验室技术委员会，讨论建设方案，确定一期工程以高速列车技术为主，这才解决经费从高铁项目中调拨的问题。经过学校的努力，成立了成都研究院，解决经费调拨渠道，使建设经费如期到位，有力地保障了国家实验室建设进程。

至于在清华大学、中科院力学所、浙江大学等单位成立高速列车技术研究机构的事，周力也是主要推动人之一。

大系统动力学

建立机构，充实人员，开展研究，只是建立高速列车国家技术创新体系的一个方面，虽很重要，但更重要的是理论建设。根据什么理念，夯实什么基础，采用什么工具来总结世界高速列车技术发展的经验教训，来开创我国高速列车技术的特色，这是建设高速列车国家技术创新体系的根本问题。在这方面一直处于我们研究视线的是一门新兴学科，即高速列车大系统动力学。从某种意义上说，这门新学科的建立和突破性进展，是我国高速列车国家技术创新体系的灵魂和威力所在。

20 世纪 60 年代先后出现了晶体管计算机和集成电路计算机，对整个世界是一个极大的冲击。从多体系统动力学来看，用计算机模拟仿真的数值计算取代微分方程的求解分析，能处理的自由度几乎不受限制。应用最广的是对火车、汽车、飞机、船舶等载运工具的分析计算。一经应用，领域迅速拓展，使这门学科面目一新。在 1971 年理论与应用力学国际联盟（IUTAM）两年一次的年会上，成立了载运工具系统动力学国际协会（IA-VSD），单独分组活动。到 1977 年的第 5 届年会，干脆与 IUTAM 分开举行，全球 150 多位同行学者，每两年开一次研讨会（Symposium），80% 都是这个领域的资深学者，一起交流两年来的进展和今后的发展方向，对于促进这个学科的发展，发挥了十分重要的作用。前已谈到，我是 1978 年从“文革”中醒过来以后，才于 1981 年到英国剑桥大学参加其第 7 届研讨会的。在以后的 16 年中，我不间断地参加了 8 次，连续 6 次发表论文，1 次当主席，在成都我校召开了第 13 届研讨会。第 8 届年会在麻省理工召开，我发表的非线性轮轨蠕滑力模型，后来被称为“沈氏理论”，应用至今。所有这些学术活动，大都仍限于一辆车的动力学分析，所以叫作车辆系统动力学。我自己所做的研究也是如此，主要是一辆车的稳定性、动态响应、曲线通过和车辆参数的优化及控制。

1983 年，我派理论力学教研室的徐昭鑫教授到英国去访问，他曾想突破一辆车的限制，用两辆车建立模型，研究其运动稳定性。回国后他告诉我，结果同一辆车模型计算的结果几乎一样。1984 年孙翔教授调入我校。他极力推广重载技术，要计算整列车各车辆之间的纵向力。他第一次将车辆系统动力学计算推广到整个列车。他向于承训老师要来硕士毕业生翟婉明，帮他计算车辆之间的车钩力，并扩大到垂向力的计算。为此，他们建立了车辆－轨道相互耦合的模型，国际上通称“翟－孙模型”。这是车辆动力学模型和轨道动力学模型通过轮轨关系耦合在一起的复合模型。后来，翟婉明还发展到横向动力学计算，耦合对象包括桥梁，叫作“车－线－桥耦合动力学”。走到这一步已经突破车辆系统动力学的范畴，向大系统动力学迈出了第一步。

张卫华教授是我在理论力学教研室时的硕士研究生，当时我给他的研究课题就是受电弓系统动力学，他完成得很好，而且表现出很强的独立工作能力。1989 年成立牵引动力国家重点实验室时，我留他作为研制机车车辆滚动振动试验台的主力，在试验台设计和制造中他发挥了重要作用。

他在弓网系统动力学研究上取得重大突破，2005 年获得英国 Howksley 奖。该奖 1914 年建立，每年从全球发表的科研学术论文中挑选一篇最具创新特点的论文授奖。每年只奖一篇，没有就空缺。1914 年以来，有 22 年是空缺的。2005 年挑选了张卫华的论文，通知前去领奖。他没有申请，没有在意，说没有时间前去领奖。结果英国派人来中国，在北京英国大使馆举行隆重仪式，向他授奖，他才知道这个奖的分量。

张卫华把弓网动力学的研究成果并入车辆动力学之中，又把列车空气动力学与车辆系统动力学相结合，将强度问题也作为主要问题，与动力学的模拟仿真相结合，计算动强度，考虑疲劳可靠度。于是形成包括轮轨关系、弓网关系、流固耦合关系、机电耦合关系的高速列车大系统动力学，并应用到我国高速列车的快速发展中来，通过大量试验，取得原始数据，以之同大系统仿真结果相印证。他把高速列车同轨道线路、接触网和周围稠密大气环境耦合在一起，建立统一的数学模型（见下页图），进行模拟仿真，用来确定高速列车和所有相关系统的动态特性和相关关系。这是一个包含多刚体、连续体、流体的高维、强非线性、参数时变、随机输入、不定常流场的复杂的巨系统（Vast system）。这个系统的仿真计算、系统控制和系统全局优化的理论和试验研究构成一门崭新的工程学科：高速列车大系统动力学。

大系统动力学这门学科近年来在研究上取得了突破性进展。在列车系统建模时，首次提出了基于循环变量法的列车系统动力学建模和积分方法，打破了商业软件对列车建模自由度的限制，使列车系统动力学仿真计算成为可能；在受电弓 – 接触网耦合系统建模时，不仅发展了基于奇延拓展的接触网建模方法（Zhang's model），同时发展了考虑接触形貌的弓网接触模型，使弓网仿真更加精确；在传统空气动力学基础上，首次考虑列

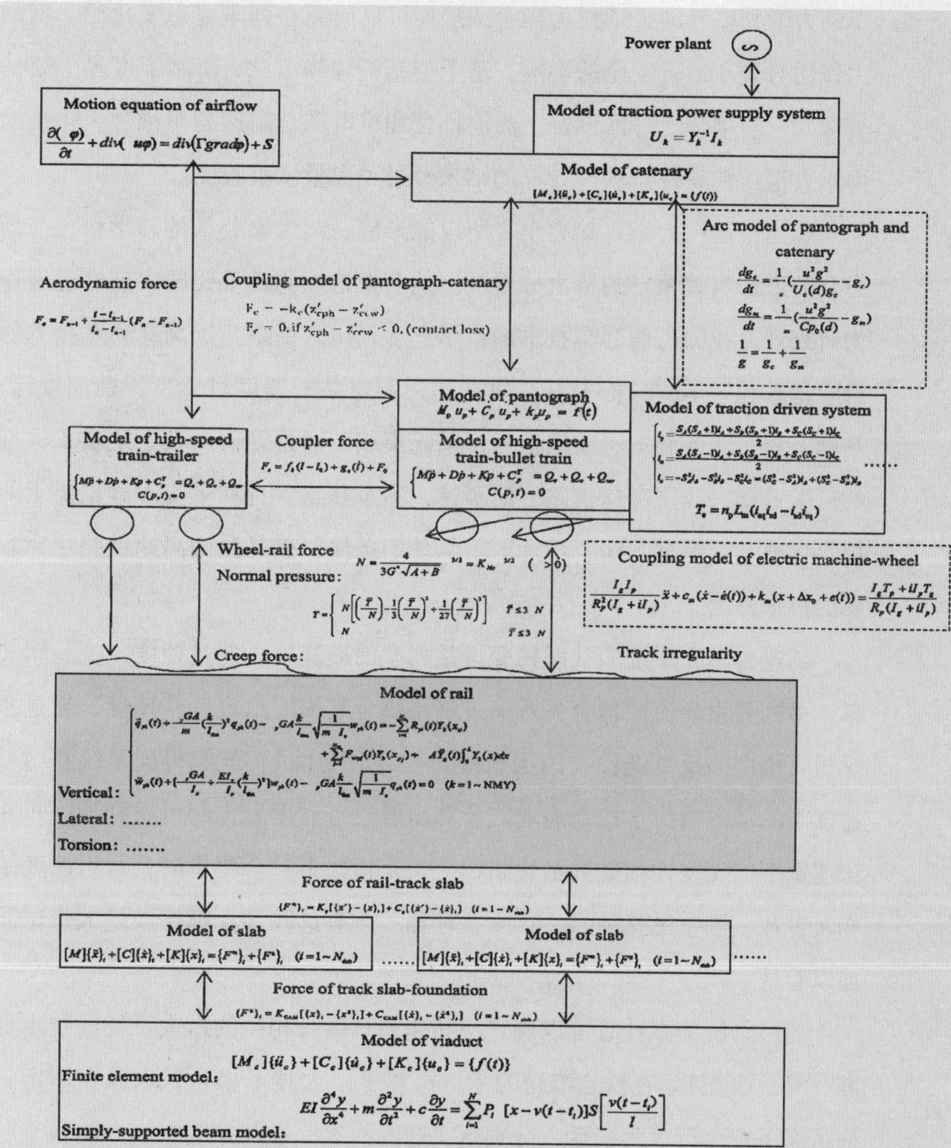

Figure 26. Modelling of dynamics of coupled system in high-speed trains.

高速列车耦合大系统动力学数学模型(摘引自张卫华论文：VSD，2013 年第 51－7 期)

车动力学与空气动力学行为耦合，从而可以研究在列车姿态变化时，气动力作用对列车运行安全的影响。基于创新的建模方法，研制了世界上第一套考虑轮轨耦合、弓网耦合、流固耦合和机电耦合高速列车耦合大系统动力学大型仿真软件。软件计算的结果经过了大量试验验证。

应当说这门大系统动力学之所以能形成一门大家公认的新学科，与周力和铁道部有关领导的努力分不开。他们把这些非常重要的突破性进展作为研究开发我国高速列车技术的科学理念，用来奠定我国高速列车技术的科学基础和科学的分析工具，使之成为制定某一速度目标下，勘测设计、基础工程、装备制造、通信信号、系统集成、运营管理六大系统技术标准的科学根据。我国高速铁路多属新建，新车新路，有利于实现理论要求的技术标准，这是日、法、德等国不具备的条件，也是我国高速铁路快速发展的根本原因。

高速列车大系统的共同初变量是列车前进速度。通过速度，把轮轨关系、弓网关系和流固耦合关系又进一步耦合起来。给定一个速度，通过系统仿真模型的反复迭代（因为系统参数有时变性），就能得到系统在这一速度下的动态响应。按动态响应计算出服役可靠度后，即可得到该列车在该速度下的安全评估的数量化指标。安全指标不符合要求时，可以改变结构及参数，调整激扰输入，再重新计算。所有这些计算都要经过大量试验加以验证。

通过系统仿真计算可以确定与高速列车运行相关的六大系统的技术标准（见下页图）。在铁道部统筹下，搭建了六大技术平台，以确保所定目标速度下安全行车为宗旨，分别落实这些技术标准，并组织统一的检查验收。这就是高速铁路的安全技术保障体系。任何部分出现异常，都可能发生情况不同的故障。正常情况下，这些故障都应当导向安全。

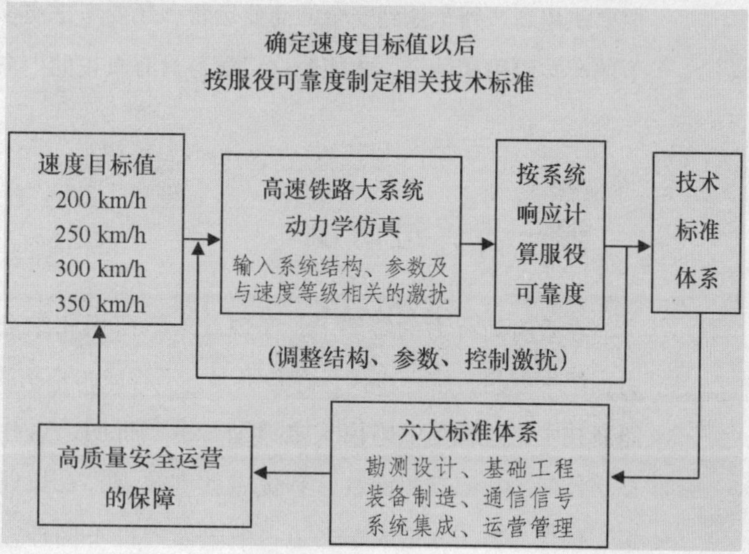

根据服役可靠度确定六大标准体系

八年腾飞，最高达到350公里/时商业运营的不朽业绩，表明了我国CRH380所达到的国际先进技术水平。但是，更重要、更具长远意义的是我们创造了导致这一业绩的国家技术创新体系。更重要、更具长远意义的是，为这个体系开拓和发展了一门新学科——高速列车大系统动力学，用我们的实践体现了高速列车大系统动力学的科学理念，使实际的高速列车技术开发能应用大系统动力学这一科学工具，使高速列车各项关键技术具有坚实的科学基础。

周力2009年正式录取为我的博士生。我希望他的博士论文能够从高速列车大系统动力学的角度，反映这几年我国高速列车技术通过政产学研用相结合所取得的成果，能够从高速列车大系统动力学的理论高度，总结半个多世纪以来世界高速列车技术发展的经验和教训。张卫华虽然把高速列车大系统动力学发展到包括轮轨、弓网、流固、机电耦合关系的高度，但要使超高速列车达到安全的商业运营，还要考虑更多的因素。政府统筹下的产学研用相结合，才能使这门学科具有真正的生命力。

退一步，进两步

在政府强有力的统筹下，实现政产学研用相结合，聚全国之人力物力，统一思想，统一步伐，齐心协力，不犹豫，不折腾，科学发展高速铁路新技术，这就是中国模式之典型，事实证明，这种模式威力无穷。但是，任何事物都有两面性，有优点就有缺点，有长处就有短处，取长补短，扬优弃劣，才是成事之道。中国模式也不例外，它有两个致命的缺点，一是不民主，长官意志起决定作用，容易产生主观武断；二是领导权力过大，易滋生腐败。刘志军、张曙光主管高速铁路建设，在国务院正确

2011 年 5 月第七次西部科学论坛上做高速列车技术报告

领导下，在工作上基本面是正确的，所以取得了举世瞩目的成绩。但生活上有不轨行为，造成严重的国有资产流失和个人贪污腐败。国家将他们两人拿下，判以重罪，以儆效尤，这是完全正确的，说明中国模式的自检测、自诊断、自修复的能力，是中国模式能够立于不败之地的根本原因。中国高铁将继续健康成长。

然而，毕竟刘张出事对于中国高铁发展仍有影响。2011 年初，正值京沪高铁即将开通之际，突然临阵换将，仓促进军，难免有失。我佩服温家宝总理的胆量，他仍然出席京沪高铁的开通仪式，做到了有始有终（因开工也是他剪的彩），但是他冒的风险的确非常巨大。一条一次建成的 1318 公里世界最长高铁，开通初期肯定是有一段很艰难的磨合期的路要走，何况又是在关键人物出事之初。果然，6 月 30 日开通之后，虽然盛光祖部长唯恐出事，已将最高时速降到 300 公里，但仍然小事故不断，成为微博上争相报道的热点。一列动车在苏州车站停了 30 分钟，也被夸大成大问题而纷纷报道。好在没有出人身事故，硬着头皮还能撑下去。

7 月 23 日，温州到福州的 200 公里/时客运专线出了大问题，列车追尾，造成 40 人死亡、192 人受伤的特别重大事故。一时黑云压天，举国声讨高铁，3 亿多条微博集中攻击高铁。国务院紧急组织调查组，对事故进行全面调查，要给全国人民一个负责任的交代。事故后第 7 天，国务院总理温家宝到达现场，记者纷纷提问。8 月 10 日他即主持召开国务院常务会议，做出三项决定：1. 组织安全大检查。由 12 个部委派员参加检查组，分 12 个小组：1 ~ 10 组分赴 10 个有高铁的铁路局，检查安全及管理上存在的问题。第 11 组赴高速列车制造及维修基地，检查列车质量及安全问题。第 12 组检查在建及拟建高铁项目的施工质量及安全措施。2. 普遍降低高速铁路的运营速度。时速 350 公里的降至 300 公里；300 公里的降至

250 公里；250 公里的降至 200 公里；200 公里的降至 160 公里。3. 对在建及拟建高速铁路项目重新组织评估。

这“三个全面”，全面检查，全面降速，全面评估，足以使中国高铁陷入停顿。成也萧何，败也萧何，国家要建高铁，一声令下，热火朝天。国家要下马，一声令下，偃旗息鼓。一时全国所有在建高铁项目几乎全部停工。盛光祖上来搞降速，还准备保留京津、沪杭两条高铁维持 350 公里/时。这“三全”一来，乖乖回到 300 公里/时时代，人家 20 多年前就到了这个第二代的阶段。这一步退下来，足足退了 20 年。即使如此，网民还是不依不饶。香港有个郎咸平，号称网络明星，大声疾呼：“还有必要建高铁吗？”还有在京沪高铁评审时说过肯定意见的一个教授这时也说“一条高铁都不需要建”。那些唯恐天下不乱的人，更把这次事故上升到政治体制，说什么“撞毁的是‘和谐’号列车，震动的是‘和谐’社会”，都是‘发展是硬道理’惹的祸”。国外更是一片幸灾乐祸的噪声。日本电台在广播“7・23”事故时，播音员都忍不住要笑出声来。连美国也松了一口气，一位美国海军退休上将 H. G. Rickover 说，中国建成一条高速铁路比建成十艘航母对美国的威胁都大。风光无限的中国高铁，一下变得灰头土脸，像没脸见人一样。

一次事故真的就能摧毁中国高铁的辉煌吗？我不这么认为。德国 ICE 高速列车 1998 年 6 月 3 日因轮箍断裂，发生脱轨事故，死 101 人，伤 194 人，6 年之后就恢复了信誉。“7・23”追尾事故，从 2011 年 12 月 28 日发布的调查报告来看，线路和动车都不存在问题，只有信号控制系统存在发生故障后不能自动启动技术措施来确保安全。但雷击导致信号系统故障后，已停止使用自动控制系统，改为站控，即人工控制，之后近一个半小时才发生追尾。所以，“7・23”事故主要是管理不善造成的，与德国那次事故主要是列车技术原因引起的完全不同。经过这次事故，全面整改，加强管理，应能在更短的时期内恢复信誉。事故后快一年了，动车一直运行正常，相信不用6年，定能走出这次事故的阴影，而重续辉煌。

为了历史性地证明上述论断，此处特从国家“7·23”事故调查报告中，摘引几段如下：

“事故发生后对事故地段前后的线路检查测量，结果合格。”

“D3115次列车7月2日23时4分至23日1时30分在杭州动车运用所进行库内检修作业，各项技术参数及车辆状态均正常。”

D3115列车司机何枥“在永嘉站和温州南站间的作业符合相关作业标准”。

“D301次列车7月23日0时20分至2时10分在北京南动车运用所进行库内检修作业，各项技术参数及车辆状况均正常。”

D301次列车司机潘一恒“在永嘉站和温州南站间的作业符合相关作业标准”。

也就是说，高速线路没有问题，高速列车没有问题，完全是管理不善，在改为站控后，处理不当，造成追尾。在一个半小时之内，有50多个环节稍加注意，就可避免这次大灾难。

列车事故同是否高速铁路也没有直接关系。追尾前行车时速只有90公里，“7·23”事故后不到一周，印度也发生列车追尾事故，列车时速只有30公里。

这次追尾是动车相撞，把愤怒和追责都倾泻在新建的高速铁路身上，是可以理解的。但本来不是高铁之过，硬塞给高铁，而要置高铁于死地，无论从哪个角度来说，都是不公平的。

尤其是这次事故与出了两个贪官连在一起。例如铁道部原部总工程师在网上放了一炮，说刘、张骗人，买人家300公里/时车，吃人家350公里/时安全余量，谎称自主研发的成果。一时几千条微博转载，齐声申讨这两个“骗子”。逼得铁道部不得不出来申明：说这话的人早已退休，没有参加任何引进消化吸收再创新的工作，不了解情况，请不要相信他说的话。事故调查组说，主要是信号设备设计有问题。前已说明，信号系统故障后已宣布停用，一个半小时后才发生追尾，怎么能说还是设备问题呢？王梦恕院士参加了调查，并任副组长，他说他对这份调查报告只打 60 分，原因就是对追究的主要责任人不公。

8 月 10 日召开的国务院办公会，宣布“全面调查，全面减速，全面评估”的措施以后，对高铁而言，进入了最困难的时期。舆论压力自不必说，最要命的是银行不信任了，停拨贷款，有额度拿不到钱。尤其是已开工的高铁项目，陷入全面停工。我遇到一位工程局总工，他说有多少钱先发职工工资，再发民工工资，剩多少钱，干多少活。到后来连工资也发不出来了，高铁工程几乎都停了下来。铁路人的情绪，下降到接近零点。

我感到问题很严重，心情也很沉重，好像回到 1990 年代与“磁浮论”论争时的状态。虽然网上那些狠批高铁的博文中，还没有人点我的名，但和那次论争时一样，我感到必须站出来说几句公道话，以鼓舞同行们的勇气。正好华东交大雷晓燕校长邀我参加第九届交通运输青年学术大会，我提出，我要做报告，而且要多找媒体来听，不怕网上挨批。

2011 年 9 月 26 日，我同姜兵去南昌华东交大，第二天，在有 300 多人的大会上，做了“退一步，进两步”的报告，报告后还接受了《江西日报》记者的采访。

我讲了一个半小时，内容有四点：1. 发展高速铁路是国家的战略决策；2. 中国高铁向前走了一大步不容易；3. 退一步是为了进两步；4. 中国高铁的后发优势。你们不是总想同社会制度挂钩吗，当前中国想做的事，没有哪件没有做成。发展高铁是国家的战略决策，只要国家不改变这个战略，高铁网一定能够建成。一位在加拿大的华人朱华涛说，中国能有今天的高铁包括动车组列车，容易么?！他疾呼中国高铁决不能“因噎废食，自废武功”。我第二点就详细讲了这个“武功”。对于国务院领导在还没有调查清楚就匆忙宣布全面降速，导致在建高铁全面停工这一点，我想了很久，只好把列宁请出来，用他在十月革命刚成功时讲过的一句话“退一步，进两步”来解释。我用这句话从积极方面来解释降速，目前退下来，是为了更好地再提上去，重点放在进两步上面。

我花了很多篇幅来讨论速度问题。首先，提高速度是交通运输永恒的主题，研究开发时速 350 公里及以上的高速铁路是 21 世纪世界共同的趋势。我们已经先于别人在这个高地上安全地站了两三年，为什么不继续站下去？其次，安全不能只靠降低速度来保证。飞机速度最高，但每亿人次的死亡率航空最低。我介绍了朱华涛的文章，他说：据统计，2000 年到 2011 年中国铁路客运人数大约为 130 亿人次，而日本大约是 13 亿人次。11 年来中国的重大铁路事故死亡人数是 265 人，日本是 118 人。每亿人次死亡人数，中国是 0. 2 人，日本是 0. 9 人。他的结论是中国高铁最安全，比日本安全。我说这是国外媒体，姑妄听之。但高速安全是靠技术来保障的。飞机、高铁都采用高技术，第一任务就是确保安全。检讨高铁的安全保障技术体系，才是根本之途，不是降低速度就能解决问题的，不确保安全，就是降到绿皮车的水平，照样要发生重大事故。第三，高铁资源不能浪费。中国高铁按国务院批准的规划建设，技术标准经过国家批准，初期低于标准运行，磨合后，理应恢复到设计速度，以发挥投资效益，避免造成浪费。

德国总理施罗德为了推销德国议会没有通过的磁浮铁路，故意说，轮轨的极限速度是300公里/时，超过了，发挥不了效率。要想超过就要用磁悬浮。我们信以为真，掀起了中国轮轨与磁浮十年大争论。到头来，德国却自己搞了ICE360动力分散的高速列车，来投标中国的300公里/时轮轨高速列车技术，这简直是一个讽刺。京沪高速铁路是以350公里/时为目标速度建造的，CRH380动车组的设计速度是400公里/时。京沪线上的经济速度就是350公里/时，跑350公里/时比跑300公里/时还平稳安全。由350公里/时降到300公里/时，票价可减5%左右，但运行时间由4小时增为5小时。单向年运量8000万人次，双向1.6亿人次，多费1.6亿人/时，这个社会成本就可以不考虑吗？高速铁路不跑高速，真用得着郎咸平的那句话：还有必要建高铁吗？

毕竟中国高铁发展的确太快了，管理跟不上，旅客也不适应，在初期降低一点速度运营，以度过艰难的磨合期，等大家都习惯了，再提高到设计速度，这种做法是可以理解的，一般工程的投产运行都是这样。经过一段时期，技术上安全保障体系运作正常，各级管理走上正轨，人们对高铁也逐渐习惯，那时，自然会进一步，回到350公里/时的设计速度，甚至进两步，达到380公里/时的最高速度。

我不能讲得太肯定。2011年6月份盛光祖部长决定京沪只按300公里/时速度运营时，有记者采访我，我说过京沪迟早要跑回350公里/时。不料这位记者发表文章时，却用“迟早要跑回350公里”做大标题，还把“沈院士说”作为副标题，这一下把铁道部就彻底得罪了。这次我主动要媒体来听，会后还接受记者采访，特别交代报道要全面。我注意到网上发表我这次报告的文章，都写得客观全面。有篇报道，留言者有几百人，赞成者居多，只有一人说：“沈院士脸皮真厚，都什么时候了，还在说高铁的好话。”

“退一步，进两步”的报告，在以后的两个月内我做了 8 次，其中包括学校 115 周年校庆院士报告会，反映都不错，在铁道部也得到认可。毕竟我没有反对降速，只是提出将来要进两步的希望而已。这重意思在科技部受到充分肯定。中科院和国家自然基金委所办的《科学通报》期刊向我约稿，请我把报告写成一篇论文，在期刊上发表。我删掉所有关于“7·23”事故后时局的评说，集中讲我国高铁发展的优势，取名为《论我国高速铁路技术创新发展的优势》。主编夏建白院士非常欣赏，要把我们新一代高速列车 CRH380 进行试验台试验的照片作为这一期的封面。还要我代写 400 字的封面说明。我写的说明，他们只字未动。

《科学通报》2012 年 3 月第 57 卷第 8 期封面说明

中国高速铁路的快速发展，不仅创造了安全商业运营 4 亿多公里，运送 6 亿多人次，最高运营时速 350 公里的世界罕见业绩，还在总结世界高速铁路发展经验的基础上，建成了国家高速铁路技术创新体系，创建了高速列车大系统动力学新学科，为我国自主研发高速铁路技术提供了科学理念，奠定了科学基础。我国科研技术人员将继续发挥优势，进一步发展高速铁路技术，以满足我国经济和社会发展的需要。

八年腾飞使中国高铁从无到有，进入世界第三代高速列车技术发展的先进行列。“十二五”期间，如能“进两步”，从低谷走回顶峰，再加上“十三五”的努力，中国将不仅是高铁大国，而且是高铁强国了。但愿我能活到那个辉煌的年代，能够为几代人努力所取得的成果而鼓掌。

真空管道畅想曲

轮轨高速铁路有没有速度极限，最高究竟可以达到什么程度？20 世纪 60 年代日本开始研究高速铁路的时候，他们担心高速下受电弓从接触网上接受电流会受到限制，“到 270 公里/时接触网就会变成一条火龙”，所以他们把极限速度定为 270 公里/时。后来日本、法国、德国提高到 300 ~ 320 公里/时，再往上受线路条件限制，提不高了，于是就有人说轮轨列车的经济极限速度是 270 ~ 310 公里/时，施罗德的说法就是从这里来的。我的观点是，极限速度就是设计的目标速度，是高速列车大系统动力学进行全局优化所选定的目标速度。你按 350 公里/时优化设计，你的最佳最高速度就是 350 公里/时。但是，在稠密大气层中运行，气动阻力和气动噪声占主导，超过 400 公里/时，气动阻力和气动噪声达到 90% 以上。以大于 400 公里/时速度运行，不管是轮轨还是磁浮都是不经济的。

有什么办法可以突破 400 公里/时速度的限制？不妨看看其他交通工具的极限速度同周围气压的关系。附表 6 为不同介质中各种交通运输工具的最大速度。如果在地面制造一种环境，其大气压只有 0.2 标准大气压以下，相当于万米高空的环境，那么，高速列车的最大运行速度就可以提高到 800 ~ 1000 公里/时。这就是 1922 年德国工程师赫尔曼·肯培尔（Hermann

Kemper）在提出磁浮列车原理时想出的办法。他设想：“在抽成接近真空的密闭隧道中运行磁浮列车，速度可达每小时1800公里。”他这个想法还在1934年获得德国专利。

【附表6】

不同介质中交通运输的速度

海拔15 000～20 000 m	大气压：0.05 atm	超高速飞机	2000 km/h
海拔10 000～11 000 m	0.2 atm	干线飞机	800～1000 km/h
海拔4000～6000 m	0.5 atm	支线飞机	400～800 km/h
海拔3000～4000 m	0.65 atm	直升机	300～400 km/h
地表稠密大气层	1.0 atm	地面高速交通系统	300～400 km/h
水面下10 m以内	约2.0 atm	船舶	50～80 km/h
水下50 m左右	约5.0 atm	潜水艇	30～50 km/h

半个多世纪以来，人们尝试各种途径来实现肯培尔关于磁浮列车的梦想，一直不成功。原因是人们总是想回避真空隧道，试图在开敞的稠密大气层中实现600公里/时以上的高速度。但是，高阻力带来高能耗，高噪音带来高污染。开敞式地面高速交通，看来无法越过400公里/时的警戒线。历史的结论是：应当回到肯培尔最初设想的道路上来，不回避真空管道，认真研究其实现的可能性。可惜真空管道技术，迄今为止，谈论多于行动，设想多于实践。还不如磁浮列车本身，多少还建成不少试验线，中国还建成了世界上第一条商业试运营线。真空管道连像样的研究都很少，更不用谈运营试验线了。

2004 年 4 月 18 日，在我校，由中国科协组织院士讨论会研究交通问题。我在会上做了一个磁浮列车方面的报告，批评了关于磁浮技术国内存在的两个认识上的误区，详细介绍了真空管道技术国际上议论的情况，指出国内外关于真空管道轨道交通多属设想，没有实际研究成果。

2008 年到研究风洞试验的二九基地做报告时，我提出能否在二九基地准备建设科技园的四周建设一条环形的真空管道试验线，开展一些基础性研究。这之后基地还派人到学校和我们研究具体方案，可惜只将真空管道试验列入基地五年规划的第三类项目中，没有实际结果。

2009 年张卫华在构建轨道交通国家实验室的顶层设计时，提出建 140 米长的动模风洞，装强力抽风机，可使压力保持在 0.05 ~ 5.0 标准大气压，以研究交通工具在低压及高压介质中的动力学特性。他主持做了设计，通过招标，落实了制造单位，现正在新建的试验大厅安装。希望他的研究成为对真空管道技术进行实质性研究的开始。

2010 年 4 月 2 日，在思考用 600 公里/时台架试验确保 500 公里/时线路试验，用 500 公里/时线路试验确保 CRH380 “和谐” 号动车 350 ~ 400 公里/时运行安全的问题时，我突然想到，为什么不用真空管道技术使咱们的 “和谐” 号能做 600 公里/时商业运营呢？既然试验证明从机械性能来说，CRH380 跑到 600 公里/时是没有问题的，唯一妨碍实现这一目标的是稠密大气在作怪。采用真空管道，抽成 0.2 标准大气压以下的低气压，就相当于在地面创造万米高空的环境，当然就可以跑到 600 公里/时了。所以，我构建了如下页图所示的方案。

2010 年 4 月 22 日、28 日和 6 月 6 日所做的三次报告中，我都用了这个模型。这个方案的优点很多，如：1. 有切实的可行性。技术上来说，多为成熟技术；经济上与现有高速铁路相比，成本增加不多。2. 能实现

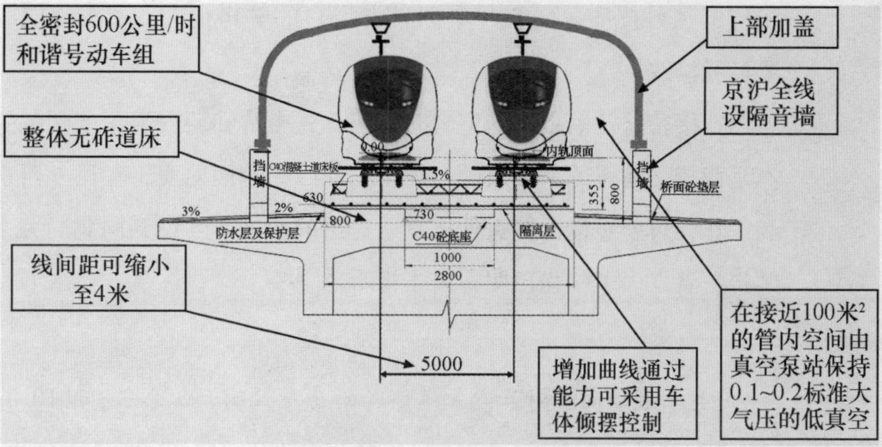

京沪高铁整体道床上加罩抽成低气压管道的方案设想图

400～600公里/时的超高速运营，能耗低于航空运输。3. 能与既有线联网，融入全国高速铁路网之中，只要解决好进出真空管道的问题，即能达此目的。4. 是“和谐”号动车组研发的继续，在研发400公里/时平台上继续提高速度。5. 是真空管道技术的先导，为更高速度做准备，为下一步开发600～1000公里/时磁浮列车开辟道路。

我的这些报告在网上公开后引起媒体很大关注。2010年7月份北京法制日报社一位记者用电话采访了我，我说的没有超出我报告的内容。但他同时还问了西安西京大学一位老师，把他瞎吹的话同我的话写到一起。那位老师还自称是我实验室的成员，参加了我的课题组，所以他吹的牛都变成了我的话。说什么我们要研究时速两万公里的超高速真空管道磁浮列车，我们研究的1000公里时速列车已经启动云云。媒体再一渲染，引申出“还搞什么轮轨高速列车，直接上真空管道就行”的说法。6000多条微博广为流传，还散布到很多国家，引起轩然大波。各家报纸的记者纷纷来电话找我。铁道部也来电话质问怎么回事。我哪家的记者都不接待，只接待了《科技日报》和《中国科学报》的驻川记者，要求他们写的报告要经我修改。

在接待这两家报纸的记者时，我首先撇清和西安那位老师的关系。他本是我校运输系的一位教师，因某种原因离职回西安，在民办西京大学找到工作，可能想借此扩大他搞真空管道的影响，才说到同我的关系。我借两报记者发表了一份声明，以正视听。

关于最近网上对真空管道报道的几点说明，沈志云，2010 年 8 月 4 日，于四川峨眉。

1. 北京法制报记者对我的采访上网后，引起了广泛的兴趣，说明社会对真空管道运输的关心，我感到很高兴。

2. 本人从未进行过磁浮列车的研究，只是在轮轨/磁浮十年论战中查阅过相关技术资料，发表了一些个人看法。

3. 本人从未进行过真空管道的研究，只发表过对我国发展这项先进技术的战略方针和技术路线的一些个人思考。

4. 关于用真空管道技术使我国“和谐”号高速列车能实现每小时 500 公里，甚至 600 公里的商业运营，是我个人的想法。只口头上向铁道部个别领导谈起过，从未通过任何正规渠道向铁道部报告，更谈不上取得铁道部的同意。

5. 法制报记者在报道中把对我的采访和对另一位教师的采访混在一起，是很不恰当的。他不是我们课题组的成员，现在也不是西南交大的教授。他关于真空管道的许多看法和说法我是不同意的。我的主张与他无关。

6. 感谢许多网友对真空管道技术的支持。

两位记者的报道加上我的这份声明在网上发表后，一场网络风暴才逐渐平息下来。评说者无数，对我实事求是的态度表示赞同者居多。经过这次教训，我最深的感受是：对媒体的采访报道一定要持慎重态度，采访稿一定要经过本人审阅。另外，铁道部反应如此强烈，是我始料不及的。他们生怕影响“和谐”号高速列车的发展。加上跑到600公里时速的事现在提出来确实太早了。所以，此后我再未提我这个设想。到2011年，连时速350公里都不能要了，还提什么500、600公里。

然而，真空管道技术的确是太有魅力了，对她的畅想曲，唱了一曲又一曲。2011年11月，一个刚从美国回来的人，自称是银行家，在美国收购了6家小银行，回国要找特大投资项目。不知道从谁那里找到我在峨眉的电话，他在电话中向我说，他找到一个比天还大的项目，叫作太空电站，即在地球同步轨道（距地球表面3600公里）上放几十个几平方公里大的太阳能电站，24小时有太阳光照射，太空太阳能电站可将取之不尽的清洁能源送到地面，彻底解决人类生存发展所需的全部能源。太阳能电站及能源微波传输问题都在研究之中，但太阳能电池展开有几平方公里，重达几万吨，如何运上去是最大问题。用几万只三级火箭发射，根本不可能。一定要研究解决建立一个快捷、准时、高效的太空交通通道。建设太空通道不仅是建立太空电站的需要，也是建造超大规模低轨道太空生产基地的需要，还可以建造大规模太空太阳能反射镜以彻底解决我国西北地区的缺水现状。太空通道在国防上也有重大意义。

关于这个太空通道的方案，初步设想是在我国境内选择一座海拔超过7千米的山峰做支撑，建造一条入口在地面、出口在7千米的山顶上、长度700千米的密封隧道，抽成低气压，安装超导磁浮轨道，将重为50吨的圆锥形火箭加速到8千米/秒，从海拔7千米的出口以12~20度仰角射向太空。火箭先惯性飞行到离地面120千米高度时，还拥有3千米/秒的速度。此时火箭点火，再加速到8千米/秒，进入200千米高的低轨道太空基地。每30分钟可以发射一次，每次运行136秒钟。

用这种方法，三个月就可以建设一座相当于三峡电站那样的太空太阳能电站，即2000万千瓦，送入同步轨道后，24小时都可发电，一年发电量可达1752亿度，按80%效率传到地球为1400亿度。按人均1400度电计算，可供1亿人使用。建14个这样的电站，全国都够用了，可以取代一切能源。建90个这样的电站，全世界的用电问题全解决了！

从国防上说，更不得了。这么大能量传回地球上的接收站，是可利用能源，传到非接收站，什么都要化为灰烬，比什么武器都厉害。

这么大的事情，首要的问题是太空通道能否建成。那位先生从网上查到我讲过真空管道问题，要我出面组织院士们研讨。我找隧道专家王梦恕院士，电驱动专家丁荣军院士和空气动力学专家乐嘉陵院士事先做了些计算。2012年4月12日，召开了“4·12项目院士研讨会”，除上述三位外还有赵淳生、钱清泉、郭孔辉、翟婉明等院士参加，加上我，叫作八院士研讨会，我亲自写了一个会议纪要，准备报工程院，作为重大咨询项目立项。

这个会由我主持，可以说是真空管道畅想曲中我唱的最后一曲。因为曲调过高，恐怕是曲高和寡，不会有什么结果的。

关于我这一辈子的事也基本讲完了。一生中事之最重者莫过于高速铁路。高速铁路前景未卜，了犹未了。我可以讲完我的一生，却无法讲完高速铁路的历史。有诗为证：

平生无大志，唯想有所成。

此情系高速，何时了此生。

我留下的这个班子，在学术上的一条红线就是这个新学科。对于新学科，我只是开了个头，搞了以轮轨为基础的车辆系统动力学。孙翔扩大到列车，翟婉明扩大到车线桥，张卫华扩大到弓网和流固，周力代表了向社会实践的传播，他们都是同意我这五条的。我将学科基本内容说清了，学科发展后继有人了，我也就可以彻底放心了。

第12章 养老峨眉，心有牵挂

八十初度

忆往昔，桃李不言，自有风雨抒壮志；

看今朝，厚德载物，更续辉煌追凌云。

这是以我的名字藏头的对联，2009 年 6 月出版的《西南交大报》，在头版头条报道“我校举行机械工程 90 年暨沈志云院士 80 华诞庆典”时，就是用这条联语开头的。文中详细报道了 5 月 28 日我过 80 岁生日那天有 1000 多人参加的盛大庆典。使我十分感动的是机械学院院长周仲荣教授坚持把我的名字和机械学院并列，并在报告中突出讲了我的学术贡献。我会前曾几次找周院长，不要在会标中出现我的名字，但他坚持这样做。我自己、我夫人、我的子女和亲戚都很感动。我儿子沈利人直到现在还在讲，不要忘了周院长这份情。

2009 年 6 月沈志云 80 华诞庆典会场

我心里十分内疚的是，我对 80 岁以后的定位与大家对我的期待相距甚远。我在大会致辞中表达了这方面的意思。我说，中科院和工程院都规定满 80 岁就叫资深院士。什么是资深院士，就是没有选举权和被选举权的院士，也就是说是退休了的院士。院士不退休只是国家对院士的一种照顾，因为是终身荣誉，所以国家照顾我们终身拿在职工资。但是，老当益衰是自然规律，年过 80 一般就干不了什么事了。而且，长江后浪推前浪，不能前浪老是处在风口浪尖的位置，要退下去，帮助后浪高涨起来，这就是社会发展的规律。80 岁了，还去占年轻人的发展空间，不仅不自量力，也会起倒退的负作用。所以，我等于宣布从此退休了，是不办退休手续的退休，是不归“离退办”管的退休老头。这重意思当然不会出现在上述报道中，但我自己，相信大多数人也都是这么认为的。在峨眉，我常到乡下走走，和一些老年人聊天，他们听交大的人说我是院士，就对我说，你身份太高了，不便和你交往。我说不对，我和你们一样，就是一个退休老头，没有什么两样。

这次过生日，实验室好多同事要开车送我去会场，我都谢绝了，就在院内，走去就是了。临行老伴也要去，她平时喜欢坐她的破三轮车，并叫我蹬车，这次也是这样。不想路上被记者看到了，作为美谈加以报道。结果效果很不好，好像我矫揉造作，故意这么做一样，实在有点冤枉。

不过，总的来说，这次活动还是很成功的，我将永远记得。这是一个转折点，使我终于从心理上步入晚年，而且是心安理得地开始过晚年生活。但是，真要度过这个转折点，还有一个过渡期，总要经过一段时间才能做到，不是开个会就可以了的。所谓过渡期，是还有

80 华诞庆典致辞（上图）；题词（下图）

一些工作必须完成。

首先在选举院士上，还有一个延续过程。按规定，2008 年 12 月 31 日以前资深的院士，2009 年才没有选举权。我要到 2009 年 5 月 28 日才满 80 岁，所以，我还得参加 2009 年最后一次院士选举。工程院是张卫华第二次申报。上次虽然进入第二轮，但要通过是很困难的。如果 2013 年张卫华再申报，应当说是水到渠成了。

最波澜起伏的是科学院的选举。2007 年我从美国回来，听说张曙光申报院士，我大吃一惊。铁道部的高官，做好工作就是了，还报什么院士？科学院有我们实验室的翟婉明在报，他获得了国家科技进步一等奖和长江学者成就奖，他的专著还获得国家图书奖，和他比起来，张曙光有什么？不是开玩笑么。但我也不便反对，只是说，这次试报一下，混个脸熟，为下次申报打基础吧。不想投票结果翟只得 13 票，张却得了 38 票。在以后的两年中，在工作上和张曙光接触多了，他曾是我的在职博士生，后因工作太忙，无法完成我对他学习上的要求而自动退学了。但是他那个“中国高铁第一人”的称号当时可以说已经不胫而走，有了相当的名气。所以，2009 年这次申报，在第一轮通讯评审中，小组排名榜首。在第一轮预投票时，虽排名最后，但过了三分之二。第二轮正式投票，大家估计肯定能通过。然而，意想不到的事情发生了，最后统计就差一票不到三分之二。计票员们反复核查，就是少一票。2011 年初，张曙光贪污问题爆发了，他贪污的钱不亚于刘志军。事发前，他可能已感形势不妙，决定 2011 年不申报院士了。我听说后，立即建议翟婉明申报，这次他果然成功当选。当年张曙光的一票之差究竟是怎么回事，无法解释，也无需解释，只能归之于天意吧。可能是老天爷不愿中科院蒙羞，走了这一步险棋。

院士活动中，选举新院士占很大比重。两年一次，每次要参加两院院士选举，负担很重。资深院士年龄太大，的确难当此重负，2010 年起，我资深以后，感到的最大改变莫过于此。没有想到的是，2009 年的最后一幕，还能如此丰富多彩。

第二个令我牵挂的事就是牵引动力实验室的发展。在人事上如何把队伍发展壮大是中心问题。2007 年以来，课题是多了，大家也都更忙了。张卫华事情太多，人事方面的工作无暇兼顾。我看中了峨眉校区副校长吴柏青，他善于交际，行政工作能力强，曾想调他来任总支书记，正好负责组织工作的党委副书记王顺洪同志也有这个意思，不等我开口，就把吴柏青调过来当实验室总支书记。我同他谈了几次，请他把人事政治思想工作抓起来，以补张卫华之不足。他到实验室后，兢兢业业，深入群众，狠抓研究生工作，很快就受到实验室教职工的欢迎，起的作用越来越大，补充了实验室行政工作太弱的缺点。

最突出的是研究生工作。招生方面情况有了根本改变，报名的人越来越多，我提出每年招 100 人，基本做到。研究生总数达到 300 多人。这个队伍管好了，可以发挥很大作用。经过吴柏青同志的深入工作，状态基本良好，在科研上能当作一股力量来用了。吴柏青抓的另一项工作是常州基地的建设，他差不多有一半时间常住常州，建立研究院，完成了几个新实验室的建设，办了公司，为进入长江三角洲、走向市场机制开辟了道路。

我常与张卫华和吴柏青一起讨论实验室的问题。牵引动力国家重点实验室、轨道交通国家实验室和常州研究所三者是紧密相连的，应当是一个班子三块牌子，可以搞三位一体。这个想法我们三人认识完全一致。这事我找了王顺洪副书记，分管人事的彭副校长，陈校长和顾书记那里我也提了，后果如何，尚未可料。

吴柏青在实验室工作得很出色。不料 2011 年末突然要将他调离，去管后勤。组织部长都找吴柏青谈话了，不同意就硬调。我一听就急了，不得不出面正式找校长、书记提意见：刚来两年，为什么就要“换岗”。据说党委常委会开会时，书记说，既然沈院士不同意，就不调了吧。这事才就此作罢。

第三，也是最大的问题，是学术上的发展方向。如果从 1988 年筹建牵引动力实验室算起，24 年了，如果追溯到 1978 年，就是 34 年，从学科上说，我们在做什么呢？几十年的工夫都用在了建设一门新学科上面。这门新的学科就是“高速列车大系统动力学”，即“High-Speed Train Coupled System Dynamics”，简写为 HST CSD。前面已经讲了，现在正处在发展旺季，不能不关注。为此，2012 年 5 月 10 日，我建议召开实验室全体会议，张卫华做科研工作报告后，由我彻底讲一次 HST CSD 的问题。

我说，我们实验室的灵魂是什么？几十年来把我们联系在一起的主线是什么？几十年来我们夜以继日辛辛苦苦为之奋斗的是什么？是学科，是在建设中的新学科。这个学科就是高速列车大系统动力学。学科的定义是一个特定的知识系统，符合下列三个条件：第一，有明确的研究对象；第二，有完整的理论体系；第三，有解决问题的特殊方法。看看我们的高速列车大系统动力学，哪一条不符合。我们以高速列车，或者整个高速轨道交通为对象，有严格的系统动力学理论，有仿真计算和系统耦合的方法。我们在自己多年研究试验中形成整个学科，这个学科伴随着我国高速铁路的快速发展而成长，在创新我国高速列车技术的实践中前进，用世界罕见的我国高速列车运营业绩来证明，同志们，这是一个多么典型的新学科的形成过程啊！所以，我们要理直气壮地宣称这个新学科的成立，要大胆用这个新学科为工具，来总结世界高速铁路 60 多年发展的经验和教训，来引领我国高速列车技术的继续发展。这是落在我们每一个人身上的历史使命。过去几十年我们是不自觉地走上这条发展新学科的路，今后我们要更自觉地来继续发展这个学科，建设这个学科。因为它是大系统，包罗一切相关因素，当然包罗我们每个人所做的研究。希望我们团结一致，充满信心，满怀激情地、主动地来建设这个新学科。我是不行了，只能回峨眉山养老，希望寄托在你们身上。

当时周力也坐在下面听，后来他告诉我，他听了很受启发，很受震动，一定要写好博士论文，为新学科建设添上一砖一瓦。我要实验室的领导班子议论一番，统一认识，做出规划，把日常工作尽可能纳入这个学科的发展轨道。果能如此，在学术发展方向上有了共识，我才能真正放下心来，上峨眉山养老了。

我的这些观点很重要，是我向退休阶段的过渡时期应当明确总结、以利传承的重中之重。在这里我想特别重复阐明如下 5 点：

1. 高速列车大系统动力学是高铁的新理论。与车辆系统动力学不同，它通过轮轨关系、弓网关系、流固耦合关系、机电耦合关系等将所有与高速列车运行相关的因素都耦合在一个统一的大系统之中，进行仿真、优化和控制，形成高速列车大系统动力学的完整理论，为高速列车技术的发展，提供科学理念、科学基础和科学的分析工具。

2. 一切经过试验是发展新理论的基础。30 多年来，牵引动力国家重点实验室，连同局厂研发部、科研院所和高等院校进行了大量基础性试验。如：材料强度试验、金相试验、磨损试验等；大量零部件试验，即材料在实际尺度及实际工况下的试验，如轮轴超长寿命试验、弓网试验、风洞试验、波磨试验、脱轨试验等；整车试验，包括整车静态试验（参数测定，强度，气密性，环境等）和整车滚动试验（无激扰输入，测试稳定性）、整车滚动振动试验（模拟运行工况）；以及线路试验，如联调联试

(新线开通前的准备)、科研型试验(非运营工况下的专项试验)和跟踪试验(考察运营工况下参数时变规律)。掌握了海量原始数据，并同计算机仿真计算结果相印证，验证和修改了计算方法，提高了计算精度。

3. 我国高铁快速发展的实践是新理论的最好验证。2007 到 2010 年的四年中中国高铁安全运行 4 亿多公里，输送旅客 6 亿多人次，最高时速 350 公里，除一起路外违规作业而发生的撞人事故外无人身事故。其中 CRH380 参与的商业运营业绩为：安全运行 1 亿多公里，输送旅客 2 亿多人次，最高时速 380 公里，无人身事故。这一业绩世界罕见，是在高速列车大系统动力学理论指导下的实践，最好地验证了这一新理论。

4. 可用新理论总结世界高铁发展的经验教训。世界高速铁路从 1964 年日本东海道新干线开始，1981 年法国开通东南线，1991 年德国开通汉维线，到现在已有十几个国家有了高速铁路，总营业里程达到 17 166 公里，正在以更快的进度在全球推广。半个多世纪以来，从实践中摸索前进，有了丰富经验，也走过不少弯路。这些经历用高速列车大系统理论加以分析，就能恍然大悟，知道对在哪里，错在哪里。如日本，他们把线路最小曲线半径由一般铁路的 300 ~ 400 米加大到 2500 米，很快发现太小，以后加大到 4500 米。法国东南线也只有 4000 米，很快发现还太小，加大到 6000 ~ 7000 米。德国开始也定 7000 米，但后来又改回到 3500 ~ 4500 米。从高速列车大系统的理论出发，列车和线路应当统一按所定目标速度来确定。200 ~ 300 公里时速的普通高速铁路标准应取：最小曲线半径 R_{min}：2500 ~ 4500 米，线间距：4.2 ~ 4.3 米，隧道截面：64 ~ 70 平方米。300 ~ 400 公里时速的新一代高速铁路，则应取高标准：最小曲线半径应为 7000 ~ 9000 米，线间距：4.8 ~ 5.0 米，隧道截面：90 ~ 100 平方米。日本线路标准定得太低，这是他们进入 21 世纪以来研究 360 公里时速的新一代车多年不能取得进展的原因。他们计划研制 402 公里时速的列车，就必须新修另一条高标准的东海道新干线。德国的高速铁路分段建设，与既有线联运，他们研制 350 公里时速的列车，只是为了出口，所以，他们后来的新线把最小曲线半径 R_{min} 的标准又降回来了。

日本高速铁路线路标准上虽然留下遗憾，但在技术上一开始就坚持动力分散和整体道床两点，这是很具远见的战略决策。法国为了降低成本，修改日本这两点，搞动力集中和碎石道床。后来要上 360 公里时速，才回头改为动力分散，但仍然坚持碎石道床，至今运营速度无法超过 320 公里。他们要做超高速试验，不得不在碎石上加盖塑料薄膜，以防飞石击穿车底。法国创造了铰接式转向架，即把转向架放在两车之间，平均每辆车只需一台转向架，节省一半，而且两车之间可装弹簧和减振器，把整个列车连为一体，车辆定距也增加了，符合系统动力学原理，所以他们的列车在他们新修的高速铁路线上能使运营速度达 320 公里/

1999 年参观日本铁道研究院(上图，右 2 沈志云)并在该院做报告(下图)

时，为当前世界最高。法国在研制第三代高速列车时，保留了铰接式转向架。德国先是跟着法国走动力集中和碎石道床之路，但很快发现日本人的决策是对的，率先改为动力分散和整体道床。我国建设新一代高速铁路，根据高速列车大系统动力学理念，采用动力分散和整体道床，并把线路标准定为最小曲线半径 R_{min}：9000 米，线间距：5 米，隧道截面 100 平方米。现在有人批评这个标准定得太高，这种批评是不全面的。就 300～400 米时速新一代高速铁路而言，这是有远见的决策；但对于 200～300 米时速的普通高速铁路线路标准而言，虽在实施中有所降低，但还是显得有点偏高。

我把世界所有的高速列车按速度级别分为三代：250 公里左右，300 公里左右和 350 公里左右时速的高速列车分别为第一、第二、第三代。这第三代国内称为新一代。速度是大系统的初变量，以此分代，是符合高速列车大系统动力学理念的。

5. 新理论引领高铁技术不断发展。世界高速铁路正进入快速发展时期，总里程预计要达到 4 万公里。21 世纪高速列车发展的方向是研发 350～400 公里时速的第三代列车。目前 300 公里时速以上的技术标准尚属空缺。以高速列车大系统动力学为基础的研究是制定超高速标准的根据。另外，超高速下的运行安全技术保障体系的建立，十分重要。数字化安全实时监控技术是发展方向，为此离不开大系统动力学。高速列车大系统动力学不仅能解释过去，指导现在，也是引领未来的明灯。

这五条就是我对高速列车大系统动力学的诠释和期待。

我已在校内外做了几次报告，把观点讲清了，就尽到了我的责任。我留下的这个班子，在学术上的一条红线就是这个新学科。对于新学科，我只是开了个头，搞了以轮轨为基础的车辆系统动力学。孙翔扩大到列车，翟婉明扩大到车线桥，张卫华扩大到弓网和流固，周力代表了向社会实践的传播，他们都是同意我这五条的。我将学科基本内容说清了，学科发展后继有人了，我也就可以彻底放心了。

“皈依”峨眉

21 世纪初，峨眉校区进行教职工住房改造。由我校房地产公司“交大花园”承接这项任务，将大部分旧房拆掉，宅基地廉价卖给公司，另盖新房，再由公司以成本价出售给成峨两地的教职工，当时定的平均价位是每平方 1038 元，在峨眉已属最高价了，但与成都相比，却低很多，一般教职工都愿意买。这个办法，学校不花钱，而教职工住房条件可以大大改善。新建房屋都要经过峨眉山管理委员会批准，在原新老镜泊山之间有一个很窄的山梁，峨眉山管理委员会规定此处建房不能超过两层，以免影响黄湾景观。故只能盖 3 ~ 5 栋小别墅。当时峨眉校区校长是总校党委副书记何云庵同志，他认为盖几栋院士楼最合适。问我是否愿意买，我欣然答应。

1971 年举家迁至峨眉时沈志云锄头下留生的长在房前护坡上的一棵拇指粗的野生小樟树已长成参天大树——被称为院士树

我和峨眉山有缘。1965 年就随顾稀

院长来峨眉为半工半读选址。1966 至 1968 年来峨眉参加“文化大革命”，革命小将都打回唐山去了，我还留在这里劳动改造 8 个月。1971 年 11 月，我响应号召，第一批举家迁峨，到 1990 年才搬家到成都。总的算起来，住在峨眉的时间共有 22 年，许多美好的和不美好的回忆都发生在这里，触景生情，一草一木对我都有意义。我在西山梁上住过的房子，而今犹在，房前坡上有棵野生的小樟树，我当时在坡上开荒种地，这棵樟树只有大拇指粗，本想一锄下去刨掉算了，又想留下护坡吧，就保留了下来。这次去看，不想它已长成大树，树干直径足有半米以上，是院内最大的一株樟树。

我向当时陪我看的老师说起这段历史，他很受感动，说应当好好保护，笑称应取名“院士树”。人到老年就想故地重游，或者干脆回归故地。正如陶渊明所说：“羁鸟恋旧林，池鱼思故渊。久在樊笼里，复得返自然。”2006 年住在美国圣荷西，在市图书馆读到陶渊明的《归去来兮》，他的一句“田园将芜胡不归”使我闹了几天情绪，很快就回国了。这次也是，想起陶渊明的这句诗，不由得一口答应何书记，并拜托他在那山梁上盖两层楼的房子，我一定来买。

后来领导班子换届，蔺安林副校长兼峨眉校长，他热心推动院士别墅的建设，请成都建筑设计院先设计了两套别墅，三次征求我的意见，都照我的想法做了较大修改。第一次是增加电梯，第二次增加车库，第三次取消所有一层阳台。为了养老送终，总有需要轮椅的那一天，故需要轮椅电梯。第三次修改主要是为了少占地，不致侵犯学校围墙外面别人的空间，围墙里面也要留下一些地方种菜。这幢房子占地一亩三分，房屋建筑面积达到 366 平方米，算很大的别墅了。峨眉校区基建处的毛蓉萍处长十分用心。她根据建筑学原理提出南面增加两个窗户，可说尽善尽美了。她还根据学校与开发商的协定，要低价卖给本校教职工，只计成本不计利润。两层别墅的成本当然比 1038 元的均价要超出好多，但开发商要价是均价的 3 倍，当时在峨眉算是天价了。毛处长和他们仔细算了成本账，地价如此低，不应高出这么多，最后定为每平方米 2850 元，是均价的 2. 75 倍。总价达到 105 万元，除学校补助 25 万元购房款外，自付 80 万元。

2008 年房屋落成，开始装修。张卫华替我找了成都一家装饰公司进行设计，也经过三次大的修改，总装修费用定好 80 万元，最后超支，他们只好降低洁具档次，勉强完工了。然而，总体效果却使我十分满意。电梯、地暖、壁炉、音响、车库一应俱全，完全是一栋欧式小别墅。虽然把多年积蓄都用上了，却没有负债。现在总算有个养老的安乐窝了，虽不如陶渊明的“方宅十余亩”，但相信比他的“草屋八九间”要现代化得多。

掩映在大樟树后的峨眉之家

最使我满意的是房屋的地点。处在正对峨眉山龙门洞的小山梁上，峨眉山绿化达到 100%，像一个天然大氧吧，把清风直接送来，负氧离子的含量是大城市的 2000 多倍。围墙北面是 200 多米高程的陡坡，植被丰盛，从山下看去，就是一座大山上面的小房屋。向南看去是

一个广场，总有许多人在广场上停留，尤其是带小孩的不少，我戏称为"马路幼儿园"。南面是校园，有近7000名学生，非常热闹。我写了一首诗，来形容这个新居：

住在深山里，如居闹市中。

结庐藏锦绣，放眼最高峰。

这样好的环境，这样好的居住条件，还是有许多人猜我不会在这里长住。任何名胜古迹，风景再好，也只能休闲度假，常住会过于寂寞。事实上住成都的人在这里买房子的很多，但真定居于此的，也就是我一户。我定居于此，除了年龄大，怀念旧地和较好居住条件外，更主要的是我把修身养性放到了首位的缘故。

老年人养生必须从修身养性做起。网上关于这方面的论述非常多，不胜枚举。我比来比去，还是认为佛教的说法最好。这也是我把皈依峨眉山作为养老决策的原因之一。

峨眉金顶普贤十面佛像下静养

网上流传最广的是关于六世禅师慧能大师接位的传说。本来神秀大师也想接位，他写首偈子以明志：身为菩提树，心似明镜台。时时勤拂拭，勿使惹尘埃。像他这样勤于修养，洁身自好也确实不错了。但是慧能看了，不以为然，他针锋相对地写道：菩提本无树，明镜亦非台，本来无一物，何处惹尘埃。显然他的境界就更高一筹，所以五世宗师选他接位，成为六世宗师。神秀后来做官，当了皇帝的法师。

天外有天，后来南岳衡山有个严阳尊者，

问他的师父赵州禅师："一物不将来时如何？"也就是修行到心中无一物，脱落身心，还应当如何继续修行呢？赵州回答："放下着。"亦即那就把它放下吧！严阳尊者迷惑地问："我已经两手空空了，还要放下个什么？"赵州答："担取去。"亦即"那么，就把它挑起来吧！"赵州要严阳尊者"放下"的不是别的，正是"一物不将来"的意念，正是"一物不将来"的修行境界。赵州见严阳尊者不能理解，智慧地回了一句反语，让他把"一物不将来"的意识继续"挑"下去。严阳尊者听了，豁然开朗，立时大悟。事实上，真正的放下，即是"担取去"，亦即无所谓"放下或放不下"，而是抖落身心之负荷，无有挂碍，但不执著于这种"无一物"的心境；应该担起的责任和义务照样去做，应该接受的权利若能利益众生，也坦然接受，这才是大乘佛教真正"放下着"的本意。这比"心中无一物"的境界，又高了一层。

佛教的教义，博大精深，不是一下就可以领悟的。我看了赵州禅师的点拨，结合自己的情况，理解到要能心静如水，安心养老，必须有这种"放得下，拿得起"的功夫。一切不公、不正、不理想的人和事，都要能放得下，眼不见，心不烦。一切"利益众生"，有益于青年人成长的事，为青年人留发展空间的事，都要心安理得地去做，不管人家怎么说。心安理得，何虑是非。所以，我在书房里挂了另一幅题词："归去来兮，田园将芜胡不归；心无一物，人间何处惹尘埃。"

成都电视台想要报道我这种退休理念及退休生活，我对他们说，你们找错人了，我谈的都不合你们的套路，你们是无法报道的。他们问是哪些，我说：第一，我不同意"老当益壮"，因为这不合自然规律。第二，我不同意"发挥余热"，因为你的余热发挥越多，青年人的发展空间就越小。第三，我得过几次奖，奖金我没有捐出去，都用来买房了。得了奖金都要捐出去，还要奖金干什么？第四，我的子女都长期住在美国，现在更回不来了。这四条你们都无法报道。还是媒体厉害，不合套路的内容他们也能做出很好的节目，播出后反映还很好。弄得中央电视台也来找我，说要在他们的《大人物》栏目中做一个关于我的节目。我这次坚决拒绝了。中央台那么神圣的地方，怎么合适播出我这种不合常规的说法呢？况且，我已经“无一物”了，还算什么“大人物”呢！

我2009年9月13日正式搬家来峨眉，来了20多人，学校领导都来了。峨眉校区领导对我关怀备至，多方照顾。峨眉山市人民医院还为我应急医疗开辟了绿色通道。帮我们家带大孙子的阿姨10年来一直和我们住在一起，她很能干，把别墅的工作都承担了。到现在已经住了快4年，我身体明显变好，心境明显平和，生活规律，好友不断，完全符合“老健、

1982年全家在四号桥头合影(左图)，31年后又聚于同一地点(右图)

老伴、老友、老本”的养老原则。每天偎依在峨眉山下，享尽“皈依”峨眉山的欢乐，余愿足矣。现在要做的事，是到峨眉山公墓去买一小方墓地，作为安放骨灰之所，心理上也就有了最后的归宿。

儿子闺女同我们一道在峨眉的日子，到 1982 年基本结束了，那张四人一起在四号桥的照片就是最后留念。2013 年他们两人又同时回来了，31 年以后再相聚，我们特地在原地又照了一张相片。景色依旧，人确都老了 31 岁。他们相许，退休后每年到峨眉来陪我们住半年，共同享受峨眉山的盛景。

网络生活

住在峨眉，常有关心我的老同事、老朋友问我，一个人住在峨眉寂寞吗？忙吗？我回答总是不寂寞、很忙，为什么？网络也。除台式 PC 机外，我还有笔记本电脑，Motorola 手机，最近又买了 Samsung Galaxy Note II。客厅有家庭影院，音响设备和 6 台电视机。还装了路由器，可以拨号上网，也可以无线上网。软件方面，请了学校网络中心的老师做指导，还有计算机系的李麒教授经常来家手把手地教我如何上网，如何从网上得到必要的信息和查找需要的资料。我还有 5 ~ 6 位亲朋好友差不多每天都给我发邮件，传递最新信息。我的儿子和女儿也差不多每天和我们通电话。还有电子商务，我要采购的大一点和新一点的东西，都是在网上购买的。所有这些软硬件条件，构成我丰富的网络生活。网络天涯，有无穷无尽的渠道通向外部世界。

在我的网络生活中，排在第一位的是 IP 电话。我儿子差不多每天都打一次电话给我们。女儿每周至少有 2～3 次，我们在电话里无所不谈，几乎已成我们峨眉生活的一部分。我们孙子 Willy，中文讲得很好了，他除了电话中常插进来说几句以外，还专门有个邮箱直接给我发邮件。他已被 San Jose 学区列入 GATE 班，即“Given And Talent Education，天赋和天才教育计划”。看书能够过目不忘，思考方法常与别的小孩不同，长于绘画，但性情孤僻，不合群，上课不专心听讲，老师和同学都不喜欢他。我问他为什么不用心听讲，他说老师讲的我都知道，还要如何专心？原以为他有自闭症，后来老师请医生鉴定，是绝顶聪明，要编入 GATE 班，经常听一些为他们这种儿童开设的课。还有个孙女 Sharon，还不到 5 岁，情商却特别高，嘴巴甜得很，老师同学都非常喜欢她。她的一言一行常成为我们通话的内容。例如，她有把大拇指放到嘴里吸吮的习惯，到了 4 岁多还不改。她父亲批评她说，“你看你多不好，这么大还吃手指，你哥哥多好，从小就不吃手指”。她也不生气，像大人那样平静地说：“人与人都不一

2010 年春节与孙儿在家同浴，尽享天伦之乐

样，有的人吃手指，有的人就不吃。”成都电视台替我做节目时，我讲了她父亲在电话中告诉我的这件事，主持人大为欣赏，说你孙女讲的是绝对真理。女儿家的家常事更多，一打电话就没有完。网络电话真是个好东西。和在美国的儿女聊天，使我们平添许多乐趣。

排在第二位的是电子邮件。它成了我每日必做的功课。我有两个邮箱地址，每个邮箱中有几百个联系人，分布在国内外许多地方，每天都有十几封邮件要处理。我与外界的联系主要靠电邮，既迅速，又可靠。我也没有什么秘密怕泄露的，所以，平时我的手机都是关着的，只有到成都或外地出差才打开，所有工作和生活上的事，我都用电邮联系。常有朋友给我发 PPS 或 PPT 文件，我分成四个文件包储存，即音乐舞蹈、美术照片、养生保健和历史政论。每个文件包按时间先后储存了几百个文件，都可在我家客厅里的家庭影院中播放。笔记本计算机与大屏幕彩电连通，既可欣赏这些精彩文件，又可作为举行小型学术或工作研讨时的放映工具，实验室的同事来了，就可在客厅演播他们的 PPT，变成一个讨论工作的会议室。网络生涯波及全家人。儿子闺女回来，需要“Work from home”，我装了路由器，可以无线上网，他们住在我家里，照样可以“上班”。我那个大孙子可捡了大便宜，他是个网迷，一有时间就迷在网上。他刚十余岁，在家里规定只能周末上两小时网，来到我这里就“解放”了，我还陪他一起打游戏，只要他高兴，我什么都同意，这也是大部分爷爷不能教好孙子的原因。

网络还成了我的图书馆。随便查什么资料，一到网上搜索，什么都能找到。科学院给院士配了网上图书馆，查起来更方便。峨眉校区的图书馆本来很不错，我却很少去。一次是要查我自己在《人民日报》上于 1990 年代初发表的文章，那时还没有电子版，查不到，我才去图书馆找。这可惊动了他们，馆长亲自出来帮忙一起找，终于找到那年的合订本。复印时，因靠近书脊，无法复制。馆长下令拆开复印，当即把订得好好的合订本拆开了，弄得我很不好意思，连连说谢谢，谢谢！

网上看新闻比报纸广泛得多，信息也快许多。2011 年动车组在温福线发生追尾特别重大事故，得罪了全国人民，网上齐声声讨，说什么的都有，连过去说过高速铁路好的专家、院士，都被指名骂成“砖家”、“愿死”。我天天上网查看，看有人指名骂我没有，因为我说高速铁路的好话确实太多了。幸好大家忘了我这个“吹鼓手”，没有发现我的名字。只在下半年当我公开做报告，提出“退一步进两步”之后，才偶然发现有人说我“脸皮真厚，都什么时候了，还在说高速铁路的好话！”

最实惠的还是网上购物。我想装个真壁炉，网上一查，在山东潍坊买

炉边小憩

了一个加拿大式的真火燃木壁炉。外面那个炉架，原想到成都石材市场买一副，找遍了，还只能定做，要给图纸，交他们算工算料，才能给出估价，人工现雕，肯定是天价。到网上一查，河北保定有专雕壁炉架的工厂。我挑了最便宜的汉白玉，只花 2300 元就买了一个很好看的，运到峨眉只花 500 元运费。我装修房屋的许多东西，都是通过网上购物买到的。这次我两个侄女到峨眉来，就是在网上买到转车两次、中间还有卧铺票的连运实名火车票，从湖南邵阳一直到峨眉车站下车。没有网络，这无论如何是做不到的。

网络通天下。即使在峨眉山下，一样与全国、全世界畅通无阻，与住在大城市没有两样。我写的那首诗，从这层意义上又有了新解释。真是："住在深山里，如居闹市中。"

我在峨眉山下一住就是四年多，越住越觉得还是峨眉好，真是乐不思"蓉"，连成都都不想去住了。看来我与峨眉山是真有缘，这里就是我这一生的最后一站了。

回顾我的一生，成功多于失败，机遇多于挫折，可惜才疏学浅，又不够努力，终致无大成就，无以传世。唯一可以自慰的是成长起来一个优秀的团队，后继有人。"平生无大志，自有后来人"，余愿足矣。你们想以我对我国铁路的所见所闻，汇入《20 世纪中国科学口述史》丛书，故将一生琐事，赘述一番，实话实说而已，不妥之处，还请见谅。

我们中国人的高铁梦是什么？同世界高铁梦一样，也是建设高铁网和提高运营速度两方面。前面提到的中长期铁路规划，就是到2020年建成1.8万公里的高铁网。目前投入运营的高速铁路已经超过1万公里。这将是世界最大的高铁网，而且是按最新高铁理论和200～300公里/时、300～400公里/时两大目标速度的技术标准新建起来的完美工程。

第13章 阳光灿烂

阳光灿烂三亚缘

当这本《我的高铁情缘》初稿告一段落的时候，高速铁路峰回路转，重新走上了新的发展道路，很快度过“7·23”的阴影，又见阳光灿烂，虽在意料之中，却没有想到会来得这么快。当初人们都说没有20年，不可能恢复元气时，我却说，恢复期不会比德国的6年长。不想两年不到，就“春风又绿江南岸”了。加上生活上又发现三亚这个新天地，可以说，2013年，无论是我个人的生活轨迹，还是高铁发展，都可说是阳光灿烂的日子，使这本原已宣告结束的书，欲停又走，不由自主地又要多加一章了。

玛雅人的长日历说：2012年12月22日是世界末日。有点知识的人都不信，但又是电影，又是微博，闹得真有那么回事一样。于是我突然决定，过了世界末日，就到三亚这个充满阳光的城市去迎接2013。没承想还真迎来了一个阳光灿烂的年头。

三亚我们去过多次。第一次是在20世纪80年代。以后又连续去过三次，是冬天去度假，住在三亚湾的碧海蓝天小区。最后一次是实验室安排的，在亚龙湾住超五星度假酒店瑞吉酒店。这里只能在酒店餐厅用餐，每人每餐至少100元。我们只住了几天，就赶紧回来了。

三亚对我们平民来说最宜居住的地方还是三亚湾。这里有17公里最好的海滩，极细的白沙，以极缓的坡度一直延伸到海里，整个就是一个特大的天然游泳池。沿岸是50米宽的海岸椰林，修有游人石板路，每50米左右就有一个活动场地。在三亚湾中部，辟有几个游泳场，有专业的救生员守护。椰林里还有不少更衣室和淡水淋浴设备，供人们免费使用。这样一个条件好的、世界最长黄金海滩，居然完全是对公众开放的，没有任何盈利设施，谁都可以去尽情享用。缺点当然是人多，不好管理。

我们几次在三亚度假，都住一个月左右，都是选择位于三亚湾中部的碧海蓝天小区。小区出前门就是滨海大道，紧靠海岸椰林，椰林外就是金色海滩了。小区后门出去，不到100米，就是市中心，有农贸集市和各种商店。这个小区是1990年代初由新加坡人开发的，已经建了两期，现正建第三期，都是25～31层的楼房，业主购房后开设家庭旅馆，物业管理都是国际物管公司按国际标准管理。我们就是按月租用他们的客房，拥有厨房浴室，每周打扫及更换卧具一次。既像住宾馆，又像住家，非常适合我们这些长期度假的人居住。

我们2013年元旦到达三亚，还是选择碧海蓝天。我们租了一套两室两厅加厨卫的大套间。我哥哥的女儿沈新平和她丈夫廖万明来和我们一起住，一日三餐都是他们两位打理，饺子，蹄花汤，药蒸鸡等，应有尽有，与住在家里没有两样。每天早晨我们就去海边，踏着浪花行走，下午就去海边椰林休息。万明必下海游泳，我则在椰树林里，面向大海，打全套太极拳，“海底捞针”这个动作在海边施展开来，再贴切不过。这里白天气温 29～30 摄氏度，晚上最低也是 22～23 摄氏度，与夏天完全一样。海风吹来，清新温润，非常舒服。现在全国闹雾霾，PM2.5 大幅度超标，我儿子利人在美国都看到报道说，中国只有两个城市不超标：峨眉和三亚！我们从峨眉来三亚，体会到这个评价是正确的。不过，一个正是严冬，一个却像盛夏，冬夏两重天，这是无法相比的。

住在三亚湾最大的感觉是人多，从早到晚都非常热闹。有踏海的、散步的、培训模特队的、跳集体舞的，还有退休艺人组织的文艺表演，免费观看。有一种把走步和跳舞结合起来的活动，动作很简单，一学就会，在碧海蓝天外面的椰林广场上，往往有两三百人参加，还有不少人站在旁边跟着做动作。这里遇见谁都可以打招呼，总是热情回应。不过老年人居多，不认识的人，一打招呼，可以聊上很长时间，相逢何必曾相识，同是

2013 年偕夫人重游三亚大东海

天涯休养人，在这里最贴切不过。

住了不到几天，我们就十分喜欢这个地方。三亚同峨眉真是一对天生互补的养老场所。我原来的想法，正如前一章所说，峨眉就是我的最终归宿地。天外有天，到了三亚，才知道只有一个峨眉不够，必须在这里建第二个养老场所。在峨眉常看到一幅广告：冬去三亚海湾，夏来峨眉半山。这是候鸟式养老的最佳模式。我们四个人经过讨论，一致同意在三亚买房，马上就买！

在三亚的其余日子里，买房成了中心话题，也铸就了这次来三亚的最大收获。我的原则是不离开碧海蓝天，不仅因为在这里住习惯了，而且的确是这里条件太好了。峨眉比较安静，这里就热闹得多；峨眉冬季太冷，三亚冬暖如夏；出前门是大海，出后门是闹市；交通方便，出入自如，前后左右有近 10 路公交车通过，60 岁以上老人有免费乘车证，哪里都可以到达。正好碧海蓝天三期在出售套房，我们挑了一套两房两厅两卫位于 7 层的住房。登记后，售房小姐立刻上网查了我的资料，通过请示他们董事长，决定给我 81% 的优惠，一般最高折扣是八五折。盛情难却，不得不买了。看过样板房后，也确实满意，于是下决心买下来。这套房子就成为我们的第二养老基地了。我们计划每年 11 月 20 日到三亚，来年 3 月 20 日回峨眉，在三亚住 4 个月，其余 8 个月住峨眉。3 年前，学校出售在新校区的 4000 多套限价房，我排在第一位，可以在 4000 多套住房中任选一套。我以在成都无互补性而放弃了购房权利。3 年后，以当时的积蓄用到三亚来购房，使我能进入候鸟养老族行列，这一谋略大家都说好。

三亚新房要到 8 月底才交付使用。我们准备 11 月中旬去三亚安家。新房属精装房，有集中空调和集中供应热水。我已定好家具和床上用品，只等入住了。我们家保姆跟我们已有 10 年了，像一家人一样。我们去三亚时，由她负责看管峨眉的房子，由她的女儿到三亚去照料我们。她女儿在广州打工，过年就回三亚，不必回老家泸州了。看来，三亚这个新家已基本安排就绪。我一生安过三次家，唐山 22 年，峨眉 24 年，成都 20 年。现在又加三亚，算是第四个家了。如果说四海为家，这第四个家正临琼海，终于沾上海的边了。我心头高兴，特写了一首诗，挂在书房里：

前临凤凰岛，后径商味浓。

碧海驱寒霸，蓝天郅大同。

最近我的英国好友巴里·布里克教授夫妇来我家做客，我翻译给他们听，他们连称好诗，并和我一起修改译稿，还说就英文来讲，也是一首好诗：

In front of the house is The Phoenix Island,

Behind, are streets with familiar smells.

The jade green sea forces away the Power of Cold,

And clear blue sky tells of peace all over the world.

很凑巧前面定居峨眉山那首诗最后的“最高峰”是我校校歌上半部的最后：“相期同造最高峰”。这首诗的最后正好是校歌下半部的收尾“文轨车书郅大同”，英文译成世界和平，也不为错。

1 月 15 日，我们四人回到峨眉，准备迎接春节。2 月 10 日，正月初一，正式进入蛇年。我是属蛇的，2013 年是我的本命年。儿子利人比我小 36 岁，也属蛇。孙子 Willy 比利人又小 36 岁，也属蛇。一家三代单传，都属蛇，很难得有如此凑巧的事。为此，我特写了一副春联贴在门口：

儿孙等继七度地支喜迎三蛇共舞；

唐峨相承四川天涯同庆四海为家。

高铁春风暖我心

2011年那时可说是乌云密布，中国高铁流年不利，正如第11章所说的那样，出了两个大贪官还不算，屋漏又遭连夜雨，发生了“7·23”特别重大事故，3亿多条微博围攻高速铁路，国务院不得不做出“三全”决定，高铁建设全面停工了。我虽然声嘶力竭出来喊“退一步，进两步”，但心情同文天祥一样，只能“留取丹心照汗青”，等待历史的判决了。对我这个情系高速铁路的人来说，心中的郁闷，只有自己知道。

回望2012年

2012年2月16日《人民日报》第10版头条大新闻：高铁今年将突破1万公里！2011年以前，高速铁路（200公里/时以上）通车8358公里，2012年新通车高速铁路3500公里，总计将达到11858公里，高铁“四纵”干线全部贯通！（只差厦门到深圳一小段）“四横”中，武汉到宜昌的高铁也将通车。基建投资恢复到5000亿元左右，有35条高速铁路要重新开工。这是国家在重申坚持高铁网建设规划不动摇的决策。这第一缕春光燃起了全国对中国高铁发展的新希望，我那焦灼的高铁“丹心”里，总算又点燃了一束希望之火。

2012年4月18日科技部公布了《高速列车技术发展“十二五”专项规划》，充分肯定了以政策为指导，市场为导向；以企业为主体，国内25所重点高校、11所科研院所、51家国家级实验室和工程技术研究中心参与的产学研用相结合的国家技术创新体系。肯定了CRH380新一代高速列车在京沪线先导段创造的486.1公里/时的世界高速铁路最高运营试验速度，标志着我国高速列车技术已跻身世界高速列车技术先进行列。提出要依托时速500公里高速试验列车，开展高速列车气动行为、轮轨关系、弓网关系、车体结构振动及耦合动力学等关键力学行为研究；围绕未来更高速度高速列车的研制和运行，开展高速列车新型减阻技术、气动控制、姿态控制，以及大量新技术在高速列车中应用带来的系统动力学问题的研究。形成我国先进的流固、轮轨和弓网耦合理论与分析设计方法体系，从根本上保障我国高速列车技术持续发展并保持领先地位。

这里明确提出“未来更高速度”的高速列车，提出高速列车“国家技术创新体系”，提出形成我国先进的流固、轮轨和弓网耦合理论，从根本上保障我国高速列车技术持续发展并保持领先地位。这与我的论点特别吻合。无独有偶，网上传出2012年4月恢复开工的高速铁路项目已经达到25个。看来低谷即将越过，“进两步”的曙光依稀可见了。

《高速列车技术发展“十二五”专项规划》提出了四大任务，我认为最主要的是制定技术标准和以实时安全监控为中心的信息化。国际铁路联盟（UIC）关于高速列车的技术标准只有300公里/时以下的，300～400公里/时高速列车技术标准还是空缺，因为还没有哪个国家有切实可靠的商业运营业绩。达到350公里/时正式商业运营的，只有我们中国，因此填补这项世界空白，制定350～400公里/时高速列车技术标准的任务，看来我们是责无旁贷了。科技部的规划中只提谱系化，其实谱系化的基础是标准化。标准化建立在大量基础科学研究之上，正是科技部门应当去做的主要工作。各种速度下的技术标准体系制定好了，制造部门才好实现谱系化生产。

信息化在科技部的规划中主要指运营部门，如集中调度、电子售票等。规划还提到智能化列车，以实现无人驾驶为目标。规划中也提到安全监控，却没有把信息化的纲凸显出来。我认为最主要的目标是安全监控，应达到对每一条高速铁路上运行的每一列高速列车都能实现实时的安全监控。应当平行于列车调度系统，建立各级高速列车实时安全监控系统，为各级调度系统提供安全信息和控制要求，作为调度系统操作的依据。这首先就需要把列车变为一个信息终端，能采集和传输所有与运营安全相关的信息，并能接受调度系统指令，进行安全操作。这才是智能化列车的主要任务。是否还需司机驾驶，属于另一范畴的问题，可另行研究决定。列车采集的信息传输给安全监控中心以后，进行实时数据处理，给出列车运行安全的评估指标，根据评估指标情况，向列车和调度中心发出安全控制的指令。各级安全监控中心处理的职责和范围，按大系统控制原理确定。如果经过“十二五”、“十三五”两个五年的努力，能够建立起这个实时安全监控体系，那中国高铁就将立于不败之地而引领世界第三代高速列车技术的发展。

9月5日《人民日报》头版刊登“科学发展成就辉煌”系列文章：《中国迈入高铁时代》。对2004年以来高铁的快速发展，给予充分肯定。以后还发表多篇文章，有的还提中国高铁“从无到有，世界第一”，这是我在这两年都不敢公开提的话。

从实验室的角度看，10月21—26日的东北之行，也证实了高铁高潮的回归。应北车集团的邀请，张卫华、吴柏青、曾京、罗世辉组织TPL共7人去东北访问、签约，一定要我牵头。先去大连两天，看了北车在旅顺建设的基地，包括大连机车厂新址、北车牵引电气研发中心和齐齐哈尔工厂研发部。签了几个合同，总数在2000万元以上。后到长春，除访问吉林大学郭孔辉院士的研究所外，主要参观长客的高速动车基地。这个基地占地 3000 多亩，堪称世界最先进的高速列车制造基地。我们与长春工厂签了 3000 多万元的合作协议。之前的 6 月，我们参加院士会议前去过唐山工厂，我做了“高速列车大系统动力学”的报告及参观了他们的“唐山动车城”。这次活动改变了我对北车集团的看法。以前以为在研发高速列车技术方面，北车不如南车。这次看到的是一片繁忙的、奋起直追的景象。

南车四方厂，我 2012 年 8 月 9 日去青岛主持 973 项目中期工作总结会时，同王军长谈过。他告诉我这两年铁道部未给工厂一辆车的订购合同，全靠自己找饭吃，总产值还维持在 100 亿元以上，不容易。到 11 月份，开始给订单了，工厂单位也拿到合同了。2012 年总投资可达 6000 亿元，2011 年只有 4000 亿元。8 月 29 日，科技部在北京香格里拉饭店召开 400 公里/时高速检测车 863 项目专家验收会，科技部曹副部长，铁道部卢春房副部长均到会，由我主持验收会，专家有严陆光、丁荣军、钱清泉、

2012 年 12 月 26 日一列高速列车行驶在永定河大桥上

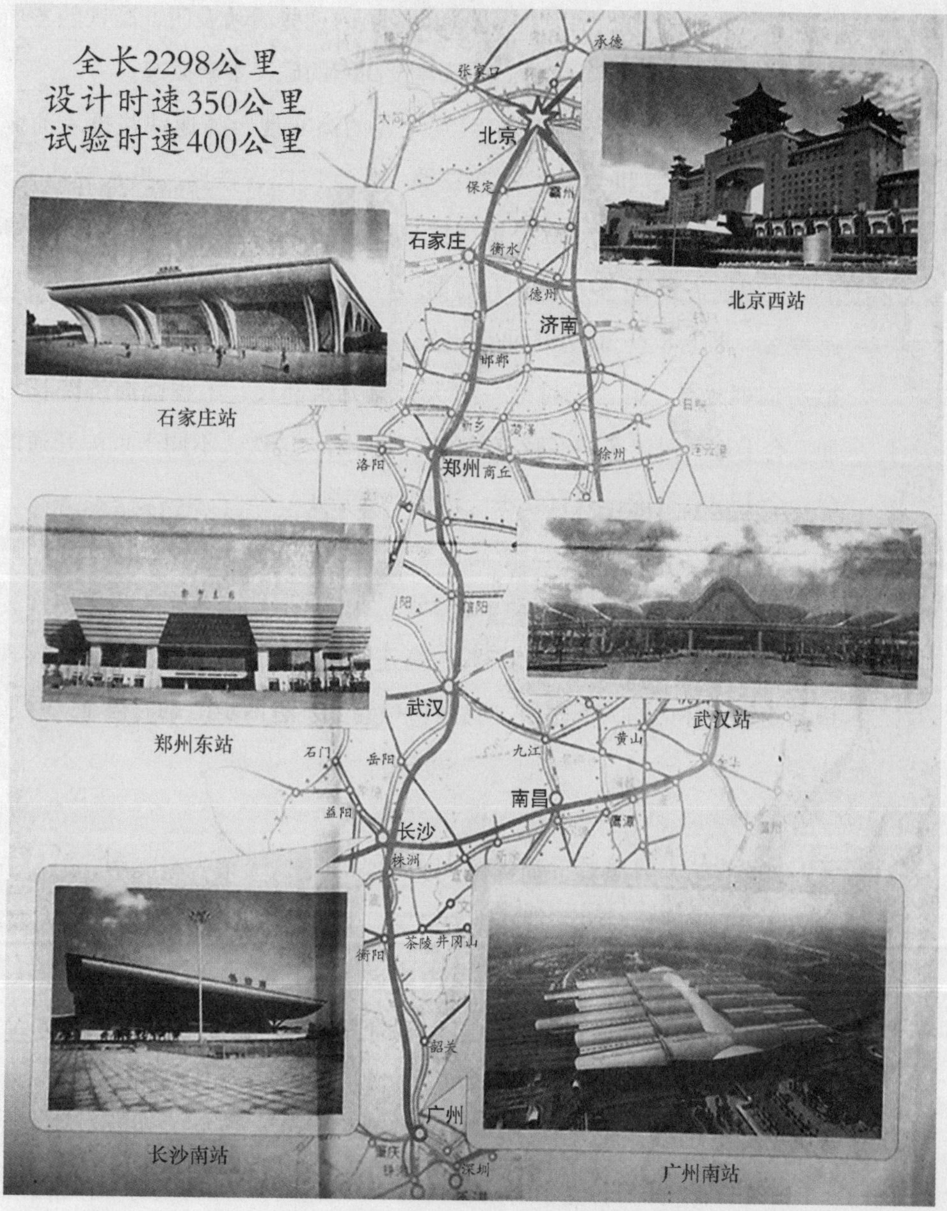

世界运营里程最长的京广高速铁路(图片摘自2012年12月26日《人民日报》)

北京交大贾利民等。所以，从我个人经历的这些活动表明，高铁的各项科技研发工作，都已重新启动，高铁建设高潮的确又重新掀起。

12 月 1 日，940 公里哈尔滨到大连的高寒地区高速铁路投入商业运营。12 月 26 日，世界最长高速铁路——京广广深铁路，投入商业运营，全长 2298 公里，设计 350 公里/时，初期按 300 公里/时试运，全程仅需 8 小时，以前需要 20 多小时。开通前，11 月 29 日，我去北京参加了京武高速考察。早上 8 点 30 分从北京出发，在郑州、武汉下车考察，下午 5 点 30 分回到北京。第二天讨论一整天，盛光祖部长、工程院周济院长均参加。会上充分讨论了与运营有关的各种问题。这次，不同于京沪开通前的会，会上没有争论，只有几乎一边倒的看法了。

2012 年全国已运营 22 条高速铁路，四纵四横高速铁路网已具雏形，全长 9349 公里，开行高速动车组 1595 列，日运送旅客逾 133 万人次，占同期全国旅客发送总量的 25. 7% 。高速铁路的优点越来越深入人心，现在说高速铁路坏话的人不多了。我想，是到了“进两步”的时候了。

高速铁路的国家定位

2012 年 11 月 8 日，胡锦涛同志在党的十八大报告全文中，总结五年成就时说：“创新型国家建设成就显著，载人航天、探月工程、载人深潜、超级计算机、高速铁路等实现重大突破。”11 月 12 日央视《新闻联播》报道十八大代表参观十年成就图片展时，第一项就是 CRH380 高速列车。由唐山工厂高级技师、全国劳模张雪松代表讲解，可见高铁受重视的程度。

2013 年 3 月 5 日温家宝同志在第十二届全国人大的政府工作报告中第一段总结五年成就时也说：“创新型国家取得新成就，载人航天、探月工程、载人深潜、北斗卫星、超级计算机、高速铁路等实现重大突破，第一艘航母入列。”与十八大报告相同，只不过加了北斗卫星这项新技术。还提到最大工程成果：第一艘航母入列，只提入列，没有放在“重大突破”的行列中。把2008年以来我国高速铁路技术与五大高新技术并列，提到“实现重大突破”的高度，这是对我国高速铁路成果的国家评价，是国家对高铁快速发展的定位。对中国高铁来说，如太阳拨云而出，灿烂阳光普照大地，把2013年一下就转变成阳光灿烂的2013！对某一项科学技术成果的评价，本来是科技人员的事。高铁好不好，也只能由乘客说了算。但中国就是这样，或者说，这就是中国特色吧，没有这一锤，还真是定不了音。

中国高铁实现了哪些重大突破

高速铁路国家定位为实现了与载人航天等同样的“重大突破”。能提到国家的重大突破，必是世界水平的重大技术突破。建设规模的突破算不算？不能算。因为比高铁建设规模大的工程多的是。建设规模谁能和房地产相比？交通运输方面，高速公路已接近10万公里，高铁每公里造价与高速公路差不多，但里程还不到高速公路的十分之一。同是轨道交通，以投资而论，当前城市地铁的建设规模也将大大超过高铁。

那么，究竟是指哪些重大突破呢？没有看到谁出来讲清楚这个问题。我只能冒天下之大不韪，出来说点自己的想法。我认为主要是三大突破：技术突破、理论突破和试验突破。

一是技术突破——实现了最高商业运营时速350公里。

前面第11章中已经说明，2008—2011年间，我国高铁商业运营的最高时速达到350公里，这是21世纪以来各国高铁都在追求的目标，但迄今无一实现。中国高铁技术的突破，集中表现在率先创造的这一业绩上。

首先，要把前提讲清楚，从重大技术突破来看，高铁技术的第一指标是什么？我认为应当是运营速度。对这个前提，我想就有好多人不同意，认为速度不是越高越好，反而认为 200 比 300 好，300 比 350 好。还有位大学教授说，100 公里时速的普通铁路就比高速铁路好，中国一公里高铁都不该建，这当然已经超出高铁讨论的范围。从世界高铁发展看，正如下图所表明的那样，随着技术的进步，运营速度一直在提高。日本在 20 世纪 60—70 年代，首创高速铁路，采用 S－0 号高速列车，使商业运营时速

世界高速铁路最高商业运营速度的发展历程图
（参考：钱立新主编，《世界高速铁路技术》，中国铁道出版社，2003 年 8 月）

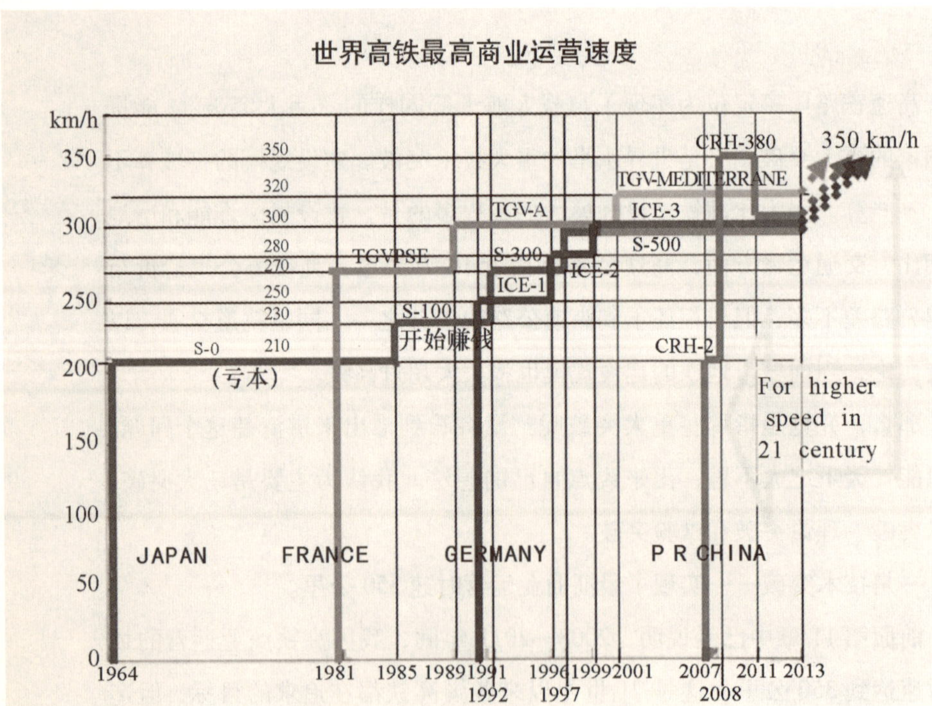

达到210公里，80年代初发展S-100高速列车，时速提高到230公里，使高速铁路扭亏为盈，用了不到7年就还清全部贷款。法国虽然在日本之后，但采用铰接式转向架等一系列先进技术，使运营时速一举超过日本，而且继续领先，迅速达到300公里，特制的高速试验车创下574公里时速世界纪录。在21世纪开始，法国又将商业运营时速提高到320公里，至今仍是世界最高水平。从大系统观点考虑，速度是自变量，是牵一发而动全身的指标，所有高新技术的综合标志就是速度。我国高速铁路技术后来居上，在2008—2011三年中，使用研究开发的最先进的CRH380高速列车，达到了350公里时速，创造了最高时速运营业绩的世界纪录。进入21世纪后，世界共同的目标是使运营时速达到350~360公里，甚至达到402公里（即250英里）。除了我国创造的350公里时速以外，迄今没有任何国家超过320公里时速。

运营速度越高，技术当然越高，但不一定是经济上越好。经济性问题要就每一条高铁线路的具体情况来做深入细致的经济分析，什么速度经济性最好，就定为目标速度。目标速度一确定，全套技术标准就确定了。所以，经济性是在设计具体高铁线路确定目标速度时应当研究解决的问题，而不是高铁技术突破与否的问题。中国高铁突破了国际上最高运营时速320公里的限制，取得最高时速350公里，载人运营1亿多公里，运送2亿多人次的业绩。这一业绩才称得上世界性的重大突破，因为没有哪个国家取得过这样的业绩。

最高商业运营速度的突破，不是简单地就能达到的，也不是一两个人的功劳，而是全国千千万万人共同努力的结果，是高速铁路技术一系列重大突破的综合结果。既有高速列车转向架、车体、供电、驱动、制动、系统集成等关键技术的重大突破，也有轨道线路方面整体道床、高速道岔、大型桥梁、长大隧道等技术的重大突破，还包括通信信号、调度指挥、运营管理等方面关键技术的突破。所以，我认为国家定位的高速铁路的重大突破，第一项就是以 350 公里最高运营时速为代表的技术突破。

二是理论突破——创立新学科：高速列车耦合大系统动力学。

技术突破源于理论突破，我国所以能够后来居上，在不长的时间里获得世界瞩目的高铁技术的突破，在于我国创建和应用了高速列车耦合大系统动力学，使设计理念、设计方法和计算工具迈上新台阶，才有我国高速铁路技术的快速发展。所以，第二项重大突破就是以高速列车耦合大系统动力学为代表的理论突破。世界高铁从此有了自己的技术理论。

高速列车在地面稠密大气层中运行，既受轨道的约束和接触网的影响，又为气流及其地面效应所左右，牵引和控制依靠驱动系统的功能，因此，高速列车所处动态环境比飞机复杂得多。正如飞机的设计制造完全离不开空气动力学一样，高速列车对列车动力学的依赖更是息息相关，不可或缺的。

20 世纪 50 年代，美国、日本开始研究高速列车时，使用的是古典刚体动力学，使用变分法求解也需采用许多假设，才能就有限自由度得到不太准确的解析解。日本在开发世界第一条高速铁路时，他们得到的失稳临界速度只有 270 公里/时，故把运营速度定为 210 公里/时。后来通过实践才提为 230 公里/时。1960 年代，计算机问世，以多刚体系统动力学为基础的车辆系统动力学成为高速列车计算的基础，在仿真能力和计算精度上才有了较大的提高。

复杂的动态环境激发高速列车系统动力学快速发展。首先是轮轨接触力学，一马当先，带动高速列车动力学迅速发展。接着，弓网系统动力学、轨道系统动力学、桥梁系统动力学、列车空气动力学等，相继进入高速列车系统动力学的计算之中，但都各自成为系统，在设计理念上，均未作为统一系统来考虑。

最初日本科学家走在前面。日本既有铁路是米轨，他们构想的高速铁路是标准轨距的独立系统，所以他们一反常规，确定采用动力分散和整体道床，以后经验证明这个决策是正确的。但是，日本在气动作用和轨道参数上，却估计不足，隧道截面面积仅加大一倍，选为 64 平方米（我国高铁定为 100 平方米）；轨道最小曲线半径只取 2500 米，后来发现不够，也只加大到 4500 米（我国高铁定为 6700 ~ 10 000 米）。这些未能从系统全局考虑而留下的缺陷，一直到今天，都成为限制日本高速铁路进一步提高速度的不可逾越的障碍。

20 世纪 70 年代，法国开始发展高速铁路。他们一味从降低建设成本出发，却否定了高速铁路应当是一个完整系统的观点，改回到动力集中的常规铁路模式，还否定了日本的整体道床，改回到普通 60 公斤碎石道床轨道。尽管下大力气于改进高速列车动力性能，达到了 300 ~ 320 公里运营时速，可是到 21 世纪世界掀起 350 公里以上时速高潮时就力不从心了。虽然改为 AGV 的动力分散，但轨道仍无基本改变，至今不能实现超高速运营。

1990 年代起德国进入高速铁路时代。可能受高速公路影响，他们的高铁彻底实行网运分离。铁路公司只在现有铁路网的某些区段修建高速铁路，供铁路运输公司租用，而且可以客货混运，昼夜行车，悉听运输公司安排。高速列车则可在高速铁路及既有线之间通行，以不同行车速度开行直达列车。高速列车原来也改用动力集中，到 21 世纪才改回到动力分散。高速铁路轨道也开始发展整体道床技术。然而，高速铁路在德国本国，始终没有形成系统，运行速度不高，高速铁路仍然零散分布，总长不过

1287.48 公里。

我国从 20 世纪 80 年代末 90 年代初开始研究高速铁路。结合既有线提速，研发了 20 多种高速列车，但大多运营性能不佳而未能形成产品。进入 21 世纪后，发展高速铁路已成必然之势。纵观世界高速铁路发展历史，总结自己研发高速列车经验，我们得到的一个重要理念是：必须全面考虑高速列车所处动态环境的一切方面，把高速列车理论发展到耦合大系统的水平，真正建成科学的、协调的、能实现任意预定速度的高速铁路。

理念上的更新是理论突破的前提。高速列车理论通常指以一辆车为对象的车辆系统动力学。突破这一理论必须把模型扩大为整个列车，并研究与之相连接的轮轨关系、弓网关系、流固耦合关系及机电耦合关系等，统一建立数学模型，找出其与共同参变量——列车前进速度 v 的变化规律，以之为纽带，把相关系统耦合到列车模型中来，进行全局仿真、全局优化和全局控制，才能在时空同步条件下，掌握列车大系统。

依此理论分析，日本的分析基本上符合大系统的思路，但没有从理论上上升到耦合大系统仿真，计算方法陈旧，所定目标速度太低，不能适应速度提高后的要求，成为现在发展的限制。法国线路标准太低，不能满足 350 公里/时以上运营需求。德国网运脱节，很难形成高旅行速度的高速铁路运输。理论上有了突破，我们才能清楚地知道人家优缺点之所在，才知道我们自己应当怎么做。

人们会问，谁不知道车路要一并考虑，这能算理论突破吗？我们说，新理论不仅是统一考虑而已，要统一参变量，建立耦合数学模型，进行给定目标速度下的数值仿真计算；要进行全局优化，协调各种关系，确定最佳动力参数匹配；还要能进行全局控制，建立可控安全技术保障体系。从国际高速铁路发展历史来说，至今并没有人明确提出这一耦合大系统动力学，更谈不上进行准确数值仿真、全局优化和系统控制。值得庆幸的是，我国在 21 世纪初将要大起步发展高速铁路之际，全面总结了世界建设高速铁路的经验，进行大系统动力学的初步分析，提出了科学的建设规划。如：建设独立的高速铁路网，分 200～250 公里/时及 300～350 公里/时两档目标速度建设路网，采用动力分散及整体道床等，全面协调 9 种技术标准。虽不能说是直接采用了新理论分析计算的结果，但从理念和根据来说，完全是新理论的逻辑。尤其是高速列车设计中，所有型号的高速动车

2013 年国际著名期刊 VSD（第 51 卷 7 期）刊登的第一篇文章是张卫华的《大系统动力学》(共 61 页)

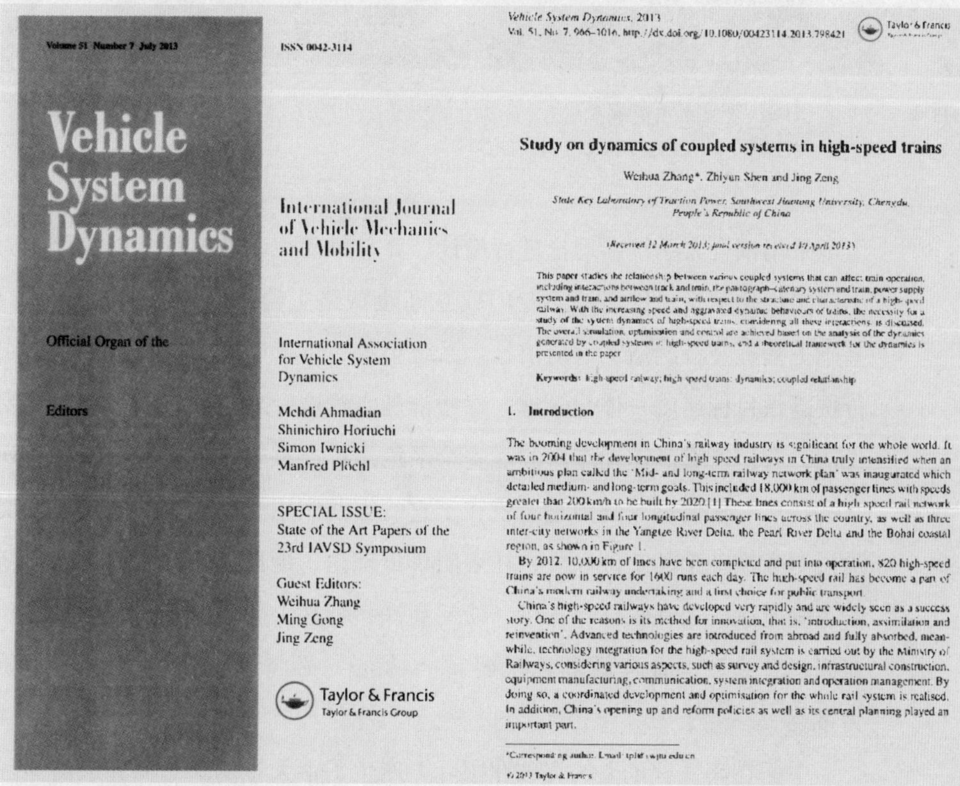
Volume 51 Number 7 July 2013

ISSN 0042-3114

Vehicle System Dynamics

International Journal of Vehicle Mechanics and Mobility

Official Organ of the International Association for Vehicle System Dynamics

Editors
Mehdi Ahmadian
Shinichiro Horiuchi
Simon Iwnicki
Manfred Plöchl

SPECIAL ISSUE:
State of the Art Papers of the 23rd IAVSD Symposium

Guest Editors:
Weihua Zhang
Ming Gong
Jing Zeng

Taylor & Francis
Taylor & Francis Group

Vehicle System Dynamics, 2013
Vol. 51, No. 7, 966–1016, http://dx.doi.org/10.1080/00423114.2013.798421

Taylor & Francis

Study on dynamics of coupled systems in high-speed trains

Weihua Zhang*, Zhiyun Shen and Jing Zeng

State Key Laboratory of Traction Power, Southwest Jiaotong University, Chengdu, People's Republic of China

(Received 12 March 2013; final version received 19 April 2013)

This paper studies the relationship between various coupled systems that can affect train operation, including interactions between track and train, the pantograph–catenary system and train, power supply system and train, and airflow and train, with respect to the structure and characteristic of a high-speed railway. With the increasing speed and aggravated dynamic behaviours of trains, the necessity for a study of the system dynamics of high-speed trains, considering all these interactions, is discussed. The overall simulation, optimisation and control are achieved based on the analysis of the dynamics generated by coupled systems of high-speed trains, and a theoretical framework for the dynamics is presented in the paper.

Keywords: high-speed railway; high-speed trains; dynamics; coupled relationship

1. Introduction

The booming development in China's railway industry is significant for the whole world. It was in 2004 that the development of high speed railways in China truly intensified when an ambitious plan called the 'Mid- and long-term railway network plan' was inaugurated which detailed medium- and long-term goals. This included 18,000 km of passenger lines with speeds greater than 200 km/h to be built by 2020.[1] These lines consist of a high speed rail network of four horizontal and four longitudinal passenger lines across the country, as well as three inter-city networks in the Yangtze River Delta, the Pearl River Delta and the Bohai coastal region, as shown in Figure 1.

By 2012, 10,000 km of lines have been completed and put into operation, 820 high-speed trains are now in service for 1600 runs each day. The high-speed rail has become a part of China's modern railway undertaking and a first choice for public transport.

China's high-speed railways have developed very rapidly and are widely seen as a success story. One of the reasons is its method for innovation, that is, 'introduction, assimilation and reinvention'. Advanced technologies are introduced from abroad and fully absorbed, meanwhile, technology integration for the high-speed rail system is carried out by the Ministry of Railways, considering various aspects, such as survey and design, infrastructural construction, equipment manufacturing, communication, system integration and operation management. By doing so, a coordinated development and optimisation for the whole rail system is realised. In addition, China's opening up and reform policies as well as its central planning played an important part.

*Corresponding author. Email: tpl@swjtu.edu.cn

© 2013 Taylor & Francis

2013 年第 23 届 IAVSD 年会在中国青岛召开（前排右 6 为大会主席张卫华，右 7 为 IAVSD 理事长 H. True）

组都采用耦合大系统新理论进行设计计算，对动力参数实行全局优化。为了落实优化结果，铁道部还专门成立高速铁路主管机构，搭建勘测设计、基础工程、装备制造、通信信号、系统集成、运营管理 6 个技术平台，实行按高铁目标速度一体化管理，这些都是实践这一理论突破的行动。结果说明，我国所有高速动车组均能安全平稳运行，乘坐舒适成为我国高速列车的特点。任何理论的力量，就在于它的实践应用。中国高铁的快速发展除说明高铁理论的突破以外，还表明尊重理论、走自己的路才是自主创新的正确之途。现在铁路界人士一谈起高铁，言必讲轮轨关系、弓网关系和流固耦合关系。看来新理论已经深入人心，必将转化成更强大的物质力量。

中国在高铁理论上的突破在国际上产生了很大影响。车辆界最高国际学术组织：车辆系统动力学国际协会（IAVSD），成立于1957年，每两年召开一次学术年会，最近几届都有我国学者报告高铁系统动力学方面的进展，影响很大。2011年该学会决定第23届IAVSD年会在中国举行，由牵引动力国家重点实验室主任张卫华教授担任主席，并特邀他做高速列车耦合大系统动力学的主题报告。前页两图所示就是这次大会上张卫华发表的高速列车耦合大系统动力学论文和有240多位国内外代表参加的第23届IAVSD大会合影。

三是试验突破——建成600—500—400公里试验体系。

理论的基础是试验。试验不仅验证理论，还是发展理论的源泉，更是理论与实践间的桥梁。我国在创建高速列车耦合大系统理论时，一点也没有放松试验研究。

在CRH380研发过程中，试验被放到最重要地位。在工程设计阶段，进行了260余项试验研究；零部件研究开发中，进行了650项试验研究；新头型研究、试验了20多个方案；武广、郑西高速线上，做了20类279项试验研究；沪杭线上，最高试验速度达到416.6公里/时；京沪先导段最高试验速度达到486.1公里/时。在新线试运行前，进行联调联试，这是常规，我们在此同时加入科研性试验，这是一项新创造，投入运营后又坚持跟踪试验，更是以前从来没有做过的。

我国在试验方面的突破性创新在于建立了完整的高速列车试验体系，在试验技术上达到世界领先水平。这个试验体系由三部分组成：

1. 基础试验：零部件试验——材料强度试验+零部件疲劳试验和整车试验——纯滚动试验+滚动振动试验。

   滚动振动实验台的最高试验速度达到600公里/时，世界领先。

2. 线路试验：联调联试——新线投产前的调试及试运行试验；

CRH380AL 高速列车(上)、CRH380BCL 高速列车(下左)和 CRH380B 高速列车(下右)

科研试验——极限工况下的特殊试验，运营工况下的试验车最高线路试验速度达到 500 公里/时，世界领先。

3. 运行试验：日常试验——日常监测性试验（最高试验速度 400 公里/时）；

跟踪试验——运营过程中的跟踪监测，世界唯一。

用达到世界领先水平的代表性试验技术，600 公里/时实验台，500 公里/时试验车和 400 公里/时以下运营车的跟踪试验，可表述为 600—500—400 公里试验体系，这是我国首创的独一无二的试验体系，用 600 公里/时台架试验保证 500 公里/时线路试验，以 500 公里/时线路试验获得超高速下参数的时变规律，从而指导设计制造，而确保400公里/时以下的日常运营。我们常说：600保500，500保400（公里/时），就是这个意思。我国具备这一世界顶级的试验系统，就是具备研发300～400公里/时高速列车技术的能力。国外十分看重和羡慕我国具有的这种能力。

这里还要说说跟踪试验的问题。如果把高速列车看成一项先进制造的机械产品，从国际前沿来说，技术管理的最高水平，应当是全过程工程管理（见右下图）。其中，最重要的环节是“运用”。只有运用才能产生价值，运用是设计制造的目的，是设计制造的检验和改进设计制造的根据。全过程，或者全寿命，包括“报废”这一环，设计、制造都要考虑产品报废后如何处理才有利于环保。国外许多先进机械产品，如汽车、电气设备等，都在开始建立全寿命管理的体系，但对于高速列车国外还没有一家有这样的计划。

我国从第一条高速铁路——京津城际客运专线开始，就在常规的联调联试之外增加了科研性试验。采用无线检测、卫星定位等技术，从全程监控角度，测试、记录高速列车在运行中的动态响应，从而研究各种参数的时变规律，包括气动作用及环境噪声。所得结果，立即用于动车组安全监测和提速改进设计中的参数调整。以后的武广、郑西、沪宁、沪杭诸线，均继续坚持这一做法，保证了我国动车组技术迅速经过200、250、300、350、380公里/时的台阶，走上快速发展的道路。更为可贵的是将这一做法固定化，立项实行跟踪试验，在京津、武广、京沪等干线上，固定几列动车组，持续跟踪。目前已跟踪

全过程工程管理

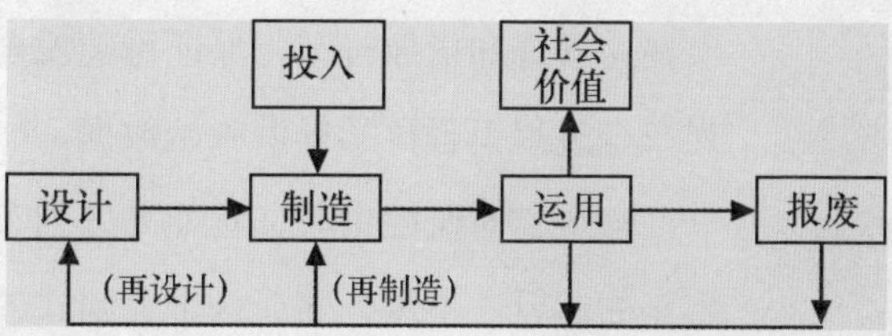

1000 多万公里，获得海量原始数据。这些极可贵的资料，可为我国高速列车安全监控和今后的技术改进，提供重大支撑，在全过程工程管理上迈开第一步，在全球高速列车技术管理中，将是独一无二的重大突破。

但是，真正按照全过程工程科学的原理建立起国际前沿的全过程工程管理，还有漫长的路要走。体制上的障碍就是很难跨越的一道坎。现在运营的主体是铁路公司，设计制造高速列车的南车、北车也是公司，公司之间应能比较容易地通过贸易协定，建立起设计制造运营一体化的管理机制。基本的共识应当是：只有实现这个突破，建立起全过程工程科学的管理体制，中国高速列车技术才能长盛不衰，永远傲立于世界高速列车之林。

跟踪试验的长远目标是实现高速列车技术的信息化，建立列车运行安全的实时监控系统，应当包括以下三个部分：

1. 自感知终端。能感知运行外部环境，如暴雪、大风、滑坡、路基沉降等；能感知高速列车实时运动状态，如位置、速度、加速度响应等；能感知关键部件的信息，如疲劳、发热、脱落等。

2. 无线传输系统。克服高速移动、频繁切换、带状覆盖、电磁干扰等困难，将终端信息实时准确传到监控中心。

3. 实时监控中心。采用超大容量数据库储存和发送海量数据；采用云计算，对该次列车运行的动态数据建模，进行模拟仿真；实时计算该列车的服役可靠度，对结果分类处理，实时显示状态，提供给调度中心，发出在途预警和指导行车，保证行驶安全。还为维修基地提供信息，为高速列车全过程工程科学提供原始数据。

这个实时监控中心，犹如高速列车的大脑，实时监控着所有在线高速列车的运行。不过，建成这个大脑式的监控中心，还有很长的路要走，实现恐怕要在20~30年以后。不过，我们不断进行跟踪试验，就是在这条道路上前进，只要坚持，目标总会达到的。

这就是中国高铁实现的三个重大突破：试验突破保证了理论突破，理论突破引领着技术突破。反过来，高铁技术的突破，验证了理论突破的正确性，正确的理论指导着新的试验体系不断改进和取得新的数据。如此良性循环，周而复始，只要我们坚持，何愁中国高铁不会站到世界高铁的顶峰。

中国人的高铁梦

中华民族是一个善于梦想和善于把梦想变为现实的民族。美丽的中国梦丰富多彩，如航天梦、深潜梦、北斗梦、航母梦等等，无不令人欢欣鼓舞。其中，初步实现了的高铁梦，是又一个绚丽多彩，值得大书特书的范例。

人类对于高速交通的向往，自古有之。嫦娥奔月，孙悟空一个筋斗翻了十万八千里，相对来说，李白的“千里江陵一日还”，只能算低速度了。随着中国高铁跨过低谷，重回高潮，每天100多万人次乘坐高铁在祖国大地飞驰，高铁梦想悠然飞入平常百姓家，纷纷唤起中国人美丽的高铁梦。这个一半已经成真，一半已经浮出地平线的梦想，业已成为中华民族伟大复兴之梦的一部分，招之即来，挥之不去，任何人都无法否定的中国梦了。

为了说清楚中国人的高铁梦，还必须从世界高铁梦谈起。二次世界大战后，民航、高速公路发展很快，逐渐成为客运交通的主体。我国改革开放以后，也逐渐走上这条道路。

21 世纪以来，随着客运量激增，这一交通模式日益暴露出不能克服的矛盾：1. 环境污染，2. 交通拥堵。

20 世纪 60 年代以来，出现了高速铁路，以其高速、环保、大运量，为 20 世纪交通问题指出了解决的方向。但由于高铁不成网，速度不够高，不能成为客运主体，仍不足以解决上述两大问题。于是，进入 21 世纪以来，世界兴起的高铁梦，主要是两点：使高铁成网和提高高铁的速度。欧盟有一个建设欧洲高铁网的规划，总长达到 1 万多公里。美国奥巴马政府也发现非高铁不足以解决当前交通的问题，计划拿出 530 亿美元，补助各州兴建高速铁路，各州一下子就提出 40 多条高速铁路的建设计划。但是，由于体制问题，真要建设统一的高铁网，谈何容易。

其次就是提高速度，前已提及，21 世纪的目标是把商业运营速度提高到每小时 350 ~ 360 公里。尽管做了许多努力，目前还没有一个国家达到了这个目标。

那么，我们中国人的高铁梦是什么？同世界高铁梦一样，也是建设高铁网和提高运营速度两方面。前面提到的高铁网中长期规划，就是到 2020 年建成 1.8 万公里的高铁网。目前投入运营的高速铁路已经超过 1 万公里。这将是世界最大的高铁网，而且是按最新高铁理论和 200 ~ 300 公里/时、300 ~ 400 公里/时两大目标速度的技术标准新建起来的完美工程。好车配好路，安全平稳运行，节能环保，最好地适应了我国工业化、城镇化带来的运输需求，引领世界高铁的发展，意义重大，影响深远，是怎么评价都不为过的。

作为高铁梦，谁都可以提出自己的想法。福建台州《新青年》上发表了一个更大的高铁梦（见下页图）。他们提出“五纵五横十联”的大胆设想。“五纵”是：齐齐哈尔—三亚，北京—香港，北京—珠海，沈阳—昆

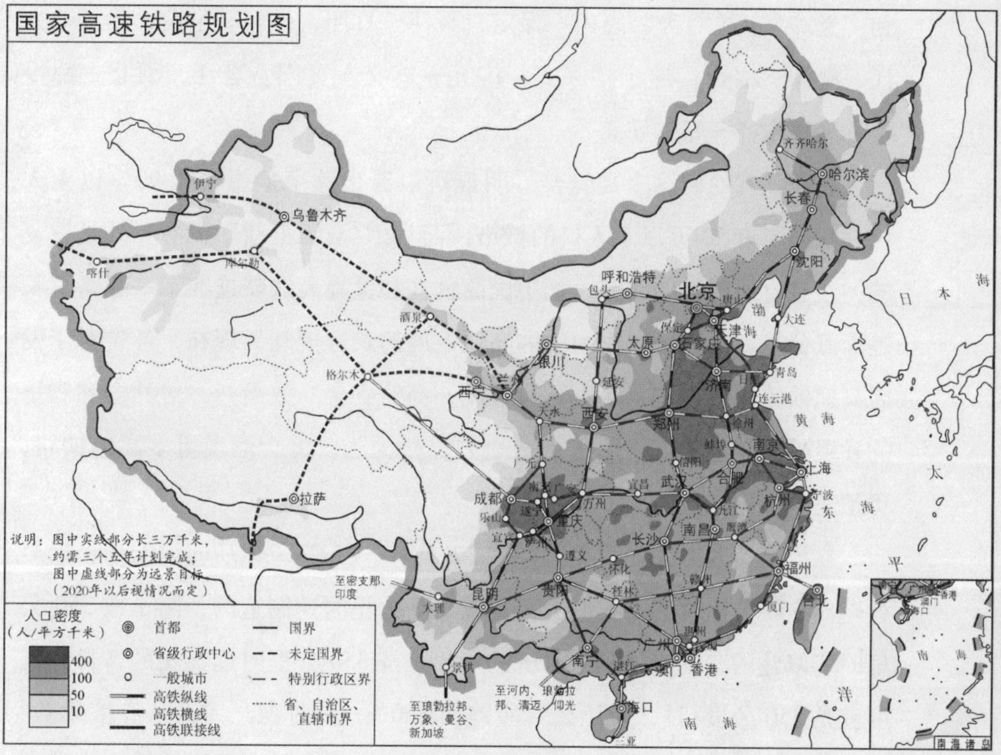

国家高速铁路规划图（根据福建台州《新青年》刊登的高铁网设想图修编）

五纵五横十联

五纵：1. 齐齐哈尔—三亚　2. 北京—香港　3. 北京—珠海　4. 沈阳—昆明（景洪、新加坡）　5. 香港—天水

五横：1. 青岛—西宁（拉萨）　2. 连云港—兰州（伊宁）　3. 上海—成都（喀什）　4. 上海—昆明（大理、印度）　5. 台北—南宁（仰光）

十联：1. 唐山—保定　2. 天津—日照　3. 蚌埠—宁波　4. 武汉—九江　5. 鹰潭—福州　6. 遂宁—广安　7. 广元—遵义　8. 贵阳—湛江　9. 酒泉—德令哈　10. 乌鲁木齐—库尔勒

明延伸到景洪、新加坡，香港—天水。“五横”是：青岛—西宁延伸到拉萨，连云港—兰州延伸到乌鲁木齐经伊宁到哈萨克斯坦，上海—成都延伸到喀什到乌兹别克斯坦，上海—昆明延伸到大理、印度，台北—南宁延伸

到仰光。“十联”为：唐山—保定，天津—日照，蚌埠—宁波，武汉—九江，鹰潭—福州，遂宁—广安，广元—遵义，贵阳—湛江，酒泉—德令哈，乌鲁木齐—库尔勒。

我很欣赏他们这个高铁梦。明显可以看出这个梦想覆盖 90% 以上人口，联通所有 50 万以上人口的城市，而且，“五纵五横”没有一处是重复的，还有直通国外的线路，把中国高铁梦和世界高铁梦连在了一起，总长是 3 万公里。应当可以作为中国高铁发展的长远规划。现在，各省对于发展高速铁路积极性都很高。再过几年，高铁安全高效运行，对社会和经济的发展越来越显示其作用以后，地方民营为主，将会涌现更多高速铁路，恐怕是这幅图也包含不了的。

在提高速度方面，我仍然坚持 2011 年“7・23”以后我说的话：迟早会跑回 350 公里时速。我们的车是按 350 公里时速制造的，路是按 350 公里时速修建的，高速列车大系统的参数是按 350 公里时速优化的，目标速度就是 350 公里/时，为什么不能跑回 350 公里/时呢？无论从经济效益、社会效益、运行安全等来考虑，既然是优化出来的目标速度，就应当按此优化速度运行，否则就是浪费。有人说 350 公里/时不安全，那么 300 公里/时就安全吗？要知道安全是靠技术保障体系来达到的，降低 50 公里/时，不等于这个安全可靠度就能提高相应的百分比，反之，还可能减低，如通过曲线，低速反而有内倾的风险。目前多数高铁均为新线，在初期磨合阶段适当降低速度是合理的，但一概都不准跑回到 350 公里/时，就有些牵强了。

假如最高速度能跑回 350 公里/时，则北京人可以实现下页图所示的高铁梦。同样任何城市都有自己的交通圈，也就是他们自己的高铁梦。下图中右上角那 6 条，现在你就可以坐一次动车组高速列车，都可以体验出

北京人的高铁梦（修编自新闻网）

1. 全国联网，一票到家 2. 网络售票，零换乘 3. 高速，方便，正点
4. 平稳，宽敞，舒适 5. 手机，电视，电脑 6. 可坐酒吧，进餐厅

来。如此快速、舒适、安全、正点、公交化的长途列车，能给你的长途旅游带来多少欢乐！我们实现了技术上的重大突破，又建立起来获得这些突破的国家技术创新体系，这一美丽的高铁梦是一定能够实现的。

值得庆幸的是，换届以后的领导十分重视高铁。前述十八大和十二届人大报告中的定位，已经说明本届政府对高铁的态度。最近，习近平主席访问哈萨克斯坦和李克强总理访问泰国，都分别推进高铁合作计划。中国高铁技术正在走向世界，中国高铁梦和世界高铁梦为此融合在一起，把21

世纪推向高速铁路的世纪。中国高铁的走出去，是战略，是趋势，也必将是中国对世界和平与发展的新贡献。作为引领高铁技术的国家公民，完全有理由感到自豪。

2013 年下半年，我把上述这些想法编组成学术报告《中国人的高铁梦》到犀浦、九里堤、峨眉三个校区向同学们讲解，反应十分热烈。还到铁二院做报告，他们说，听了之后，才真正从“7·23”的阴影中走出来，看到了高速铁路光明的前景，增添了坚定的信心和无穷的力量。在 23 届 IAVSD 国际会议上，我也去讲了这个中国梦，反应也很热烈。中国人是有梦想的，更有把梦想变为现实的决心和力量。我对此深信不疑。如果前面第 11 章还有“此情系高速，何时了此生”的消极感叹的话，现在所有的就全是欣慰与期待了。

蛇年大吉

对联这种形式简短而丰富，比较适合表达言简意赅的内容。比如，前面说到我家有三条蛇，有第四个家，的确可讲蛇年大吉了。但真正蛇年大吉还是在高铁，至少使我担心的高铁大局终于有希望了。我为此又书写了一副联语，挂在书房里，来表达这种心情（见下页图）。

高铁春风不只是国家定位，而是每天 2000 多列高速动车组，携带 150 多万旅客，安全平稳地奔驰在祖国大地上；更多的高铁线路正在修建；还包括对贪官的惩治和铁道部的撤销：中国高铁真正进入市场，按经济规律运作，走上健康发展的道路。这就是中国高铁的 2013，一定会载入史册的 2013。这样的春风，怎么能不温暖我对高铁的一片丹心呢？

当然，也有“担心”。铁道部并入交通部，成立铁路运输总公司。公司都是必须盈利的，今后是否还能大量投资、修建高水平的高铁网呢？前面提到的那位大学教授反对高铁，就是说高铁都会亏本，不如修普通铁路可以赚钱。如果铁路公司听了他的话，停了高铁的建设，那高铁梦就无法实现了。不过，我相信，高铁本身会在实际运营中显示其优越性，终归会以其盈利的业绩，吸引公司不断更新技术，提倡技术创新，使高铁盈利—改进—再盈利，而进入不断更新的良性循环。好的企业家肯定也是先进生产力的推动者。这样一想，也就放心了。

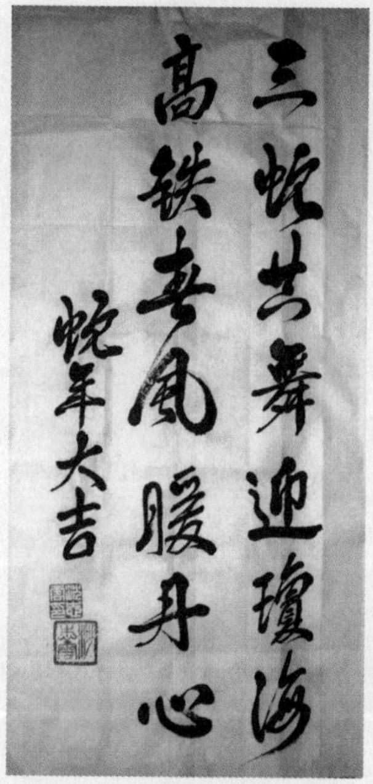

蛇年欣然命笔

高铁的春风来自换代的国家新领导班子。中国必将会从 2013 年起更好地步入中国特色社会主义道路，带领全中国人民，直奔全面小康，实现美好的中国梦。我说的蛇年大吉，也包含这重意思。

学校也换了校长，陈春阳校长调走，来了一位新校长徐飞教授。他原是上海交大的副校长，我校经济管理学院的博士毕业生。他一来就深入基层搞调查研究，千头万绪，来峨眉只有一个上午，还特地到我家坐了近 2 小时。我如实汇报了对高铁的看法，得到他的赞同。学管理的就是不一样，比我们站得更高一些，看来学校也有新的希望了。

还有实验室。经过了国家评估，虽未获得第三个 A，但是得到了很好的评语：在高铁重大突破中发挥了不可替代的作用。这个“不可替代”同 1990 年代得到的同样评语相比，意义上又上了一层楼，这是在突破世界高铁技术中的“不可替代”，完全不可同日而语。

总之，从国家到学校，从实验室到我自己，这个癸巳蛇年的确充满祥瑞之气，是个好年头。民间传说，“七十三八十四，阎王不请自己去”，84岁是道坎，过了84，就可奢望90了。我今年满84进85，在这么多好事的簇拥之下，这道坎看来过得去了，可以奢望下一个乙巳蛇年了。口述完前面12章，不到一年，又新事、喜事连篇，使我不得不又加述了一章，说了许多题外话。如果候鸟式养老能持续12年，到2025年，这期间又不知要发生多少事。但有一点，书就不必再写了。年轻人创造的历史，还是应当由年轻人去写，我就专心养老，如果能飞得动，就当候鸟，否则，在峨眉了此一生，与佛为伍，亦是终老之计。

附　录

沈志云年表

1929 年　5 月 28 日，农历四月二十日，出生于湖南长沙东乡黄花市杨家山。

1935 年　入柳家公屋小学。

1937 年　家迁长沙东乡打卦岭枞树山，入清凉寺小学。

1939 年　入新冲子小学读高小。

1941 年　家迁湖南湘乡杨家滩，读至小学毕业。

1942 年　家迁山区洞上，在家备考。

1943 年　入国立师范学院附属中学（安化蓝田六亩塘）。

1944 年　随学校迁至溆浦赵家村，读至初中毕业。

1946 年　随学校迁至南岳，读至高中毕业。

1949 年　考入唐山工学院机械系，至 1952 年提前毕业。毕业时学校改名唐山铁道学院。

1952 年　留校任理论力学教研室助教兼教研室秘书。

1956 年　调入唐山铁道学院机械系车辆教研室；8 月 1 日与姜兵结婚；9 月被选派为留苏生，在北京第二外国语学院学习俄文。

1957 年　在苏联列宁格勒铁道学院车辆教研室学习。

1961 年　3 月获得苏联技术科学副博士学位，论文题目是：*Исследование основных*

условий посадки кузова пассажирских вагонов на тележки（客车一次落车基本条件的研究）；4 月回唐山铁道学院车辆教研室任讲师、副主任。

1964 年　筹办车辆专业半工半读试点班。

1965 年　成立半工半读大队，任大队长。

1973 年　11 月调西南交通大学教务处任教学方法科科长。

1977 年　11 月调回西南交通大学理论力学教研室任教，兼任基础课部副主任。

1981 年　9 月 5—18 日，赴英国德比研究所访问，并参加在剑桥大学召开的第 7 届车辆系统动力学国际协会（IAVSD）国际会议，在会上宣读论文：*Mathematical Model of Two-Axle Bogie Locomotive and Main Results of Numerical Calculation*（两轴转向架式机车的数学模型及数字计算结果）。

1982 年　11 月前往美国麻省理工学院当访问学者。

1983 年　8 月在美期间，参加第 8 届 IAVSD 国际会议，发表论文：*A Comparison of Alternative Creep Force Models for Rail Vehicle Dynamics Analysis*（铁道车辆动力学分析中各种蠕滑力模型的比较），文中提出的显示模型被学术界称为“沈－赫－叶氏理论”（略称“沈氏理论”）。

1984 年　1 月回国；2 月回西南交通大学理论力学教研室任副教授，兼任应用力学研究所所长。

1985 年　6 月 26—7 月 6 日，赴瑞典参加第 9 届 IAVSD 国际会议发表论文，并访问瑞典皇家工学院；12 月作为英语、俄语翻译和外事顾问前往南斯拉夫考察。

1986 年　7 月 2 日晋升教授；10 月任西南交通大学机车车辆研究所所长。

1987 年　6 月调西南交通大学机械工程二系任副系主任；8 月 24—28 日，赴捷克布拉格参加第 10 届 IAVSD 国际会议发表论文，并当选该协会学术委员会委员；9 月 30 日赴英国伦敦南岸大学当访问教授，并到德国柏林工业大学及荷兰代尔夫特理工大学讲学。

1988 年　1 月 25 日回国；11 月到北京答辩牵引动力国家重点实验室申报，获准成立。

1989 年　3 月被任命为牵引动力国家重点实验室筹备组组长，开始筹建工作；8 月

21—25 日，赴加拿大金斯顿参加第 11 届 IAVSD 国际会议，任学术委员会委员并发表论文，当选第 13 届大会主席。

1991 年　8 月 23—9 月 3 日，赴法国里昂参加第 12 届 IAVSD 国际会议发表论文，在巴黎参观法国高速铁路 TGV 列车及制造工厂；11 月经中国科学院技术科学部讨论通过，入选为学部委员。

1992 年　6 月 21—7 月 6 日，赴荷兰参加国际轮轨接触力学会议，并去英国曼彻斯特城市大学讲学；9 月获得首届国家政府特殊津贴。

1993 年　当选第八届全国人民代表大会代表；获詹天佑铁道科学技术奖成就奖；5 月 7 日铁道部批准牵引动力国家重点实验室第一届学术委员会并任命沈志云为实验室主任，6 月 7 日西交人干（1993）187 号文任命沈志云为实验室主任；8 月 23—27 日，在成都西南交大召开第 13 届 IAVSD 国际会议，担任大会主席，主编会议文集在荷兰出版。

1994 年　6 月由中科院主席团遴选为首届中国工程院院士。

1995 年　8 月 19 日—9 月 6 日，赴美国底特律密歇根大学参加第 14 届 IAVSD 国际会议，并参观美国 Argonne 国家实验室，科罗拉多州 TTC 列车试验中心；11 月提出“三一”学科建设计划；牵引动力国家重点实验室通过国家验收。

1996 年　1 月 30—2 月 13 日，到俄罗斯圣彼得堡国立交通大学（原列宁格勒铁道学院）讲学，访问莫斯科电力机车工厂。

1996 年　1 月 28 日铁道部铁教卫函【1996】52 号文批准牵引动力国家重点实验室学术委员会换届，并任命钱清泉为实验室主任。

1996 年　3 月 4—17 日，参加全国人大第八届第二次会议，在 3 月 4 日预备会上向朱镕基总理面交《关于修建京沪高速铁路的建议》。

1996 年　12 月 8 日赴美国内华达州立大学雷诺校区讲学。

1997 年　1 月 13 日回国；4 月 28 日获国家级教学成果一等奖，排名第一。

1998 年　6 月 4 日在《人民日报》发表《迎接高速铁路发展新高潮》；10—12 月，以组长身份相继在成都、深圳和北京主持召开中国工程院高铁咨询组会议；同年11月至2008年11月11日，连任两届成都市科协主席。

1999年　经工程院主席团讨论通过后，于3月31日以中工发【1999】026号文向国务院呈送《关于呈报〈磁悬浮高速列车与轮轨高速列车的技术比较和分析〉的咨询报告》，主张积极采用轮轨技术修建京沪高速铁路，同时积极进行磁浮列车技术的研究；获詹天佑铁道科学技术奖大奖；5月以“机车车辆滚动振动试验台”获国家科技进步一等奖，排序第一名；6月10—18日，赴莫斯科参加IHHA国际重载委员会学术大会并做主题报告；7月11—18日，陪同宋健参加中日友协访日代表团到日本访问；10月21日，参加温家宝副总理主持的何梁何利奖授奖大会，获授何梁何利科学与技术进步奖；10月24—31日，带领高速铁路代表团考察日本高速铁路，28日在日本铁路综合技术研究所做学术报告；11月30—12月7日，访问俄罗斯圣彼得堡国立交通大学，作为西南交大代表，参加该校190周年校庆活动。

2001年　10月3日被评为首届四川省科技杰出贡献奖；11月25日获国务院学位委员会颁发的最佳博士生导师奖（指导张卫华、金学松博士论文分别入选全国百篇最佳博士论文）。

2004年　6月15日首次建议学校申报“轨道交通国家实验室”，提出“两高一新”（高速重载，高速磁浮，新型城市轨道交通）的学术思路。

2005年　5月30日工程院开会期间，在傅志寰领衔吁请国务院通知铁道部继续“中华之星”高速列车的研究的建议书上签名。

2006年　2月担任铁道部“引进消化吸收再创新”专家组组长。

2008年　5月14日作为组长，参加评审CRH2C－300及CRH3－300动车组试验结果的专家会议；7月24日作为组长，在四方召开高速动车组综合性能评审会；7月27日作为副组长，参加京津线联调联试结果审定会，为8月1日开始商业运营做准备。

2009年　5月28日参加西南交大机械学院庆祝成立90周年及沈志云院士80寿诞大会；同年转为资深院士；9月13日定居峨眉山；12月22—23日，作为专家验收组副组长，验收武广高速铁路联调联试成果。

2010 年 4 月 11—12 日，在青岛四方，作为 CRH380 高速列车设计评审会专家组组长，审查通过该车的设计；9 月 14 日作为轨道交通国家实验室技术委员会代主任，召开技术委员会全体会议，通过一期工程以高速列车技术为主导方向的建设方案；10 月 20—21 日，在杭州召开专家评审会，任组长，对“CRH380 高速列车研制达到 350 公里时速的中间审查”和“应用该列车的沪杭高速铁路联调联试成果”进行评审。

2011 年 5 月 12—26 日，以副组长兼移动设备组组长参加在北京召开的京沪高速铁路专家验收会议，并乘 CRH380AL 赴上海做沿途停车考察，结果一致通过验收。

2012 年 6 月 10 日在唐山轨道车辆有限责任公司首次系统宣讲“高速列车大系统动力学”；6 月 27 日在西南交大峨眉校区做《谈我国高速铁路的发展态势》报告，总结中国高速铁路快速发展的曲折历程。

2013 年 8 月 19—23 日，在青岛召开第 23 届 IAVSD 大会，23—25 日部分代表来成都举行研讨会，沈志云做首篇主旨报告：*The Chinese National Dream of High-Speed Rail*；9 月 12 日，10 月 22 日，11 月 5 日，11 月 6 日，分别在峨眉校区，铁二院，犀浦校区及九里堤校区做《中国人的高铁梦》报告。

沈志云主要著述目录

1 沈志云．两步 QR 算法原理及程序．铁道科学研究院机辆所动强室及西南交大振动研究室联合课题组印发，1980 年 1 月．

2 Shen Zhiyun, Zhan Feishen and Lu Xiaodi. Mathmatical model of two-axle bogie locomotive and main results of numerical calculations. *Vehicle System Dynamics*, 1981, 10（2 ~ 3）; Proceedings of 7th IAVSD Symposium. Lisse, the Netherlands: Swets & Zeitlinger-Lisse, 1982.

3 沈志云．铁路机车车辆非线性稳态曲线通过的简化计算．西南交通大学学报，1982，（3）．

4 沈志云，卢孝棣，方景阳，詹斐生．两轴转向架式机车横向振动的振型分析和参数研究．中国铁道科学，1982，3（1）．

5 Z. Y. Shen, J. K. Hedrick, J. A. Elkins. A comparison of alternative creep force models for rail vehicle dynamics analysis. *Vehicle System Dynamics*, July, 1983, 12（1 ~ 3）; Proceedings of 8th IAVSD Symposium. Lisse, the Netherlands: Swets & Zeitlinger-Lisse, 1984.

6 Z. Y. Shen, J. K. Hedrick. The lnfluence of rail lubrication on freight car wheel/rail wear rates. *Vehicle System Dynamics*, June, 1985, 14（1 ~ 3）; Proceedings of 9th IAVSD,

Symposium. Lisse, the Netherlands: Swets & Zeitlinger-Lisse, 1986.

7 Shen Zhiyun. Bond Graph in vibration analysis of lumped and distributed mixed system. presented at the Strength and Vibration Conference. Chongqin, China, 1986.

8 沈志云. 论轨道润滑. 西南交通大学学报, 1986, (2).

9 Shen Zhiyun, Li Chenghui. Bond graph in vibration analysis of rail structures. Bond Graphs, 1987, 1 (2); Proceedings of the International Conference on Mechanical Dynamics. Shenyang, China: Press of Northeast University of Technology, August, 1987: 511 ~ 515.

10 沈志云, 严隽耄, 曾京, 刘建兴, 米轨迫导向货车转向架的研制及其动力性能的研究. 西南交通大学学报, 1986 (增刊); 四川成都: 西南交大出版社, 1988.

11 Z. Y. Shen, J. M. Yan, J. Zeng, J. X. Liu. Dynamical behaviour of a forced steering three piece freight car truck. The dynamics of vehicles on roads and on tracks. Edited by M. Apetaur, Supplement to *Vehicle System Dynamics*, 1988, 17.

12 Z. Y. Shen, X. F. Zhang, H. Y. Dai, L. R. Shen. Curving behaviour and lateral stability of a three-axle forced steering freight bogie for heavy haul railway transportation. The dynamics of vehicles on roads and on rails. Edited by R. J. Anderson. Supplement to *Vehicle System Dynamics*, 1990, 19.

13 沈志云. 低动力作用货车转向架动力性能的研究. 西南交通大学学报, 1991, (1).

14 Zhiyun Shen. On principles and methods to reduce the wheel/rail forces for rail freight vehicles. The dynamics of vehicles on roads and on tracks. Edited by G. Sauvage. Supplement to *Vehicle System Dynamics*, 1992, 20.

15 沈志云, 曾京. 我国迫导向货车转向架的研制. 铁道车辆, 1992, (1).

16 沈志云. 轮轨磨损的动力学预测及减少轮轨磨损的措施. 铁道学报, 1992, (2).

17 Zhiyun Shen. Rail side wear problem on chinese railways. *Rail Quality and Maintenance for Modern Railway Operation*, Springer Netherlands, 1993: 119 ~ 125.

18 Zhiyun Shen editor. The dynamics of vehicles on roads and on tracks. Proceedings of 13th IAVSD Symposium. Chengdu, Sichuan, P. R. China. August 23 - 27, 1993; Supplement to *Vehicle System Dynamics*, Lisse, the Netherlands: Swets & Zeitlinger-Lisse, 1994, 23.

19 沈志云，严隽耄，曾京，戴焕云．高速客车转向架的动态环境和设计原理．铁道学报，1994，16（增刊）.

20 沈志云．高速列车研制中的关键力学问题．铁路现代化，1996，（1）.

21 Zhiyun Shen, Zili Li. A fast non-steady state creep force model based on the simplified theory. *Wear*, 1996, 191 (1 ~ 2): 242 ~ 244.

22 沈志云．高速列车的动态环境及其关键技术．西南交通大学学报，1996，31（增刊）.

23 沈志云．高速铁路建设必须“九五”起步．中国铁路，1996，（8）.

24 沈志云．论修建京沪高速铁路势在必行．科技导报，1996，（8）.

25 沈志云．关于高速铁路及高速列车的研究．振动、测试与诊断，1998，（1）.

26 沈志云．迎接高速铁路发展新高潮．人民日报，1998 - 06 - 04（7）.

27 沈志云主持．磁悬浮高速列车和轮轨高速列车的技术比较和分析．中国工程院咨询报告，1999 - 03.

28 沈志云主编．交通运输工程学．北京：人民交通出版社，1999 - 06.

29 沈志云．意识超前，独辟蹊径．院士思维，1999.

30 Zhiyun Shen, et al. New advances in wheel/pail rolling contact mechanics. Presented at The 5th IHHA Conference—The Wheel/Rail Interface. Moscow, June 14 - 17, 1999.

31 沈志云．高速磁浮列车对轨道的动力作用及其与轮轨高速铁路的比较．交通运输工程学报，2001，1（1）.

32 沈志云，钱清泉．京沪高速铁路建设．中国工程科学，2002，（2）：23 ~ 28.

33 沈志云．北京奥运催生我国第一条高速铁路．中国工程科学，2008，（8）：4 ~ 11.

34 Li Zhou, Zhiyun Shen. Progress in high-speed train technology around the world. *Journal of Modern Transportation*, March, 2011, 19 (1): 1 ~6.

35 沈志云. 论我国高速铁路技术创新发展的优势. 科学通报, 2012 -03, 571 (8).

人名索引

我的高铁情缘
——沈志云口述自传

My Predestined Love with High Speed Rail: the Oral Autobiography of Shen Zhiyun

后 记

在此之前，我与沈志云院士既熟悉，又不熟悉。

说熟悉，是从小我就对沈院士有了解，虽然他并不经常回湖南。

我知道他是留苏的副博士，参加过毛主席对留苏学生的接见。对于这一点，我们的直观认识就是他从苏联带回来送给我们的玩具飞机。这个飞机可以上发条绕圈旋转。想想那个年代，我们在幼儿园连饭都吃不饱，在灰色的童年记忆里却有一架苏联飞机在华丽丽地飞行，带给我们多少美好的想象。这架飞机我们一直保留了很多年。我上大学时，他从欧洲带回一只鸟的铜塑给我，那鸟儿眼望苍穹，与正做着文学春秋大梦的我的状态颇为契合。

也知道他是力学专家，平时言必称科学，话题不离铁路和技术，有隐隐的重理轻文倾向，给人的印象是比较的严肃和认真。但是有一次让我小小地吃了一惊。那是在我家，他随意地躺在床上，用我那支玩具型的口琴，吹奏着优美的俄罗斯民歌。方正谨严的科学和轻松随意的小调，使沈院士的形象顿时丰满。

湖南教育出版社要出版一套《20 世纪中国科学口述史》，2006 年正式启动。以“沈氏理论”享誉世界铁道科研领域，又是国内为数不多的“双院士”，沈院士是当然入选的科学家。可是没有想到的是，沈院士却坚辞不允，说与前辈科学家相比，自己的这一点成就不值一提。丛书编委会坚持让我们做工作。经一再“纠缠”，沈院士算是勉强答应下来了。

这个访谈的任务落到了我的身上。

访谈之前，我才发现，我其实对沈院士非常的不熟悉：对于他的学术经历、科学成就和对中国高铁发展所做出的重大贡献，我所知寥寥。

访谈之后，我感到庆幸：这个既不熟悉又熟悉的人，是一个非常值得让更多人熟悉、了解和尊敬的科学家。

沈院士的科学成就，本书有清晰的介绍，且不赘述。我想要重复提到的是沈院士对于我国高铁的贡献。

中国高铁发展，从发轫到今天的领先世界，可说是风风雨雨，是非不断。从沈院士时而平静时而激昂的叙述中，我们仿佛看到一群致力于推动我国高铁发展的科学技术人员，顶着风雨、应和着速度越来越快的车轮而前行的身影，沈院士是其中异常鲜明、凸显的一位。他一生的才华和智慧，他全部的激情和理性，都献给了中国的高铁事业。

简要地说，沈院士是我国高铁发展进程中重要的科学家和推动者。

这使我感到非常骄傲。

我感到骄傲，还有一个特别的原因：沈院士是我的舅舅。

到此时我才知道，我这个舅舅和中国的高铁原来有着如此紧密的关系。

在他峨眉的家里，我还惊奇地发现，从当年口琴流淌出来的音乐，正延续在钢琴的琴键上；他兴致勃勃地聊着和廖昌永、戴玉强等著名歌唱家的交往；别墅地下室一整套显然是经常使用的钳工工具，使人联想起他最初的专业：车辆修理；墙上自己撰写的联语、诗词，院子里的游泳池、乒乓球桌，还有一园子的青菜，无不彰显着沈院士的生命活力、健康心态和多样的生活情怀。特别是，从他对网络、数字影像等现代设备的

2013 年 5 月张天明(左)与沈志云合影于峨眉沈院士书房

娴熟操作上，你完全不会想到，这是一个已经84岁的老人。

追求科学，热爱生活，可以使人永远年轻。这是我对沈院士访谈的一个额外心得。

张天明

2013年7月12日于长沙

图书在版编目(CIP)数据

我的高铁情缘——沈志云口述自传 / 沈志云口述；张天明访问整理. —长沙：湖南教育出版社，2014. 8
(20 世纪中国科学口述史 / 樊洪业主编)
ISBN 978 - 7 - 5539 - 1719 - 1

Ⅰ. ①我… Ⅱ. ①沈… ②张… Ⅲ. ①沈志云—自传
Ⅳ. ①K826. 16

中国版本图书馆 CIP 数据核字（2014）第 175781 号

书　　名	20世纪中国科学口述史 我的高铁情缘——沈志云口述自传
作　　者	沈志云口述　张天明访问整理
责任编辑	李小娜
责任校对	周　晔　鲍艳玲
出版发行	湖南教育出版社出版发行(长沙市韶山北路443号)
网　　址	http：//www. hneph. com
电子邮箱	228411705@qq. com
客　　服	电话 0731 - 85486742　QQ 228411705
经　　销	湖南省新华书店
印　　刷	湖南天闻新华印务有限公司
开　　本	710 × 1000　16 开
印　　张	26. 5
字　　数	325 632
版　　次	2014 年 8 月第 1 版　2014 年 8 月第 1 次印刷
书　　号	ISBN 978 - 7 - 5539 - 1719 - 1
定　　价	69.00 元
